多文化教育を
デザインする
移民時代のモデル構築

松尾 知明
［編著］

はじめに

　グローバリゼーションが進み、移民時代の到来が現実味を帯びるようになるなかで、日本においても、多文化教育をデザインすることが求められるようになってきている。多文化教育とは、マイノリティの視点にたち、社会的公正の立場から多文化社会における多様な人種・民族あるいは文化集団の共存・共生をめざす教育理念であり、その実現に向けた教育実践であり教育改革運動でもある。それは、文化的な違いにかかわらず、すべての子どもに公正で平等な学校や社会を実現していく教育改革のアプローチといえる。本書では、移民時代のモデル構築をめざし、国内外の外国人の子どもをめぐる教育の政策や実践を批判的に検討することを通して、日本において多文化教育をいかにデザインしていくのかについて考察したい。

　日本では少子高齢化が急激に進行しており、第1章で論じるように、一貫して増加してきた日本の人口は2005年の約1億2,777万人をピークに減少に転じ、人口減少社会へと移行している。推計人口によれば、2055年には8,993万人、2105年には4,459万人へと劇的に人口の減少が進むことが予想されている。日本の現在の就業人口を維持するには、国連のレポートによれば、今後50年以上にわたり、年間およそ60万人の外国人労働者を受け入れる必要があるという。このような高齢者層の増加と労働人口の減少による深刻な労働力不足に対応するため、政界や財界の報告書や提言では移民受け入れ論が近年相次いでいる状況にある。日本においても移民時代の到来が議論されるなかで、多文化社会へ本格的に移行するための体制づくりが急がれているのである。

　さて、少子高齢化に伴う労働力不足に加え、在日外国人の在住期間の長期化や定住化を背景として、行政レベルでも多文化共生に向けた取り組みが進められるようになった。関係省庁連絡会議による「生活者としての外国人」に関する総合的対策（2006年）、文部科学省による「外国人児童生徒教育を充実する

はじめに

ための方策」(2007年)、「文部科学省の政策のポイント」(2010年) など、外国人のニーズに応える支援策が進められているのである。移民社会の到来を見据え、教育の分野では外国人児童生徒教育が直近の大きな政策課題の一つとなっているといえる。

その一方で、外国人の子どもたちをめぐる教育の現状は、不就学、学力困難、進路など深刻な問題を抱えており、かれらの教育ニーズに十分応えられていない。すなわち、外国人児童生徒の間では、「恩恵」として日本の小学校や中学校への就学の機会は与えられてはいるものの就学義務を伴うものではないため、義務教育を修了していない子どもたちも少なくない。また、言葉や文化の違いのために授業についていけず、高校進学という大きな壁に直面するケースが多く、自らのキャリアを思い描くことができないといった状況が一般的でさえある。

その原因の一つに、日本においては、多文化教育という研究領域が確立されておらず、対症療法的な対応に終始していることが挙げられる。確かに、外国人児童生徒教育に関する研究や実践は少しずつ進展を見せてはいるが、これらの試みの多くは、外国人の子どもに対象が限定されており、また、その取り組みも日本語教育や適応指導に狭く焦点づけられる傾向にある。そのため、外国人児童生徒教育においては、マジョリティ側である日本人の問題や課題についての視点を欠く場合も少なくない。

そこで、本書では、外国人児童生徒教育から多文化教育への転換を図り、日本において多文化教育をデザインしていくための枠組みやそのプロセスを検討したい。多文化教育は、第1章で詳述するように、①すべての子どもの学力とキャリアを保障する「社会的平等」の側面、②すべての子どもの自文化の学習を保障する「文化的平等」の側面、③多文化社会で生きる力(コンピテンシー)を培う「多文化市民の育成」の側面がある。多文化教育の理念や枠組みが示唆することは、外国人をめぐる教育問題は、日本人の自文化中心主義的な教育のあり方を問い直すことにその核心があるということである。すなわち、多文化の共生をめざすには、外国人の側だけに変わることを強いるのではなく、マジョリティである日本人自身もともに変わっていくことが必要なのである。本書では、外国人の子どもの課題を広くすべての子どもの課題として捉え直すこと

で、移民時代を視野に入れた日本における多文化教育のあり方やその実現に向けたプロセスについて考察したい。

　本書は、3部11章から構成されている。
　第Ⅰ部では、日本において求められる「多文化教育の理念と枠組み」について検討する。第1章「日本における多文化教育の構築」では、日本人性の概念を手がかりに、教育のユニバーサルデザインをめざして、日本において多文化教育を構築する基本的な枠組みを提示する。第2章「多文化教育における政策的課題と葛藤」では、アメリカ合衆国におけるインタビュー調査結果をもとに、多文化共生に向けた教育改革を進めていくための課題を明らかにする。第3章「『学力保障』と『多様性』」では、労働党政権下のイギリスの学校における多文化教育を検討し、「社会的包摂」と「コミュニティの結束」の概念が示唆するものを検討する。第4章「多文化社会の市民性教育」では、オーストラリアの市民性教育の取り組みから、グローバル・多文化市民性や民主的市民性の概念が日本に示唆する点について考察する。
　第Ⅱ部「多文化教育と学校」では、カリキュラム、授業づくり、二言語形成、教師の力量形成について検討する。第5章「多文化教育のカリキュラム・デザイン」では、すべての児童生徒を対象とした多文化教育のカリキュラムをデザインする視点と枠組みを提示する。第6章「多文化クラスの授業づくり」では、CALLAプログラムに焦点をあて、多様な子どもが在籍するクラスにおける学力保障に向けた授業づくりのあり方を考える。第7章「児童期の二言語力の形成」では、イギリス居住のスリランカ人家族の事例をもとに、学校と家庭の協働という視点から、二言語力を育成していくための支援のあり方を検討する。第8章「多文化教育研究と教師の力量形成」では、外国人集住地域における中学校教師の実践に焦点をあて、多文化教育を進める反省的実践家としての教師について考察する。
　第Ⅲ部「多文化教育と地域」では、行政と大学の協働による支援、NPOやボランティアの支援、NPOを立ち上げて活動する外国人青年の意識について検討する。第9章「双方向の学びのモデルの構築」では、外国人分散地域において行政と大学が協働して実施する外国人児童生徒交流会の分析を通して、双

はじめに

方向の学びのモデルを提案する。第10章「外国人児童生徒と高校・大学への接続」では、3つのNPO・学習支援教室の実践から、外国人生徒の進学やキャリア形成に向けたNPOやボランティアの支援のあり方について検討する。第11章「デカセギ第二世代の市民性形成への萌芽」では、NPOで活動する外国人青年を対象としたフォーカス・グループ・インタビューをもとに、南米日系人第二世代の日本社会や新しいコミュニティの形成に関する意識について明らかにする。

終章では、それまでの議論を踏まえ、多文化共生社会の実現に向けて、私たちは何をしていけばよいのかを、日本社会の構築→脱構築→再構築の形で提言する。

本書は、平成22～24年度科学研究費（基盤研究B22330224）「日本における多文化教育の構築に関する研究——外国人児童生徒と共に学ぶ学校教育の創造」による研究成果の一部である。同研究は、国内外の多文化教育に関わる教育の理論、実践、政策を明らかにすることを通して、日本において多文化教育を構築していくための示唆を得ることを目的に進めてきたものである。

各章には従来のアプローチでは見過ごされていた視点や新しい概念など、日本で多文化教育をデザインするための知見が提供されている。印象に残る概念や論点を挙げてみると、たとえば、第1章では「日本人性」「ユニバーサルデザインとしての多文化教育」、第2章では「マジョリティに当事者意識を喚起するストラテジー」、第3章では「社会的包摂」「コミュニティの結束」、第4章では「グローバル・多文化市民性」、第5章では「カコフォニー（不協和音）の現実を教育内容に位置づける」、第6章では「多文化クラスの授業デザイン」「学習方略」、第7章では「現地語と母語の二言語力形成」、第8章では「反省的実践家」「臨床の知」、第9章では「双方向の学びのモデル」、第10章では「NPO・学習支援教室とキャリア形成」、第11章では「デカセギ第二世代の市民性形成」、終章では「構築→脱構築→再構築のプロセス」などがある。

なお、本書では、外国人児童生徒、外国人の子どもといった表現を用いているが、この場合、外国人とは国籍を意味するのではなく、日本への帰化、国際結婚などを含め、何らかの形で外国とのつながりをもつ子どもを意味するもの

として使用している。また、多文化教育は、人種やエスニシティ、ジェンダー、セクシュアリティ、障がいなど多様な文化集団を広く視野に入れるものであるが、本書では、ニューカマーの子どもたちが議論の焦点となっている。紙面の都合のため、多文化教育のデザインにおいてこうした多様な文化集団をどのように位置づけるかについての検討は別の機会にゆずることにしたい。

　最後に、勁草書房には本書の刊行を快くお引き受けいただいた。また、編集者の藤尾やしおさんには本書の完成に至るまで、ていねいな編集作業をしていただき、たいへんお世話になった。心より謝意を表したい。

編者　松尾　知明

多文化教育をデザインする
―― 移民時代のモデル構築 ――

目　次

目　次

はじめに

第Ⅰ部　多文化教育の理念と枠組み

第1章　日本における多文化教育の構築 …………………………………… 3
　　　　　――教育のユニバーサルデザインに向けて――

松尾　知明

1　はじめに　*3*
2　問題の所在　*4*
3　ユニバーサルデザインとしての多文化教育　*6*
4　日本人性とコペルニクス的転回　*10*
5　ユニバーサルデザインとしての多文化教育の実現に向けたプロセス　*13*
6　外国人児童生徒教育から多文化教育へのコペルニクス的転回とは　*17*
7　おわりに　*21*

第2章　多文化教育における政策的課題と葛藤 ………………………… 25
　　　　　――アメリカ合衆国における調査が示唆するもの――

馬渕　仁

1　はじめに　*25*
2　これまでの取り組み　*26*
3　本調査における「問い」とインタビューの実施について　*29*
4　多文化主義政策に関する見解とその検討　*31*
5　多文化教育の現状に関する見解とその検討　*35*
6　今後の課題　*39*

第3章　「学力保障」と「多様性」 ………………………………………… 44
　　　　　――新労働党政権下のイギリスの学校における多文化教育――

野崎　志帆

1　はじめに　*44*
2　イギリスの民族構成　*45*

3　イギリスの多文化教育の動向　46
　　　4　社会的排除／社会的包摂　48
　　　5　コミュニティの結束　50
　　　6　イギリスの学校における「学力保障」と「多様性」　52
　　　7　おわりに　59

第4章　多文化社会の市民性教育　66
　　　　　——オーストラリアの取り組みが示唆するもの——
　　　　　　　　　　　　　　　　　　　　　　　　　見世　千賀子

　　　1　はじめに　66
　　　2　オーストラリアの市民性教育は何をめざしてきたか　67
　　　3　グローバル・多文化市民性のための教育　70
　　　4　民主的市民性のための教育　74
　　　5　オーストラリアの新しい市民性教育カリキュラム　79
　　　6　おわりに——日本における市民性教育を構築する際の示唆　81

第Ⅱ部　多文化教育と学校

第5章　多文化教育のカリキュラム・デザイン　87
　　　　　——日本人性の脱構築に向けて——
　　　　　　　　　　　　　　　　　　　　　　　　　森茂　岳雄

　　　1　問題の所在——外国人児童生徒教育から多文化教育へ　87
　　　2　多文化カリキュラムとその基本概念　90
　　　3　多文化カリキュラム・デザインの視点　93
　　　4　日本における多文化カリキュラム・デザインの可能性　99
　　　5　結語——日本人性の脱構築に向けたカリキュラムへ　102

第6章　多文化クラスの授業づくり　107
　　　　　——CALLAプログラムと学力保障——
　　　　　　　　　　　　　　　　　　　　　　　　　松尾　知明

　　　1　はじめに　107
　　　2　問題の所在　108

目　次

　　　3　CALLA モデルとは　*110*
　　　4　CALLA モデルによる授業づくり　*114*
　　　5　CALLA プロジェクトの評価　*120*
　　　6　CALLA モデルを導入する意義と多文化教育への再構成　*123*
　　　7　おわりにかえて──今後の課題　*125*

第 7 章　児童期の二言語力の形成 ……………………………………… *128*
　　　　　──イギリス居住のスリランカ人家族の事例から──
　　　　　　　　　　　　　　　　　　　　　　　　　柴山　真琴

　　　1　問題の所在と本章の目的　*128*
　　　2　研究方法　*130*
　　　3　親の教育姿勢と対象児姉妹の二言語力　*131*
　　　4　現地校の概要と対象児姉妹の授業への参加状況　*132*
　　　5　母語補習校の概要と対象児姉妹の授業への参加状況　*141*
　　　6　本事例のまとめと日本における多文化教育への示唆　*145*

第 8 章　多文化教育研究と教師の力量形成 …………………………… *149*
　　　　　──外国人集住地域における中学校教師の実践──
　　　　　　　　　　　　　　　　　　　　　　　　　松尾　知明

　　　1　問題の所在と本章の目的　*149*
　　　2　文化的多様性の実践と反省的実践家　*150*
　　　3　外国人集住地域における中学校教師の実践　*153*
　　　4　A 教師の枠組みと教育実践の意味づけ　*159*
　　　5　おわりに　*162*

第Ⅲ部　多文化教育と地域

第 9 章　双方向の学びのモデルの構築 ………………………………… *169*
　　　　　──外国人分散地域における外国人児童生徒学習交流会の実践から──
　　　　　　　　　　　　　　　　　　　　　　　　　徳井　厚子

　　　1　はじめに　*169*
　　　2　地域における外国人児童生徒の支援実践と課題　*170*

　　　　　　　　　　　　　　　　　　　　　　　　　　　　目　次

　　3　地域における外国人児童生徒の学習支援での「学び」とは　*172*
　　　　──「学び」のとらえ方をめぐって
　　4　外国人児童生徒学習交流会の実践──ある分散地域での取り組みから　*174*
　　5　外国人児童生徒学習交流会の実践にみる「学び」　*175*
　　6　「双方向の学びのモデル」の構築　*183*
　　7　まとめ　*185*

第10章　外国人児童生徒と高校・大学への接続 ……………………… *189*
　　　　──3つのNPO・学習支援教室の実践と役割から学ぶ──
　　　　　　　　　　　　　　　　　　　　　　　　　　　乾　　美紀

　　1　問題の所在と本章の目的　*189*
　　2　外国人生徒と高校進学　*190*
　　3　研究の方法　*191*
　　4　外国人生徒の様々な進路選択　*194*
　　5　外国人児童生徒の進学に向けて──個々に合った情報の提供　*199*
　　6　おわりに──同じ入口に立つためのシステム作り　*205*

第11章　デカセギ第二世代の市民性形成への萌芽 ……………………… *209*
　　　　──第二世代による実践共同体──
　　　　　　　　　　　　　　　　　　　　　　　　　　　津村　公博

　　1　背景──変容する南米日系外国人の生活　*209*
　　2　本章の目的　*210*
　　3　フォーカス・グループ・インタビュー調査の概要　*210*
　　4　第二世代の意識の全体像　*212*
　　5　第二世代の意識の諸相　*214*
　　6　考察　*226*
　　7　おわりに　*227*

目　次

終　章　多文化共生社会の実現に向けて ……………………………… *231*
　　　　──日本社会の脱構築と再構成のプロセス──

松尾　知明

　1　多文化共生という課題　*231*
　2　日本人性と教育の言説　*232*
　3　不平等な日本社会の構築　*234*
　4　「ガラスの箱」と日本社会の脱構築　*237*
　5　多文化共生社会への再構築　*241*
　　　──バリアフリーからユニバーサルデザインへ
　6　むすびにかえて──ユニバーサルな多文化教育をデザインする　*247*

人名索引　*251*

事項索引　*252*

第Ⅰ部

多文化教育の理念と枠組み

第1章
日本における多文化教育の構築
――教育のユニバーサルデザインに向けて――

松尾　知明

1　はじめに

　グローバリゼーションの加速化に伴い、地球規模でのボーダレスな人の移動が著しく増加している。日本においてはまた、人口減少・少子高齢社会へと急激な変化を遂げるなかで、移民の受入れが現実味を帯びてきている。このような多民族化・多文化化といった社会変動に対応して、日本では多様な人々と共に生きる社会への体制づくりが急務となっている。
　一方で、教育の状況をみてみると、外国人の子どもたちのニーズに応えられていない現実に直面している。日本の学校のなかで、落ちこぼされ、不適応に陥る外国人児童生徒の姿をみることもめずらしくない。その原因として、日本人のもつ内と外を使い分け、異質なものを排除するといった同化主義的な傾向が指摘されることも多い。
　本章では、日本人性（Japaneseness）の概念を手がかりに、日本の学校教育の同化主義的な特徴を明らかにするとともに、諸外国の多文化教育の理念や実践を踏まえ、日本において多文化教育をいかに構築していけばよいのかについて考察する[1]。

第Ⅰ部　多文化教育の理念と枠組み

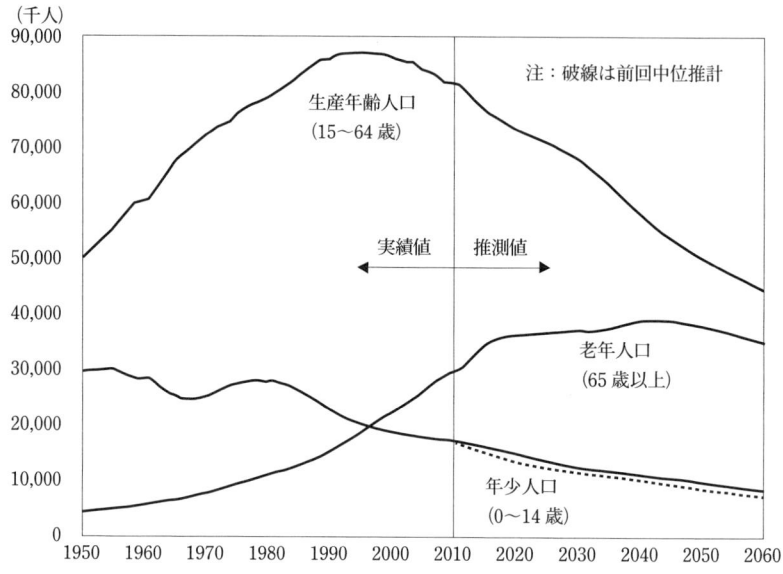

図1-1　年齢3区分別人口の推移
―出生中位（死亡中位）推計―

出典）国立社会保障・人口問題研究所、20頁

2　問題の所在

　日本において多文化教育を導入することがなぜ必要なのだろうか。ここでは、問題の所在を、移民の受け入れ、及び、外国人児童生徒の落ちこぼしと異文化の剥奪の点から検討する。

（1）移民の受け入れが本格化する時代へ

　日本は今、大きな転換点に立っている。人口減少・少子高齢社会の到来である。

　「日本の将来推計人口」（国立社会保障・人口問題研究所 2012）によれば、図1-1に示すように、明治以降、ほぼ一貫して増加してきた人口は、2005年の約1億2,777万人をピークに減少に転じ、2055年には8,993万人、2105年には

4,459万人まで減少することが見込まれている。

　一方で、年齢3区分別人口の推移と見通しをみてみると、低い出生率と平均寿命の高さを背景に、年少人口（0〜14歳）は1955年には2,980万人であったものが、2005年には1,759万人となり、推計では2055年には752万人、2105年には386万人と、100年後には現在の5分の1程度に縮小するとみられている。他方、生産年齢人口（15〜64歳）の減少、老年人口（65歳以上）の2042年ピークまでの増加の見込みを考慮に入れると、高齢率と呼ばれる老年人口割合は、2005年に20.2％であったものが2055年には40.5％とおよそ2倍になることが推計されている。

　日本の現在の就業人口を維持するには、国連の報告書（Population Division 2000）によれば、今後50年間にわたり年間およそ60万人の外国人労働者を受け入れる必要があるという。少子高齢化を背景としたこうした深刻な労働力不足に対応するため、政界や財界では、移民受け入れ論が近年相次いでいる。移民時代が現実になりつつある今日、多文化社会へ本格的に移行するための体制づくりが急がれているのである。

(2) 落ちこぼしと異文化の剥奪

　多文化の共生という直近の課題に直面する一方で、日本の学校教育は、外国人の子どものニーズに十分応えられていない。

　第一に、外国人の子どもを落ちこぼしている。日本の学校では、メリトクラシー（能力主義）のまなざしのもと、異なる言語や文化を背景とした特別なニーズはあまり問題にされない。外国人の子どもの学力不振は、同じ学習機会が提供されているということで、すべて本人のがんばりや努力の問題に帰するものとされる。さらに、こうした考えは、現実に学力をつけることができた一部の外国人児童生徒の姿をもとに確認されることになる。

　他方で、言語を例にとれば、日常の生活のなかで使用する会話力が1〜2年で獲得されるのに対し、教科に特有の抽象度の高い語彙や概念などを操作する教科学習言語能力の習得には5〜7年かかるということが知られている（中島 2010）。したがって、日本語の初期指導しか提供できていない日本の現状を考えると、外国人の子どもが授業についていけないという状況は当然の帰結と

いえる。この点で、日本の学校は、外国人の子どもを構造的に落ちこぼす装置として機能しているのである。

　第二に、外国人の子どもの異文化が剥奪されている。自文化や母語は、ものの見方や考え方の枠組みを形づくる基礎となるもので、子どもがアイデンティティを追究していく基盤といえる。しかし、日本の学校では、すべての子どもを同じに扱うことが基本で、社会の常識と見なされる日本人のやり方が強要されることになる。異文化への配慮がある場合もあるが、それはあくまで学校への適応をめざすのが前提となる。

　このような学習環境は、日本とは異質で独特な文化や言語を剥奪する形で働いている。学校に適応して学力をつけていこうとすればするほど、自分の文化や言語を捨てて、ホスト社会の文化に同調していくことが求められる。その点で、日本の学校は、異文化を剥奪する文化的同化のための装置として機能しているといえる。

　以上のような問題意識に立ち、本章では、日本において多文化教育を構築していく基本的な考え方について考察する。

3　ユニバーサルデザインとしての多文化教育

　では、多文化教育とはどのような教育をいうのだろうか。ここでは、ユニバーサルデザインをめざすという観点から、多文化教育の特徴を3点述べたい。

(1) 多文化教育はすべての子どものための教育である

　第一に、多文化教育はすべての子どものための教育である。換言すれば、多文化教育とは、教育のユニバーサルデザインをめざして、人間の差異に関わらず、すべての子どもに公正で平等な教育を提供しようという営為である。

　多文化教育とは、マイノリティの視点に立ち、社会的な公正の立場から多文化社会における多様な民族あるいは文化集団の共存・共生をめざす教育理念であり、その実現に向けた教育実践でもある。1950～1960年代にアメリカで展開した公民権運動を背景に生まれた多文化教育は、文化の独自性を捨て主流文化へ溶け込むことを強いる同化主義に対抗して、文化の多様性を価値ある資源

として評価する文化多元主義、あるいは、多文化主義に理論的な基礎を置き、さまざまな文化を理解し尊重することを通した「多様性の統一」を追究してきた。こうした多文化教育の理論や実践は、グローバリゼーションが進み、諸外国で外国人労働者や難民が増加するなかで、北米、ヨーロッパ、オセアニア、アジアを始めとして国際的にも大きな発展をみせてきている（Banks 2009）。

　多文化教育の基本的な考え方は、「多文化社会における教育は、多文化でなければならない」というものである。多文化教育は、特別な教育ではない。文化的な背景にかかわらず、すべての子どもにとって、その差異に応じた教育のあり方を構想するものである。

　別の言い方をすれば、多文化教育は、学校教育のユニバーサルデザインをめざす試みといえる。ユニバーサルデザインとは、文化、言語、年齢、障がいなどの差異を問わず、だれもが利用可能であるように工夫するデザインのあり方をいう。多文化教育は、多様な人々で構成される多文化社会において、それらの構成員のもつ文化的差異に関わらず、ユニバーサルにデザインされた公正で平等な教育のあり方をめざしているということができる。

(2) 多文化教育は個に応じた教育環境を構成し、多文化市民の育成をめざす

　第二に、多文化教育は個に応じた教育環境を構成し、多文化社会で生き抜く力をもつ市民の育成をめざすものである。具体的には、多文化教育は、学校のユニバーサルデザイン化を通して次の3点を実現することを目的とする。

> ①学力をつける——社会的な平等
> ②多様性を伸張する——文化的な平等
> ③多文化社会で生きる力（コンピテンシー）を培う——多文化市民の育成

①学力をつける——社会的な平等

　多文化教育の目的の一つは、個に応じた環境構成を通して、学力を保障することにある。人間の差異は、人種・民族、ジェンダー、社会階層、セクシャリ

ティ、障がい、年齢などを軸に、マジョリティとマイノリティの社会関係を生み出している。そこでは力関係に大きな差があるため、マイノリティ集団はしばしば、主流の社会や文化のなかで少数者として扱われることで、文化的に不連続なバリアに直面する。このような異なる文化に起因する障壁のために、学力不振の状況に追い込まれることになることも多い。

　これらの文化的なバリアには目に見えるものもあれば、見えないものもある。たとえば、外国人の子どもの言語問題を例にとると、第二言語習得者である子どもにとって、日本語の会話力の欠如は目に見えるバリアと言える。それは、教育関係者の間でも明白な課題として認識されやすく、その言葉の壁を克服するために初期日本語指導を実施している場合も現在では少なくない。一方、かれらの教科学習言語能力の欠如は目に見えないバリアの例として挙げられる。教科学習で必要な抽象度の高い言語能力は気づかれにくいため、先行研究では学力を保障するためには支援が不可欠なことがわかっているにもかかわらず、政策上ほとんど関心が払われていない。このことが、外国人児童生徒の低学力の主要な原因の一つとなっているといえる。多文化教育は、目に見えるレベルだけではなく目に見えないレベルを視野に入れ、文化的な差異に応じた支援を提供し、学力やキャリアの形成をサポートしていくことで、社会的な平等を実現することをめざすのである。

　②多様性を伸張する――文化的な平等

　多文化教育の目的の二つ目は、個に応じた指導を通して、多様性を伸張することにある。多文化社会を構成する多様な人々は、さまざまな文化的な個性を有している。多文化教育では、こうした文化的な多様性は、社会的な負担を意味するものではなく、社会をダイナミックで豊かにする財産であると考える。そのため、個に応じた指導を通して、そのような文化的な個性の伸張を図るのである。

　たとえば、言語的マイノリティは、自らの言語や文化をもっている。多文化教育では、これらの学習のニーズに応えて、母語や自文化を学ぶ機会を提供する。このことは、親やエスニックコミュニティーにおけるコミュニケーションの道具、また、アイデンティティの基盤を獲得する機会を提供するもので、言葉や文化の学習権を保障することにつながる。さらに、バイリンガリズムやバ

イカルチュラリズムを助長することは、文化と文化の間を架橋する能力を育てるものであり、グローバリゼーションが進む社会において有益な資質能力となる。多文化教育は、文化的な差異を価値ある資源と捉え、特別なニーズに対応した指導を通して多様性を伸張することで、文化的な平等を実現するものである。

③多文化社会で生きる力（コンピテンシー）を培う──多文化市民の育成

　多文化教育の目的の三つ目は、多文化社会で生きる力（コンピテンシー）を培うことにある。グローバリゼーションが加速し多文化社会が形成されるなかで、異なる文化との接触や交流の機会はますます増加しており、自分とは異なる人々との関わりが日常化する状況がいたるところでみられるようになっている。そこでは、多様な人々と異文化間のコミュニケーションを効果的にとり、共に考え行動して社会を形成していく力量が不可欠になっている。このような今日的な課題に応え、多文化教育は、自分とは異なる他者と関わり、問題解決のために協働することのできる資質能力を育てるものである。

　この意味で、多文化教育は、多文化社会の形成者を育てる市民性教育ともいえる。それは、文化的な差異を尊重する学校において、だれもが大切にされる多文化共生の文化を醸成していく社会の構成員を育てることをめざしている。このことは、異文化間コミュニケーション力をもった地球社会を生きるグローバル人材の育成につながるものでもある。文化的な違いを認め尊重するパースペクティブや異なる人々とのコミュニケーション能力を醸成しながら、地球という多文化社会において文化的に多様な人々と効果的に関わり、協働して多文化共生社会を築いていく市民の育成がめざされるのである。

（3）多文化教育は学校全体の改革をめざす

　第三に、多文化教育は学校全体の改革をめざすものである。すなわち、学校のユニバーサルデザインは、カリキュラムや学習指導にとどまるものではなく、学校文化を含めた総合的な学校全体の改革を意味する。たとえば、この分野の第一人者であるバンクス（Banks, J. A.）は、多文化教育が成功するためには、学校を一つの社会システムとしてとらえ、学校の全体を包括的に変革していかなければならないとする。彼は、システムとしての学校を構成する主な要因に、

第 I 部　多文化教育の理念と枠組み

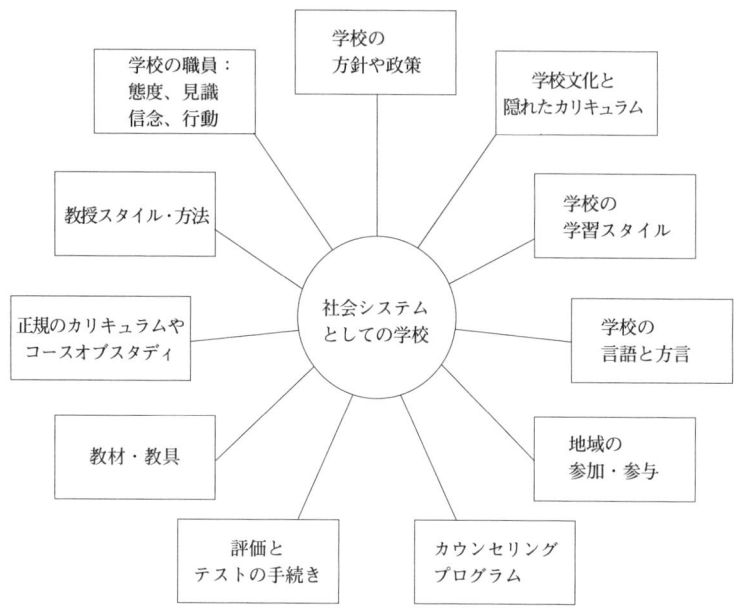

図 1-2　社会システムとしての学校

出典) J. A. Banks, C. A. M. Banks (Eds.), p. 24 より作成

　図 1-2 のように、カリキュラムや教材をはじめ 11 項目を挙げ、密接にかかわり合うこれらの要素全体を総合的に改革することの必要性を強調している。
　多文化が尊重される学校をつくるには、学校における教育活動を貫く多文化主義といった理念が必要である。その理念のもとに、多文化教育は、多文化の視点を学校に浸透させることで、文化的に異なるだれもが大切にされるユニバーサルな学校づくりを進めるのである。

4　日本人性とコペルニクス的転回

　では、ユニバーサルデザインとしての多文化教育をいかに実現していけばよいのだろうか。日本人性の概念をもとに、教育におけるコペルニクス的転回の必要性を考えたい。

10

(1) 自文化中心主義と日本人性

　多文化教育の課題の核心に、日本人自身が自文化中心主義とどのように向き合うかという課題があるように思われる。この点を理解するためにここでは、アメリカの白人性研究（whiteness studies）から着想を得た「日本人性（Japaneseness）」という概念をもとに考えたい（松尾 2007, 2011）[2]。さて、日本人であること（日本人性）は、日本社会においてどのような社会的意味をもつのだろうか。ここで日本人性とは、定義的にいえば、日本人／非日本人の差異のシステムによって形成されるもので、日本人のもつ目に見えない文化実践、自分や他者や社会をみる視点、構造的な特権などから構成されるものといえる。

　日本人であること（日本人性）は第一に、目にみえない文化実践をもっていることを意味する。日本人であることは、空気のように毎日の生活のなかで意識されることはほとんどない。日本人であることが、人間であることと同じ意味で捉えられ、すべてであり普遍であるかのように見なされる。このような日本人の構築のされ方は、日本文化の透明性という特徴をもつことになる。日本人性をもつことによって私たちは、エスニック集団の文化を特有な中身をもつ具体として語るのに対し、日本文化は確かにあるにもかかわらず、空気のように可視化されず実体のない存在となるのである。

　第二に、日本人であることはまた、自分や他者や社会をみる視点をもっていることを意味する。こうして認識にのぼらない日本文化は、一般的あるいは普遍的なものとして社会の規範となる。日本社会において、何がノーマルで、正しく、大切であるかは、不可視な「日本人」の視点によって形成されることになる。日本人性のもたらすこれらの文化実践は、自覚されないだけに、きわめて強制力の強い社会の常識としての見方や考え方を形成していく。こうして、私たちは意識することなく自文化中心主義的で排他的なパースペクティブをもつことになる。

　第三に、日本人であることはさらに、日本社会において構造的な特権をもつことを意味する。それは、日本人がマジョリティの権力を行使して獲得したというよりは、可視化されない日本文化の実践を通して暗黙の了解の形で享受されるものである。意識にのぼらない日本人の経験、価値、生活様式は、外国人にも当然のこととして同様に適用されることになる。あるべき標準として正統

化された日本社会のルールや規範は、知らず知らずのうちに、日本人と外国人の間で、就労、居住、医療、教育、福祉など社会の諸領域において構造的な特権として機能しているのである。

　日本人性の概念によって示唆されるのは、日本社会で外国人として生きるということは、このような目に見えない文化実践、日本人のまなざし、構造的な特権にマイノリティとして対峙しなければならないということである。私たち日本人にとって、ふつうのこと、当然なもののなかに、自文化中心主義的な文化実践やパースペクティブが刷り込まれているため、外国人の直面する文化的な障壁についての日本人側の理解はなかなか進まないことになる。しかしながら、多様な人々と共に生き、多文化の共生を実現するためには、私たちがこの日本人性の問題と正面から取り組む必要があるだろう。

(2) コペルニクス的転回の必要性

　本章では、日本人性に由来する自文化中心主義を克服するために、外国人児童生徒教育から多文化教育へのコペルニクス的転回を提唱したい。

　コペルニクスの生きた当時の人々は、宇宙の中心は地球であり、すべては地球を中心に回っていると考えていた。コペルニクスは、自明とされていた天動説は誤りであり、地球自体が動いているとする地動説を唱えたのである。すなわち、人間がすべての中心に位置するとする考えから、人間もその一部として自らが動いているとする世界観へと根源的な視点の転換が図られたのである。この一大転回にみられるのと同じように、これまで常識として疑われてこなかった日本人を中心とする教育の基本原理を問い直してみたい。

　学校教育というものは、マジョリティの視点は暗黙の了解として認識されないものの、実際には、日本人性を反映して、そのすべてが日本人の視点から構成されているといってよいだろう。もちろん言語や文化などマイノリティのニーズへの配慮がある場合もあるが、それはあくまで特別な措置と捉えられる。外国人児童生徒への支援は、日本の学校教育の構造を変えないことが基本であり、そのシステムが維持される範囲内で文化的差異への対応がなされるのである。

　こうした日本人を中心とした学校教育にコペルニクス的転回をもたらすのが

多文化教育である。多文化教育においては、日本人も視点の一つに過ぎないと捉え、多様な文化の視点から教育の抜本的な再構成を主張する。すなわち、教育を受ける権利の点では、マイノリティであっても一人の人間として同等の権利をもっているのであり、文化的に異なっていても不利益を被ることがないように、文化の多様性に対応した教育のあり方が求められると考える。そのため、多文化の視点からの教育改革は、まず、前述したような日本人性を意識化して、学校教育のなかの気づかれにくい日本人の視点を明らかにしていく。同時に、これまでの日本人中心の不可視な基準の下で聞かれてこなかったマイノリティとしての他者の存在を認知するとともに、かれらの声に真摯に耳を傾けることで多様な視点を取り入れていく。多文化教育の改革は、このような日本人としての自己理解とマイノリティの他者理解を相互に進めていくことで、日本人中心の視点から多文化の視点をもつ学校教育への転回を図り、文化的な差異に関わらず一人ひとりが大切にされる教育のあり方を追究するのである。

5　ユニバーサルデザインとしての多文化教育の実現に向けたプロセス

　では、コペルニクス的転回を通して、ユニバーサルデザインとしての多文化教育を実現していくには、どのようなプロセスが考えられるだろうか。ここでは、日本の学校に求められる教育改革の展開を構築→脱構築→再構築という手順で検討してみたい[3]。

(1) 日本の教育の構築

　現状をみてみると、日本人性を反映して、主流集団の視点から物語れる日本の教育の枠組みがある。そこでは、日本人のもつ文化実践、ものの見方や考え方、構造的特権が暗黙の了解となっており、通常は認識されることはない。そのため、主流集団を中心とした学校教育の構築のされ方は、自明とされる標準あるいは規範としての日本人中心の教育システムに、外国人児童生徒を適応させる文化的な同化装置としての学校をつくりだしているといえる。たとえば、教育の目標、内容、方法、評価については、以下のような特徴が挙げられる。

①教育の目標　学校教育の目的では、社会の形成者としての日本国民を育てることが当然のこととされる。外国人児童生徒については、希望すれば恩恵として入学が許可されるものの、エスニック文化や母語の保持などは、学校目標としてほとんど考慮されない。
②教育の内容　日本国民の形成をめざす教育課程の基本的な枠組みに変更はない。外国人児童生徒の文化や経験は、教育課程のなかで考慮されることは少なく、取り入れられる場合でもその内容は、総合的な学習の時間や教科の一部として編入される程度である。
③教育の方法　日本人の文化実践に対応した教育の方法が基本となる。外国人児童生徒の文化を配慮する「文化的に適切な指導（culturally relevant pedagogy）」（Ladson-Billings 2009）の視点はほとんどない。日本語能力の限られる外国人の子どもが在籍する場合には、国際教室の設置、日本語指導教師の加配、日本語の取り出し授業の実施などの措置はあるが、日本の学校システムへの適応がそれらの支援の目的となっている。
④教育の評価　従来からの学力テストを中心とした評価が実施される。外国人児童生徒に対しては、テストなどで漢字にルビをふったりするなどの配慮がある場合もあるが、日本語能力や文化の違いは通常無視される。

このように、日本の学校は、日本文化を前提とした不可視な標準や規範の下で運営されており、外国人の子どもへの支援がある場合も、通常の教育実践に付加的な配慮がある程度である。日本の学校は、日本の教育のルールやシステムに、外国人児童生徒を適応させる文化的な同化装置となっているといえる。

（2）日本の教育を脱構築する

　学校を変革していくには、第一に、日本の教育の同化主義的な枠組みを可視化していくために、主流集団の言説を解体する脱構築の試みが必要になってくる。すなわち、日本の学校の構造や教師のまなざしを生んでいる日本人性という目に見えない基準や規範、日本人の特権を露わにすることで、日本人の視点から構築された教育の特質を脱構築していくことが必要であろう。
　たとえば、マッキントッシュ（McIntoshu 1989）は、「白人の特権──不可視なナップサックから取り出して」という論文のなかで、身の回りで日常的に

見られる白人であることの特権を洗い出す作業を試みている。これに習い、ここでは学校教育にみられる日本人の特権をいくつかリストアップしてみよう。

- 日本の学校は、母語である日本語を基礎に運営されている。あらゆる掲示が日本語で表示され、意思疎通にも日本語が通常使われる。教科書を始めとして学習材のほとんどが日本語で書かれており、日本人の教師が日本語を教授言語として授業をしている。学校からのお知らせや学級通信などの文書も日本語で表記されている。
- 日本人の子どもは、教育課程のなかで、日本の社会や文化について学ぶことが当然のこととされている。例をあげれば、国語では日本の民話や日本人作家の作品、算数では掛け算の九九をはじめ日本式の計算の仕方、社会科では日本の歴史・地理・政治の仕組み、理科では日本の植物や動物などがあたり前のこととして学ばれている。
- 日本人の子どもは、暗黙の了解となっている日本文化のルールに従った教科指導や生徒指導を受けることができる。たとえば、授業の進め方、学習規律、個よりも集団に焦点をおいた指導、ほめ方やしかり方などは、日本社会で日ごろ慣れ親しんだやり方なので、カルチャーショックを経験することはほとんどない。

これらの事象は、日本人にとってきわめてふつうのことである。しかしながら、このようなありふれた日常の教育実践に、日本人としての特権が隠されているのである。このことは、外国人の子どもが、自らの言語、歴史、社会、文化などを学習したり、慣れ親しんだ自文化のやり方で学んだりする機会をほとんどもたないという事実を考えると、日本人としての特権は決して小さいものではない。したがって、目に見えない日本人性という背負い袋を意識化し、自明とされているマジョリティの文化的な実践や特権を明るみに出すことで、学校の脱中心化を試みる必要がある。

(3) 日本の教育を再構築する

学校を変えるには第二に、日本の教育をめぐる言説を多文化の視点から組み

第Ⅰ部　多文化教育の理念と枠組み

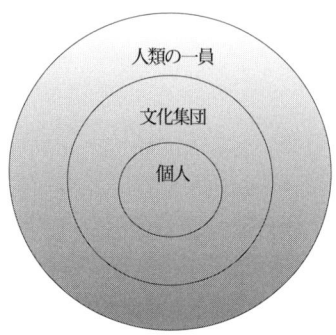

図1-3　個人・文化集団・人類の一員

換える再構築を進めなければならない。すなわち、マイノリティの視点から学校を再編成していくことで、すべての子どものために、①社会的な平等、②文化的な平等、③多文化市民の育成、の実現をめざすことが必要である。

　さて、図1-3にあるように、一人の人間は、個人であり、文化諸集団の一員であり、人類の構成員でもある。したがって、私たちは、固有な個人であり、複数の文化に所属する各集団のメンバーであり、また、同じ人間でもある。独自性と共通性を合わせもつ個人は、共に同じ多文化社会に生きている。このような私たちの属性を考えると、学校の再構築には「人間としてのまなざし」と「文化や個人の差異に応じるまなざし」が必要であるように思われる。さらに、多文化教育の目的との関連から「共生へのまなざし」をこれらに加えたい。

　一つは、「人間としてのまなざし」である。すなわち、平等や公正の視点に立ち、人間として共通に求められる学習権を保障していくという視点である。文化的には、すべての子どもにコミュニケーションやアイデンティティの基盤となる自らの言語や文化を学ぶ権利を保障することが必要であろう。また、社会的には、すべての子どもに基礎学力を身につけさせ、キャリア形成をサポートしていくことで、学力やキャリアの保障を支援していくことが必要である。人間としての学習権をすべての子どもに保障していくことで、文化的及び社会的な平等をともに実現していくことが求められているのである。

　二つは、「文化や個人の差異に応じるまなざし」である。文化的・社会的平等を保障するためには、異なる文化をもつことによる特別なニーズに目を向け

るとともに、個々人の特有なニーズにも十分に関心を払うことが必要である。教育の実践にあたっては、文化の差異に応じる課題がある一方で、習熟状況、学習適性、学習速度、興味・関心、生活経験などの個人的な差異に対応する課題もある。したがって、文化に応じた指導とともに、個に応じた指導を合わせて実施していくことが基本となる。そのために教師は、日本人性をもっていることを自覚し、ある事象が、文化的な差異に起因するのか個人的な違いが原因なのかをつねに内省しながら、状況に応じて判断することが求められるだろう。

　三つは、「共生へのまなざし」である。私たちは、一人の人間であり、文化的・個人的に異なる個人であり、また、多文化社会を共に築いていく市民でもある。マジョリティとマイノリティから構成される多文化社会においては、異なる文化を知り、自分とは異なる人々と効果的なコミュニケーションをとり、共生社会をともに築いていく意欲や行動力が求められるといえる。グローバリゼーションが急速に進む今日においては、だれもが大切にされる多文化社会をイメージし、その構築のために参画する共生のまなざしをもつことが不可欠であろう。

　以上のように、これからの教育は、学習権の保障という人間としてのまなざしを基礎に、文化や個人の差異に応じるまなざし、多文化社会に生きる共生へのまなざしをもつことが重要であろう。これらの立場に立ち、マイノリティの視点から、日本の学校の脱構築、それを踏まえた再構築がめざされなければならないのである。

6　外国人児童生徒教育から多文化教育へのコペルニクス的転回とは

　では、外国人児童生徒教育から多文化教育へのコペルニクス的転回とは、具体的にはいかなる改革を意味するのだろうか。ここでは、二つの教育のあり方を比較することで、コペルニクス的転回によってもたらされる多文化教育の取り組みの意義を浮き彫りにしたい。

（1）外国人児童生徒教育と多文化教育の比較

　まず、外国人児童生徒教育[4]と多文化教育の違いを明らかにするために、

それぞれの基本的な枠組みを比較してみたい。それぞれの教育を理念・目的、対象、内容の項目に従って示すと、たとえば表のようにおおむね整理できる。

①理念・目的

理念・目的の点からみてみると、外国人児童生徒教育は、モノカルチュラルな日本の学校や社会への適応が目的とされている。外国人の子どもたちのもつ文化的な差異は社会的な負担と捉えられ、日本語指導と適応指導を通して日本の学校システムに適応させることに主眼が置かれており、同化主義的な傾向が強いといえる。一方、多文化教育は、文化的な差異は社会を豊かでダイナミックにする価値ある資源として捉え、異なる文化を認め尊重する多文化主義を基本理念とする。その目的は、学力を保障して社会的平等を実現するとともに、自文化や言語の学習の機会を提供し文化的平等をめざす。さらに、多文化コンピテンシーを育て、多文化社会での生きる力の育成を図るものである。

②対象

外国人児童生徒教育では、対象となるのは学校に適応ができていない外国人児童生徒である。こうした対象の限定は問題の焦点化を促す一方で、対象とされない集団の間では、自分とは関係ない特別な教育であるという認識を生みやすい。一方、多文化教育は、多様な文化集団に属するすべての児童生徒を対象とする。すなわち、同じ個人は、国籍、人種・民族、ジェンダー、セクシャリティ、社会階層、宗教、思想信条、障がいの有無など、さまざまな文化集団に属している。複数の文化集団に属する私たちは状況によってマジョリティになったり、マイノリティになったりする。多文化教育においては、人間の「違い」の複雑性を自分自身の問題として捉え、多文化の共生をめざすものである。

③内容

外国人児童生徒教育では、そこで扱う内容が、日本語指導、適応支援、入学・編入学の支援、進学・就職の支援となっている。ただ、これらの対策は日本社会や学校への適応に主眼があり、前述のような社会的平等を十分に実現できるものではない。一方、多文化教育は、学力保障のためには、言語や文化などのi. 特別なニーズだけではなく、ii. 教師の期待、iii. 多文化のカリキュラム、iv. 学習スタイルと教授スタイル、v. 学校の文化なども含め、多文化の視点から学校全体の改革を求めている。さらに、文化的平等や多文化社会で生きる力

表 1-1　外国人児童生徒教育と多文化教育

	外国人児童生徒教育	多文化教育
理念目的	同化主義 ・日本社会への適応	多文化主義 ・学力の保障（社会的平等） ・個性の伸張（文化的平等） ・多文化社会で生きる力の育成
対象	外国人児童生徒	すべての児童生徒
内容	①社会的平等（i. 特別なニーズへの対応：日本語指導、適応支援、入学・編入学の支援、進学・就職の支援）	①社会的平等（i. 特別なニーズへの対応、ii. 教師の期待、iii. 多文化のカリキュラム、iv. 学習スタイルと教授スタイル、v. 学校の文化を含めた学校改革）　②文化的平等（i. 自文化の学習、ii. 母語の学習）　③多文化社会で生きる力の育成（i. 多文化のカリキュラム、ii. 偏見や差別の軽減、iii. 異文化間コミュニケーション力、iv. 社会的行動力の育成）

の育成についても、表 1-1 に挙げているような取り組みを提案するものである。

外国人児童生徒教育と多文化教育とをこのように比較してみると、前者は日本人の視点から、後者は多文化の視点から、教育のあり方が対照的に構想されていることがわかる。

(2) 外国人児童生徒教育から多文化教育へのコペルニクス的転回

外国人児童生徒教育から多文化教育へのコペルニクス的転回を実現することは、具体的には、たとえば以下のような点が考えられる。

①社会的平等

社会的には、すべての子どもの教育の権利を守り、学力を向上させ、キャリアの実現を支援していく。そのためには、たとえば、

- 言語や文化の違いを考慮して、「i. 特別なニーズへの対応」を充実させる。外国人の子どもの場合には、学力をつけるためにも長期的な視点に立った日本語指導や適応指導などを実施する。
- 学力の向上と教師の期待には高い相関関係があることが知られているが、

こうしたマイノリティの子どもに対する「ii. 教師の期待」を高めるための手立てをとる。外国人の子どももすべてが成功できるという認識を促すために情報提供や教員研修などを進める。
・学習を効果的に進めるには学習内容と実生活とのレリバンスが重要だが、子どもの生活経験や文化を重視する「iii. 多文化のカリキュラム」の作成を促す。多様な子どもたちの生活や文化を知り、文化的に多様な子どもの既習知識をカリキュラムに反映させる。
・教育の方法についても、文化的な背景の異なる子どもの学習スタイルと教師のもつ教授スタイルについて、「iv. 学習スタイルと教授スタイルの対応」を促す。子どもの学習上の強みを把握して、文化的なニーズに応じた指導を促す。
・子どもを取り巻く学習環境は学力向上の点でも重要な役割を果たすため、多様な子どもの文化を認め尊重するといった「v. 学校の文化を含めた学校改革」を進める。多文化主義の理念を学校全体に浸透させ、総合的な学校の多文化化を実現する。

②文化的平等

文化的には、多様性を伸長し、すべての子どもに自らの文化を学ぶ権利を保障していく。そのためには、たとえば、
・自分のもつ文化を保持することは主体形成の基盤であり、学校においても「i. 自文化の学習」の機会をつくる。異なる文化に配慮した環境構成、教材開発、保護者や地域人材の活用など、自文化を学ぶ機会をつくり、関心や理解を醸成する。
・母語は、主体形成の基盤であり、第二言語習得の際の言語能力の基礎であり、また、親やエスニック集団とのコミュニケーションの手段であることを踏まえ、学校内外において「ii. 母語の学習」の機会をつくる。学校の正規の時間、放課後や休みの時間、ボランティアの活用、学校外の利用などを工夫し、母語の能力の伸長を図る。

③多文化市民の育成

多文化市民を育成するために、多文化社会で生きる力（コンピテンシー）を培っていく。そのためには、たとえば、

- 多文化に関する知識に習熟するために、日本人の視点からのカリキュラム編成から「i. 多文化のカリキュラム」編成へと転換させる。多様な文化を学び、多文化のパースペクティブを培うことで、日本人性のもたらす自文化中心主義的な見方の克服をめざす。
- マジョリティとマイノリティなど異なる集団間には、人種差別、性差別など種々の衝突、軋轢、差別などがあるが、そうした「ii. 偏見や差別の軽減」をめざす指導を進める。人権意識を育てるとともに、偏見や差別を自分自身の問題として考えられるように促す。
- 異なる文化をもつ人々がお互いにスムーズな意思疎通ができるように、「iii. 異文化間コミュニケーション力」を育成する。言葉の違いだけでなく、文化が異なるために生起するコミュニケーション上の問題の理解を助長し、異文化間の対話を促す。
- 多文化共生社会を築いていくためには一人ひとりが行動的な市民になることが求められるが、そのための「iv. 社会的行動力の育成」を促す。多文化共生の課題について、話し合い、ともに問題解決に取り組む学習を進める。

　以上のように、多文化教育は、人間として共通した学習権の保障を基礎に、文化や個人の差異に柔軟に応じる教育を展開することを通して、多文化社会で生きる市民を育成していくものである。ユニバーサルデザインとしての多文化教育の実現には、マイノリティの視点から、日本の学校の脱構築、それを踏まえた再構築がめざされなければならない。

7　おわりに

　本章では、日本人性という概念を手がかりにしながら、日本において構想すべき多文化教育のあり方について考察を深めてきた。そこで明らかになったのは、日本人性というものが、目に見えない文化実践、外国人をみる視点、あるいは、日本人の構造的特権として、学校教育を構成する根底にあり、文化的な同化を強力に進める形で機能しているということである。日本の学校は、日本

人性に由来する自文化中心主義的なパースペクティブに基づいているため、グローバリゼーションに伴い著しく増加している異質な文化との接触やその受容といった課題に十分応えられていない現状にある。

　その一方で、人口減少や少子高齢化が進むなかで、移民受け入れの議論が現実的になってきており、日本も本格的な多文化社会へと大きな変貌を遂げる可能性がある。私たちには、文化の異なる多様な人々と共に生きるという困難な課題を突きつけられているのである。

　確かに、在日外国人の在住期間の長期化や定住化の課題が大きくなるなかで、最近では、関係省庁連絡会議による「生活者としての外国人」に関する総合的対策などが策定されている（2006年）。文部科学省でも外国人児童生徒教育の充実についての通知（2006年）、「外国人児童生徒教育を充実するための方策について」の提言（2007年）、「定住外国人の子どもの教育等に関する政策懇談会」を踏まえた「文部科学省の政策のポイント」が示されるなど（2010年）、取り組みが進んでいることも事実である。

　しかし、外国人を取り巻く言説とその教育の状況はあまり変わっていない。多文化の狭間で生起する諸現象・問題の背後には、「日本人であること」によってもたらされる目に見えない文化の実践や規範などという暗黙のルールが確固として存在しているのである。

　したがって、多文化の共生をめざすには、日本人性という概念をもとに、不可視な基準の下でこれまで聞かれなかった他者の声に真摯に耳を傾けることで、その社会的な構築性を解明する作業が必要になってくるだろう。さらに、そこで得られた知見にもとづき日本人性を脱構築するとともに、マイノリティの視点から日本における学校教育の再構築がめざされるのである。そこでは、在日の外国人のみに変わることを強いるのではなく、日本人自身が変わることが求められているといえる。

　このように考えてくると、日本の学校教育には、日本人とは何かを問い、日本人性を問い直していく作業を通して、外国人児童生徒教育から多文化教育へのコペルニクス的転回といった本章で検討したような抜本的な教育改革が求められているように思われる。移民社会の到来を見据え、だれもがありのままで生きられる多文化共生社会を準備していくためにも、ユニバーサルデザインと

しての多文化教育への展開が今必要とされているのである。

注
1) 多文化教育は、その対象として一般に、人種・民族、ジェンダー、社会階層、セクシャリティ、障がい、年齢など多様な人間の差異を含める。本章では、移民社会の到来という日本の今日的な課題を扱うため、日本人と外国人という差異を中心に検討する。
2) アメリカでは1990年代以降、人種をめぐる研究のなかで「白人性（whiteness）」の概念が注目を集めるようになり、白人であることの社会的な構築性を解明する白人性研究が、法学、哲学、文芸批評、社会学、心理学、教育学などの領域で大きな進展をみせている。たとえば、Frankenberg (1993)、松尾 (2007) の3章と10章、藤川 (2005) を参照。
3) 構築→脱構築→再構築といった社会変革のプロセスを考えた背景には、「節合（articulation）」（Hall 1996）という概念がある。節合とは、辞書的には「言う」「つなぐ」を意味し、「言説を実践すること」「言説と言説をつなぐこと」をさしている。すなわち、私たちは、ある視点から、ばらばらの言説をつないで、ある「現実（reality）」を表象することで、意味を生成しているのである。節合されたある視点から構成された現実は、それを脱節合し、さらに再節合することで新たな現実を表象することが可能になる。詳細は、Hall (1996) を参照。
4) 外国人児童生徒教育といっても論者によって捉え方がさまざまである。ここでは、「定住外国人の子どもの教育等に関する政策懇談会」の意見を踏まえた「文部科学省の政策のポイント」について（文部科学省　平成22年5月19日）の文書に示されている外国人児童生徒教育の枠組みに基づいて整理している。(http://www.mext.go.jp/b_menu/shingi/chousa/kokusai/008/toushin/1294066.htm（2012.5.2））

引用文献
国立社会保障・人口問題研究所 (2012),「日本の将来推計（平成24年1月推計）」. http://www.ipss.go.jp/syoushika/tohkei/newest04/gh2401.pdf（2012.5.2)
中島和子編著 (2010),『マルチリンガル教育への招待』ひつじ書房.
藤川隆男編 (2005),『白人とは何か──ホワイトネス・スタディーズ入門』刀水書房.
松尾知明 (2007),『アメリカ多文化教育の再構築──文化多元主義から多文化主義へ』明石書店.

松尾知明（2011），『多文化共生のためのテキストブック』明石書店.
Banks, J. A. (Eds.) (2009), *The Routledge International Companion to Multicultural Education,* Routledge.
Banks, J. A. & Banks,C. A. M. (Eds.) (2010), *Multicultural Education: Issues and Perspectives* (7th Edition.), Wiley.
McIntosh, P. (1989), "White Privilege: Unpacking the Invisible Knapsack," *Peace and Freedom,* 49 (4), pp.10-11.
Frankenberg, R. (1993), *White Women, Race Matters: The Social Construction of Whiteness,* University of Minnesota Press.
Hall, S. (1996), "On Postmodernism and Articulation," In Morley, D. & Chen, K. (Eds.) (1996), *Stuart Hall: Critical Dialogues in Cultural Studies,* Routledge, pp.131-150.
Ladson-Billings, G. (2009), *The Dreamkeepers: Successful Teachers of African American Children* (2nd.ed.). Jossey-Bass Publishers.
Population Division, Department of Economic and Social Affairs, United Nation Secretariat, (March 2000), "Replacement Migration: Is it a Solution to Declining and Aged Populations?"

なお、本章は、以下の論文に加筆修正を加えたものである。
松尾知明（2012），「日本における多文化教育の構築に向けて——多文化社会とユニバーサルデザインとしての教育」日本社会科教育学会編『社会科教育研究』第 35 号，pp.45-56.

第2章

多文化教育における政策的課題と葛藤
―― アメリカ合衆国における調査が示唆するもの ――

馬渕　仁

1　はじめに

　これまで、多文化共生社会[1]の構築を願ってさまざまな試みがなされてきた。しかし、多文化共生社会は実現したかといえば、そうとは言い切れないだろう。逆に課題は山積したままかも知れない。では、いったいどこに問題が横たわっているのだろうか。本章では、その問題解決へのひとつの糸口を模索したい。

　筆者は、これまで「共生の可能性を試みる教育」という観点から、多文化教育について種々の検討を重ねてきた。その過程で、明らかになってきたことがいくつかある。まず、この問題を進めるために、多文化教育において当事者でもあるマイノリティに属する人たちへ、支援やアプローチの必要なことは言うまでもないだろう。しかし同時に、分野を異にする研究者たちとの共同作業の中で浮かび上がってきたのは、多文化教育の対象を当事者であるマイノリティに限ること自体の限界性であった。さらに、地域や地方で貴重な多くの試みがある一方で、日本では国レベルでこの問題への制度的変革が進まないことの問題性も指摘されてきた。たとえば、「痛みや怒りを経験したことのないマジョリティに属する人たちと、いかにして当事者意識を共有できるか」、「そのためのストラテジーを提示できないだろうか」などの問いが立ち上がってきたのである。

本章ではそうした問いに対し、日本国内と比較して、これまで実に多様に多文化教育を進めてきたアメリカ合衆国の昨今の状況に対するさまざま所見から、問題解決の糸口を探りたいと考えている。具体的には、合衆国における代表的な移民研究機関の研究者や、同国の多文化教育の指導者への聴き取り調査を実施し、その結果を検討した。次節では、まず本研究に至るまでのこれまでの取り組みを簡潔に振り返り、どのような課題が導かれてきたかを説明する。そして3節以降では、その問いをもとに実施したインタビュー調査とそこから得られる知見を述べることによって、国内における多文化共生のための教育への示唆を得たいと願っている。

2 これまでの取り組み

(1) 異文化間教育学会・特定課題研究[2]による検討

共生の可能性を試みる教育という観点から、以下の諸点について検討を重ねてきた。それは、①政策へのアプローチ、②カリキュラム構築へのアプローチ、③現場へのアプローチ、④在日韓国・朝鮮人との取り組みの連続性を求めるアプローチ、⑤日本語（ホスト社会の言語）教育の観点からのアプローチ、⑥海外における試行錯誤の知見からのアプローチの6項目である。それぞれから得られた課題と、求められる今後の方向性について簡単に紹介する。

①政策へのアプローチ

　課題：教育領域では、政策を含むマクロレベルでの研究が少ない。高等教育段階において、「共生」が教育課程、なかでも教養課程ではほとんど組み込まれていない。

　求められる方向性：政策決定過程に影響力のあるアクターに働きかけていく。

②カリキュラム構築へのアプローチ

　課題：一過性（イベント的）の取り組みが多い。マジョリティを対象としたものが少ない。従来の国際理解教育との異同やカリキュラムの評価についても考える必要がある。

　求められる方向性：既存の教科や領域を包括的かつ継続的に取り扱うカリ

キュラムの構築を目指す。
③現場へのアプローチ
　課題：社会構造の問題としてではなく、人々の心の問題として捉えられることの限界性がある。「皆が平等」というディスコースの蔓延によって、逆に差異構造の固定化の問題が出てくる。
　求められる方向性：個々の文脈に即した戦略的本質主義的な取り組みが活路を開く。ただし、それらがいかに政策提言と結びつくかの課題が残る。
④在日韓国・朝鮮人との取組の連続性を求めて
　課題：在日コリアンの問題は、国内の多文化共生から切り離されてきた。英語圏諸国においても、先住民問題は多文化主義政策に含まれないことが多い。
　求められる方向性：共生の前段階として、マジョリティとマイノリティの共闘を模索する。（しかし、それは可能か、また制度的取り組みに至るかなどの課題はなお残る。）
⑤日本語（ホスト社会の言語）教育の観点から
　課題：マジョリティである日本人は教える（変わらなくてもよい）立場、マイノリティは教えられる（一方的に変わることが求められる）立場という構造が固定化している。
　求められる方向性：母語話者と非母語話者が共に学ぶ「共生コミュニケーション能力」などの獲得を模索する。
⑥海外における試行錯誤からの知見
　課題：多文化主義からシティズンシップ重視への政策変化の傾向は一見妥当なようだが、たとえばそこでの市民とは国民と同義であるといった問題はないのか。結局、平等性よりも統合性が重視されるのではないかとの懸念がある。
　求められる方向性：社会的リソースをどう分かち合うのか、合意形成過程への参画の途を探る必要がある。

（2）海外の事例研究や国内の先行事例との比較

以上と並行して、多文化主義先進国と見做され筆者も滞在を繰り返してきた

オーストラリアにおける多文化主義政策を考察し、次の点を抽出した。
① 同国の試みはリベラル多文化主義であり、それは多文化社会の管理でもある。
② 経済的効率性を追求する姿勢が貫かれ、国益を重視したさまざまな選択がなされてきた。
③ 国家としての統合をつねにめざしつつ、国際社会の変化に応じて力点を変化させてきた。

また、以前より国内で積極的に展開され、国際理解教育においてある意味でひな形でもある海外帰国子女教育と多文化（共生）教育の異同について、両者の共通点、政策の展開における相違点、経済界からの関与に関する相違点、文部科学省（文部省）の両者への見解にみられる相違点などについても考察を重ねた[3]。

（3）残された課題

一連の考察からは、制度的な変革が欠かせないこと、当事者意識を対象にした検討が求められることなどが明らかになった。また、そのためにも多文化社会構築や多文化教育においてすでに多くの蓄積がある海外先進国の試行錯誤をさらに分析すると共に、政策推進における重要な役割を担える、たとえば経済界への働きかけを検討するなど、今後に向けた取り組みの明確化を図ることができた。しかし同時に、以下のような課題群も残された。
① （日本国内では遅々として進まない）国レベルでの多文化社会構築のための制度的改革をぜひ進めなくてはならない。
② 痛みや怒りをもたないマジョリティとマイノリティが当事者意識を共有し得る有効なストラテジーが求められる。
③ 多文化共生社会や教育のための政策決定過程の分析がさらに必要である。

今回のリサーチは、これらの課題群に対する取り組みの糸口を探るべく実施された。

3 本調査における「問い」とインタビューの実施について

主要なリサーチクエスチョンは、以下にまとめられる。
・悲しみや痛みという経験を共有しないマジョリティの人たちから、いかにこの問題への共感を得ることができるか、効果的なストラテジーはあるのか？
・国レベルでの移民政策と教育現場で実際に起こっていることとのギャップをどう捉えるか、両者を関係づける役割を果たすものとして、だれが重要か。政策立案者、研究者、教員、経済界関係者、政治家など、それぞれの役割は？
・差異の問題に民族だけでなくジェンダーの課題や障がい者等を含むことで、逆に（皮肉にも）民族に基づく多文化主義から抵抗や異議申し立ての力を減じさせないか？
・選択的移民政策（技術移民を、他の、たとえば難民より多く受け入れようとすること）については、どう考えるか？
・たとえば"3F アプローチ"をいかに超えるか？
・多言語政策と多文化政策との関係については、どう考えるか？
・多文化教育における文化本質主義の問題は？

これらの問いを基に、以下の機関を訪問して半構造化インタビューを実施した[4]。インタビュー対象者および訪問した機関は下記のとおりである。

A. 移民研究機関の代表者
① Center for Comparative Immigration Studies, UCSD：Professor John Skrentny
② Center for Immigration Studies, Washington DC：Mr. James Gimpel & Mr. Jon Feere
③ Center for Migration Studies, NY：Professor Joseph Chamie

B. 多文化教育の先駆的研究者
④ Center for Multicultural Education, University of Washington：Professor James Banks

⑤ Department of Teacher Education and Curriculum Studies, University of Massachusetts, Amherst：Professor Emerita Sonia Nieto
⑥ California State University, Monterey Bay：Professor Emerita Christine Sleeter

C. 多文化教育の現場実践者

⑦ The Office of Multicultural Affairs, Tulane University, New Orleans：Ms.Carolyn Barber-Pierre（Assistant Vice-President for Student Affairs）
⑧ English Education Arts & Humanities, Teachers College, Columbia University：Assistant Professor Yolanda Sealey-Ruiz
⑨ Department of Education, Connecticut: Mr. William A. Howe（The Former President of National Association of Multicultural Education: Education Consultant）

各インタビュー対象者や機関について、簡単な説明を加えておきたい。

限られた日程での調査であったため、まず、予めWashington DCにあるMigration Policy Instituteで行ったパイロットリサーチや全米の研究機関のサイトなどを参考に、移民研究機関では次の3機関の所長ないし所員へのインタビューを行った。ラティーノ移民研究の中心のひとつであるカリフォルニア大学サンディエゴキャンパス内の研究所（①）、多くの研究者から保守的な移民研究機関としてつねに挙げられるワシントンDCの研究所（②）、そしてニューヨーク市内にある独立系の移民研究所（③）である。多文化教育の先駆的な研究者からは、すでに多くの著作があり、これまでアメリカ合衆国のみならず世界の多文化教育を牽引してきたと言ってもよいバンクス（④）、ニエト（⑤）、スリーター（⑥）の3名にインタビューを依頼した。そして最後に、現在の多文化教育の第一線に立つ積極的な推進者からは、南部のニューオーリンズでカトリーナ後の多文化教育を推進している実務担当者（⑦）、コロンビア大学のティーチャーズカレッジで初めての黒人教員の一人として多文化教育を教えている教師（⑧）、全米多文化教育学会の前会長（⑨）の3名を、上のバンクス、ニエト、スリーターを継承する世代の多文化教育の実践者と位置づけてインタビューを試みた。以下は、それらから得られた知見を筆者の問題意識

に基づいて整理し、検討した記録である[5]。

4 多文化主義政策に関する見解とその検討

(1) マジョリティの当事者意識について

「悲しみや痛みという経験を共有しないマジョリティの人たちから、いかにこの問題への共感を得ることができるか」という問いは、今回のリサーチにおける根源的な問いかけのひとつであった。それに対して有効だとするアプローチについて、2つの見解が寄せられた。

第一は、「これが正しい」や、「こうしなくてはならない」と主張するよりも、「(マジョリティにとっても) 利益になる」ことを訴えるというものである。すなわち、マジョリティの態度や姿勢を批判することにあくまでも拘るのではなく、マジョリティが共感できることに訴えることが有効だということである。では、そこで言われる「利益」とは何か。具体的には、「移民が国や社会の競争力をつけること」であり、「それをマジョリティが理解することが必要」であるとの指摘が、何人もの多文化教育の指導者たちから述べられた。さらに多文化主義を進めることが、「社会全体の移民に対する支出を最終的には抑えられる」ことを指摘すべきであるという回答もあった。

当事者意識への第二のアプローチは、上記と重なる部分もあるが、「(マジョリティとマイノリティの双方にとって) win/win の状況を創り出す」というものである。すなわち、多文化主義や教育を進めることは「みんなのため」であり、「すべての人のためという普遍的なディスコースを浸透させることだ」という指摘が寄せられた。ただこの指摘は、筆者が以前調査したオーストラリアでもよく見られたもので[6]、英語圏の多文化主義や多文化教育に共通のものとしてさらに検討する必要がある。すなわち、そこで言われる「みんな」とはだれのことか、という問いについてである。考えてみると、みんなとは所詮マジョリティの言うみんなであって、マイノリティがどの程度その「みんな」に組み込まれているかは大いに疑問がある、という批判を考察しなくてはならないだろう。

しかし、今回の調査参加者[7]は、そうした「みんな」言説の問題点を十分

に認識しつつ、それでもなお、「みんな（マジョリティ）」を巻き込んだ多文化社会を構築しなくてはならないという切実な願いを吐露していたように思えた。それは、次節の質問への応答からわかってくる。

その他にも、マジョリティに当事者意識を喚起するストラテジーとして挙げられたものには、以下のものがあった。「人は皆、周縁化を何らかの形で経験するので、その機会にアプローチする」「メディアの活用が極めて有効であろう」「必要なのは、個人的にマイノリティと直接触れることである」「多文化教育では、（講義や説明よりも）いかに多く学習上のアクティビティを用意するかで成否が決まる」などの声である。

そのような回答を得る中、インタビューでは、しかしマジョリティは次のような感覚、具体的には徒労感、脅威感や懸念などをもっていないか、それへのアプローチには何が考えられるのかなどを尋ねた。次節で考察してみたい。

(2) マジョリティ側の脅威感、関係者の徒労感、社会的負担への懸念など

まず、多くの調査参加者から異口同音に、「恐れ」という言葉が発せられた。それは「移民の増加に恐れを感じる」「権力が移ることには恐れがある」「人は、会ったことのない人を恐れる」などの言葉に表されていた。とくに保守的な移民研究所の所員は、口を揃えて「メキシコ以外からの、すなわちラティーノ以外の移民が望ましい。しかも、数を抑えて、急激ではなく」と述べている。同研究所からは、一般向けにいくつもの冊子を発行しており、そこには「研究者や経済界のリーダーのようなエリートは移民の増加に肯定的であるが、一般大衆は否定的であり、そのギャップは大きい。また移民が増えることは、共和党の勢力を弱め、民主党の勢力を増す」というように、かなり政治的なメッセージが色濃く主張されている[8]。そのような主張に対して、多文化教育の推進者たちは、「（彼らが）もってきた力を失いたくないと思うのは自然であろう」としつつも、「多文化教育の推進者たちも疲れてきている。しかし、ここで立ち止まれない」と自戒を込めて述べていたことが印象的であった。

ここで、移民による「社会的負担の増加」についての調査参加者の回答を検討してみたい。「だれが（そのための）税金を払うのかという大きな問題がある」との指摘が、移民研究機関のメンバーたちから発せられたからである。そ

れに対して、多文化教育の指導者たちは、「マイノリティがよりよい教育を受けて税金を払うことによる財政上の有益性や、そうした結果がマイノリティの厚生や犯罪にかかる経費の削減につながることは、経済的にもよいという議論ができる」ことへの指摘が何件か見られた。中には、「よく聞くのは、(マイノリティや大衆からではなく)白人エリートが、税金や社会的コストについて懸念を表明していることだ」との指摘もあった。

　こうした「脅威や疲れ」「社会的負担」への懸念に対して、どのようなストラテジーが有効だと考えられているのだろうか。いくつかの回答からは、「だから教育が非常に重要となる」「教育がそこに余地を開く」として、その重要性を強く訴える声が目立った。求められるのは、「だれが社会をコントロールしているかの理解」であり、黒人やラティーノの低所得者が施しを望んでいるという(往々にして誤った)理解がなされているために、多くの人たちがこうした経済的な議論を信じようとはしない現状に対して、正しい理解をもたらす教育の重要性が指摘された。さらにここでも、知識を得ることに加えて「個人的に他集団の人を知ることが理解に変化をもたらす」として、個人的な経験の有効性を説く指摘がなされた。

　多文化教育の推進者たちは、昨今の多文化教育がかつてほどの勢いをもたないことに、一様に問題意識を抱いているように感じられる。そうした中、一部には「非常に穏やかな(社会変革にあまり積極的でない)多文化主義が支持されてきた」ことに対する批判の声も聞かれたが、「(だから)私たち若い世代が引き継いでいかねばならない」として、「問題は、文化や社会的な問題であるというより、経済的な問題である」とし、関心の焦点を移すことを説く見解もみられた。いずれも、日本国内において変化しつつある多文化共生の推進とそのための教育にとって、示唆に富む指摘であると言えるだろう。

(3) 多様性の拡散について

　次に、社会における差異の多様性が、民族的マイノリティに基づくものだけでなく、ジェンダーや障がいの有無に基づくものまで範囲を広げて展開してきたことによって、逆に民族に基づく多文化主義のそもそものねらいや抵抗・異議申し立ての力が弱まってしまわないか、という点について考えてみたい。こ

の問いは、たとえば塩原（2005）がオーストラリアの多文化主義の分析を試みる中で指摘されてきた、多文化社会構築上の課題ともいえる[9]。

今回のリサーチに限っていえば、アメリカ合衆国の多文化教育の指導者たちに、そのような懸念に共感する者はひとりもいなかった。かえって、「同じ集団を多様に捉えられることが大切だ」、「sexual orientation（性的指向）などの多様性の拡大が、異議申し立ての力を減ずるとは思わない」などと、さまざまな差異を同時に捉えて検討することの重要性が強調されたのである。とくにsexual orientation が社会における重要な多様性のひとつであることについては、今回の調査参加者のほとんどが指摘した事実を記しておきたい。それは、社会の中の差異が日常の中で顕在化し、その可視性に基づいてさまざまな議論を行う人たちも多数存在するアメリカと、一概にそうとは言い難い日本との違いを実感することにもなった。

一方、多文化教育の現場での実践者たちからは、上記の筆者の問いかけに戸惑いながらも一定の理解を示す回答が寄せられた。だが、そのような懸念も分からないではないとしながらも、「多様性をどう結び付けるかによると思う。（さまざまな多様性の）ひとつを無視することは、暫定的にはあったとしても理解できない」や「多文化教育の流れを見なくてはならない。人種は今でも、もっとも大きな問題だろうが、sexual orientation なしに今は語れないだろう。たとえば、黒人で女性でレズビアンなら、そこには3つも文化がある」などのように、さまざまな差異を同時に捉えるという基本的姿勢を、今回の調査参加者は全員が肯定的に捉えていたのである。

（4）選択的移民（技術移民、若年層）の是非について

最後に、近年日本でも「高度人材に対するポイント制による出入国管理上の優遇制度の導入」[10] として議論の対象となってきている移民の選択的受入について聞いてみた。この点に関しては、移民研究機関の代表たち、多文化教育の推進者たちのいずれも、「当然である」「世界中が選択的な移民政策を実施している」などと回答し、当該社会が時期においても人数においても、移民を選択的に受け入れることへの否定的な意見は、今回の調査ではまったく聞かれなかった。これは次節で見るように、移民に対してその母語が保持できる環境を

整えることよりも、ホスト国の言語（この場合は英語）の習得を第一義に進めるべきであるという意見が大多数を占めたこととともに、日本国内でも議論の際に検討せねばならないことになると考える。

次節からは、移民政策や多文化主義の変遷に大きく影響を受けながら実施されてきた多文化教育について、述べられた見解を考察してみたい。

5 多文化教育の現状に関する見解とその検討

(1) 3Fアプローチについて

3Fアプローチとは、多文化教育が実施される際、各民族や社会のフード、ファッション、フェスティバルといった題材を取り上げて行うことを指す。たとえば、フィリピンの文化を学ぼうとするときには、フィリピン料理を味わい、民族衣装に触れ、フィリピンの祭りについて調べてみるといったことが、初等教育から大学や社会での文化交流プログラムに至るまでよく見受けられる。しかしそのような内容では、当該文化の一部について見た、聞いた、味わったという一過性の体験に終始してしまい、その文化に属する人たちのさまざまな社会やコンテクストの中での動態、とくに社会の中での力関係に基づく位置づけや、それから生じる生活上の問題などには学ぶ側の関心が往々にして至らないことが、研究者たちによって指摘されてきた。今回の調査における多文化教育関係者たちは、そこをどう捉えているのだろうか。

意外にも、従来3Fアプローチの限界を指摘してきた先駆的研究者たちから、「しかし、それは避けることはできない」「単に教員の落ち度とは言えない。（一般の教員は）多文化教育について、ほとんど、あるいはまったく教えられていない現状がある」「教員はもっと知識が要るし、また援助する必要がある」などと、教師教育の限界への指摘が続出し、現場の教育に同情的な声が多く聞かれたのである。そこには、なかなか実施の拡大が見られない多文化教育の実態に対して、3Fアプローチの問題性を批判するより、多文化教育そのものを何とか推進したいという研究者たちのある種の苛立ちのようなものすら表明されているように感じられた。

もちろん「(3Fアプローチは) 知的な練習に留まってしまう。中華料理を食

べたことが中国人を理解したことにはならない」と、3Fアプローチの限界への認識はすべての調査参加者から得られたが、ではそれをどのように克服すべきなのだろうかとの問いに対しては、これという処方箋はないのも実情のようであった。「歴史を学ばなくてはならない」「よりよい理解には直接の接触と経験しかない」など、前節でも述べられたアプローチがここでも繰り返されたに止まった。

(2) 言語教育と多文化教育

国内の多文化共生教育では、JSL（第二言語としての日本語教育）がその中核を担う役割を果たすものとして、これまでにもさまざまな議論がなされてきた。また、それぞれのマイノリティが自らの母語を継承していける環境提供の必要や、さらには多言語主義などについても幾つかの指摘がみられるようになりつつある[11]。では、今回の調査参加者はこの問題をいかに捉えているのだろうか。可能な限り質問を試みた。

移民研究機関の代表たちは、「移民の英語力が問題となる」「excellent English が必要不可欠だ」として、まず英語の力を十分に習得することの重要性を強調した。一方、それぞれの民族集団の母語保持の問題については、「私的領域で母語を保つことはよいが、移民はまず英語の修得が必要だ」というのが、彼らに共通する見解であった。

一方、多文化教育に関わってきた人たち[12]からは、「マイノリティへの英語教育はたいへん不十分だ」との指摘と同時に、多言語教育（たとえば、マジョリティが英語以外の言語を学ぶようなバイリンガル教育）と多文化教育の関係については共通の見解が寄せられた。「密接に関係している」「互いに連携していくべきだ」との意見である。しかし中には、「両者は密接に連携するべきだが、往々にしてそうなってはいない」というコメントもあり、その背景について質問を重ねてみたところ、ひとつの興味深い見解が寄せられた。両者に密接な関係があまりないことの理由として、

「第一は、当該社会の言語はある集団にとっては核心的な課題だが、他の集団にとってはそうとは言えないことである。たとえば、ラティーノにとって英語の習得はもっとも重要な課題になるが、黒人系アメリカ人にとっては

必ずしもそうではないこともある。第二には、言語教育と多文化教育が学問領域であまり接続していないことである」
というのである。第二の点に関しては、では日本においてはどうかと考えさせられる[13]。第一の点においては、「移民にとっての言語習得の問題は、それぞれの移民集団によって差がある」現実を説明する中で行われたことに留意が必要であろう。

これを日本のコンテクストで考えてみたい。国内の多文化共生教育においては、上述のように日本語教育が最重要課題のひとつとして認識されている。しかし国内でも、たとえば在日の3・4世の人たちを含めてこの問題を考えていくことになると、問題は簡単ではなくなる。また、いわゆるニューカマーと言われる人たちの間でも、2世が成長してくるに伴って、「多文化」を尊重する試みと必要な「言語習得」を目指す試みの関係については、一様の捉え方では対応できなくなる可能性がある。今後は、さらに丁寧な検討が必要となってくるのではないだろうか。

翻って、移民研究機関の代表の中からは、次のような説明があった。「アメリカには1950年代から唱えられた、国家防衛の視点から外国語教育を促進しようという考えと、1960年代以降に登場した、アメリカ国家への忠誠を図るために移民に母国語の保持を止めさせようとした経緯があり、この2つの異なった方向性を理解することが必要である」との見解である。これは、合衆国における英語以外の言語習得に対するマジョリティの取り組みについて語られたものであったが、多文化教育の関係者たちからは、この点に関して鋭い指摘が見られた。合衆国においても、多文化教育はマイノリティのみを対象になされるものではなく、マジョリティを視野に入れることの大切さが説かれたのである。「合衆国に十分な bilingual school はない」「彼ら（マジョリティ）は、第二言語を学ぶことに恐れを抱いている。必要と見なさないため、学校が多言語教育を提供することに投資しようとはしない」などの指摘は、日本のコンテクストにおいて、英語以外の外国語教育に携わる者の態度の問題としても、考えさせられるのであった。

(3) Equity と Equality

　最近、国内の多文化共生教育においても、平等の獲得を第一義にするアプローチから衡平や公正を目指すアプローチへの転換について、言及するものが見られるようになってきた[14]。積極的差別是正措置などを試みてきたアメリカ合衆国で、この問題はどのように捉えられているのか、多文化教育関係者に問いかけてみた。

　「平等が与えられたが、法や規則で人々の心は変えられなかった」「マイノリティに白人がもっているものを渡すことが、マイノリティが必要としていることなのではない。同じ学校に入れても平等にはならなかった」というのが、その質問への明確な回答であった。だが、彼／彼女らは本当に「平等」の追求を求めなくなってしまったのか？　率直な疑問をぶつけてみたところ、「両方が必要だ」「どちらも求めなければならない」という答えが返ってきた。この点に関しては、今回はこれ以上深めることはできなかったので、さらに検討を進め、コンテクストによる丁寧な分析を行うことが必要であると考えている。

(4) 文化本質主義について

　筆者はさまざまな機会を通じて、これまで文化本質主義の問題点を指摘してきたが、今回の調査参加者たちは、その点についてどのように考えていたのであろうか。すべての調査参加者ではないが、多文化教育の研究者たちは、逡巡しながらもそれぞれの考えを開陳してくれた。もっとも詳しく見解を述べたのは、文化本質主義と戦略的本質主義の異同についてのもので、「これは非常に難しい質問である」と前置きした上で、「文化本質主義と戦略的本質主義は、つねに明確に区別することはできない。通常、戦略的本質主義（を奉ずる者）はそのことを認識しており、目的を（集団外というより集団内のメンバーに）説明できるが、一方、戦略的目的を持たない文化本質主義にコミットしている者は、彼らが何をしているかおそらく説明できないだろう」と説いた。また「本質的な『文化規範』を学ぶことと、その『人々』を知ることとは異なる。そのためには歴史を教えることが大切になる」や「緊張を和らげようとする表面的な（文化本質主義に基づく）多文化教育ではなく、歴史を学ぶ必要がある」などの指摘もなされた。それらは、マジョリティと当該のマイノリティの関係を

個々の社会で学ぶ際に、たいへん有用な指摘であると考えられる。アメリカ合衆国の多文化教育の関係者たちが、口を揃えて「両者に係る歴史を学ぶこと」の重要性に触れていることは、日本における多文化共生のための教育においても示唆に富むものであった[15]。

6　今後の課題

　以上、アメリカ合衆国における今回のリサーチ結果と、そこから得られた日本の多文化共生社会構築・多文化共生のための教育への示唆について述べてきた。

　多文化社会構築のための政策に関しては、マイノリティに対する政策のみではなく、当該社会のマジョリティから支持や共感を受けることができる政策と、そのための教育の重要性が強く指摘される調査結果となった。またそうした際、多様性の拡散を危惧したり、選択的移民政策を全否定するような理想主義的な理念に偏るのではなく、マジョリティが抱く脅威感や負担への懸念を可能な限り除去した具体的政策の提示が求められるという見解が多く出された。

　一方、多文化教育については、講義や説明よりも実際に当該社会マイノリティと個人的な関係をもつ機会を提供し、体験や当該社会でのマイノリティの歴史を重視した教育、平等性と共に衡平性を求める教育を提供する、などが多文化教育の先駆者たちや実践者たちから異口同音に語られた。また、多文化社会における言語教育と多文化教育の連携をもっと密にすること、ただし、言語の問題はマイノリティ集団それぞれに多様であることに留意する必要などが述べられたが、これらは日本国内における多文化共生のための教育にも大きな示唆を与えるものと考えらえる。

　最後に、関係する諸学会で筆者が本調査について述べた際に出された質問や問題提起を紹介して、今後の研究の課題と展望に触れておきたいと思う。その第一は、本章で言及した選択的受入について、そうした選択的な移民政策と多文化教育はどのような関係にあるのかという問いである。二つ目は、多文化主義の中にも多様な様態があるが、そうした多様性をどう捉えるのかという課題である。そして三点目に、33ページに紹介した「マイノリティがよりよい教

育を受けることが結果としてはその社会の財政に有益である」という見解について、それを示すデータはあるのかという問いかけであった。これらの質問に対して、現段階で説得性のある回答や見解を提示することは難しい。今後の課題として、ぜひ検討を深めたいと考えている。

また、本文でも紹介したように、筆者はもともとのリサーチのフィールドをオーストラリアにもっている。そこでは、同じ多文化社会と言っても、言語に対するスタンスなどに大きな違いがある。また、近年は「多文化」という言葉を冠する政策や教育の減少傾向がかなり強く、代わりに「国際」教育や「グローバル」教育、あるいは「異文化理解」教育が取り上げられている。なぜ一部の国や社会では、多文化を避け、異文化間や国際というフレームワークでこの問題を捉え直そうとしているのか。そうしたことにも目を向ける必要があるだろう。さらなる課題を残しつつも、今回は2年半という短い期間にもかかわらず、多様な声や見解に出会うことを許された幸いなリサーチとなった。多忙な中、調査に快く対応してくださった調査参加者の方々に改めて謝意を表して、報告を閉じたいと思う。

注
1) 日本国内では、多文化社会のことを多文化共生社会、同様に、多文化教育を多文化共生教育や多文化共生のための教育と表現されることが多い。
2) 2008〜2009年の2年間に「多文化共生社会をめざして――異文化間教育の使命」および「多文化共生は可能か？――移民社会と異文化間教育」をテーマとして、公開研究会が3回、大会での特定課題研究シンポジウムが2回開催された。その成果は『「多文化共生」は可能か――教育における挑戦』（勁草書房 2011年）にまとめられている。筆者は、研究委員長としてそれらのコーディネートを行なった。
3) 詳細は、2)の拙編著、第8章を参照のこと。
4) 実際にインタビューで用いた質問は、章末に掲載している。
5) 紙面の関係で、ここですべての質問項目の回答に触れることはできないので、2節末尾の課題群に係る代表的な質問を中心に述べることにする。
6) 拙著『クリティーク　多文化、異文化――文化の捉え方を超克する』（東信堂 2010年）の第2章を参照のこと。
7) 本章では、被調査者のことを調査参加者と呼ぶ。

8) たとえば、同研究所発行の Beck, R. and Camarota, S. A.（2002）, *Elite vs. Public Opinion: An Examination of Divergent Views on Immigration*, Center for Immigration Studies, James G. Gimpel（2010）, *Immigration, Political Realignment, and the Demise of Republican Political Prospects*, Centor for Immigration Studies などを参照のこと。
9) 塩原良和（2005）,『ネオ・リベラリズム時代の多文化主義―オーストラリアン・マルチカルチュラリズムの変容』三元社。
10) 法務省入国管理局（2012）,「高度人材に対するポイント制による出入国管理上の優遇制度」（アクセス：2013年2月25日）http://www.moj.go.jp/content/000083223.pdf
11) 植田晃次・山下仁編著（2006）,『「共生」の内実――批判的社会言語学からの問いかけ』三元社、石井恵理子（2011）,「共生社会形成をめざす日本語教育の課題」馬渕仁編著『「多文化共生」は可能か――教育における挑戦』勁草書房、pp.85-105 など。
12) 今回に限ったエピソードであるが、本調査に参加した移民研究機関の代表たちは、バンクス、スリーター、ニエトといった多文化教育の先駆者の名前を、そのうちの一人でも知る者はいなかった。
13) 国内では、2011年に異文化間教育学会と日本語教育学会などの連携を図る企画が初めて実施されたが、具体的な活動としてはまだなされていない。
14) たとえば、川崎誠司（2012）,「異文化間教育におけるエクイティ――高等学校教育における公正さの構築」『異文化間教育　第36号』異文化間教育学会、pp.19-25。
15) その他に、NCLB、チャータースクール、政策（連邦政府と州政府の関係、教員組合、経済界の関与など）、調査参加者の背景（南部の特色、Dream Act、政治活動についてなど）についての質問を可能な範囲で行ったが、その詳細は別の機会に譲りたい。

参考：Key questions asked in the interviews

1. As the diversity of differences has increased, not only ethnic differences, but also gender and disability differences,the strength of multiculturalism ironically may be weakening. What are your thoughts?

2. How can we obtain sympathy for minorities from the majority of people, while most of them seldom experience bitterness or agony concerning ethnic issues? Can we propose any concrete strategies for urging particularly majority people to understand minorities?

3. Please tell me your opinion about the selective immigration policies which treat the immigrants who are more acceptable in the host countires, such as skilled migrants, or business people, more favorably than the people such as the refugees.

4. Could you tell me your opinion about the relationship between immigration policies at the national level, and what actually is happening in the field of education, for example in local schools? Who plays an important role in terms of policy making: researchers, teachers, business people, or politicians? What do you think the roles of each group are?

5. Please state your opinion about the relationship between multiculturalism (which focuses on ethnic diversity) and multi-lingualism (which focuses on language diversity).

6. Some people in the liberal camp say that the majority (i.e. white middle class people) seems tired with the attempts of people who have supported ideas such as critical multiculturalism. The attempts made by these people include changing the social structure, or obtaining social equality. As of the results, many are beginning to accept approaches such as those of the NCLB, which targeted not only the minority but also the majority. A few people even became very enthusiastic to promote some economically rationalized approaches, such as charter schools, which actually had a severe impact on public schools in some areas while proclaiming an economic legitimacy. Please comment.

7. Some people seem to feel threatened by the very rapid numerical increase of people belonging to certain ethnic minority groups, such as Latinos in some areas. How should we react to such kinds of feelings?

8. It is necessary for ethnic minority people to gain competence in the language of the host country, such as English. At the same time, it is also important for them to maintain their own first language competence. Unfortunately, these two concerns sometimes conflict with each other. Please comment.

9. Elites are said to be supportive of multicultural policies. On the other hand, the public does not seem as supportive. It seems that elites do not

fear to lose their jobs, regardless of an increasing population of ethnic minorities which makes the job market more competitive. What are your thoughts on this?

10. Some majority people who have supported the theory of multicultural education may become less supportive when they realize that multicultural education requires a certain budget from local governments. How can we approach these kinds of people?

11. Multiculturalism is believed to create more divisions among various ethnic groups rather than to promote the unity among them. What sort of legitimate explanation can we provide to those people who think in this way?

12. How can we overcome an approach such as the tourist approach, or the 3F (food, fashion, festival) approach?

13. How can we distinguish cultural essentialism and strategic essentialism?

第3章

「学力保障」と「多様性」
──新労働党政権下のイギリスの学校における多文化教育──

野崎　志帆

1　はじめに

　本章では、日本より先んじて異なる民族、人種、ナショナル・アイデンティティをもつ人々が共存するようになった、多民族国家イギリス[1)]における多文化教育[2)]に関わる近年の動向と、学校における「学力保障」および「多様性」の取り組みに焦点を当て、日本の多文化教育にとっての示唆を得ることが目的である。

　イギリスでは特に戦後から、民族的マイノリティ（ethnic minority）の子どもの教育に応じてきた歴史がある。その中で、紆余曲折がありながらも「学力保障」および「多様性」については、さまざまな論議が積み重ねられてきた。学力保障については、現時点で「民族、人種、ジェンダー、社会階層、障害の有無などの差異に関わらず、個々の子どもたちの多様なニーズに応えて実質的な教育機会を保障する」という方針が一つの到達点となっている。「多様性」を尊重することは、多文化社会イギリスにとっては不可欠な要素である。一方で、近年は、世界的なグローバル化進行の中でますます解体されていく「国民」としての共通意識、「市民」としての公共意識の希薄化、人種・民族による対立や社会的分裂、そして国際競争の中で生き残っていくための学力への危機感もある。多文化主義ということも、国家としての競争力を高めるとともに、国内およびEU内の様々な社会的矛盾を解決するための社会統合との関連で模

索しなくてはならなくなっている。

　もちろん、イギリスが日本よりも先行してこれらの課題に取り組んできたからといって、多文化教育に成功していると単純に言えるわけではない。イギリスにはイギリス独自の多文化社会化のプロセスと多文化教育発展の経緯があり、その中でさまざまな課題に直面し、今もなお模索が続けられている。また、日本とイギリスでは教育システム自体の違いもある 3)。しかしながら、今後の日本における多文化教育を検討する上で、日本よりも先行して取り組んできたイギリスの事例から得られる示唆もある。なお、本章では主に 1997 年から 2010 年までの新労働党政権下の多文化教育について述べることにする 4)。

2　イギリスの民族構成

　2011 年の人口調査によると、現在のイギリス（ここでは、イングランドとウェールズを指す）の民族構成は表 3-1 の通りである。

　イギリス社会は、この 10 年でさらに大きく「多文化化」を遂げた。「イギリス系白人」が人口全体に占める割合は、前回調査の 87.5% から 80.5% と減少し、「エスニック集団（ethnic group）」の人々は 19.5%（全人口の 5 人に 1 人）となった 5)。全カテゴリーのうち「イギリス系白人」および「アイルランド系白人」以外はすべて構成比が増加しており、最大のエスニック集団はこの 10 年間に最も増加した「その他の白人（ポーランドやギリシャ系など）」（110 万人、1.8% 増）である。また、エスニック集団人口 19.5% のうち「外国生まれ」は 13% で、さらにその約半数が 2001 年から 2011 年の間にイギリスにやってきている。以前は、イギリスの民族的マイノリティといえば旧植民地国からのカリブ系の黒人や南アジア系などの、長年イギリスで暮らしてきた人々をイメージしたが、現在では比較的最近やってきた「ニューカマー」の占める割合が急速に高くなっている。

　2012 年の学校人口調査（DfE 2012）によると、公立学校に在籍する民族的マイノリティ児童生徒（「イギリス系白人」以外の全エスニック集団の児童生徒）は、小学校で 27.6%（前年 26.5%）、中学校で 23.2%（前年 22.2%）を占める。また、小学校で英語以外の母語を話す児童は 17.5%（前年 16.8%）、中学校では

表3-1 2011年人口調査におけるイングランドおよびウェールズの民族構成（ONS 2012）

白人	86%（91.3%）
イギリス系	80.5%（87.5%）
アイルランド系	0.9%（1.2%）
ジプシー／アイルランド系トラベラー	0.9%
その他白人（ポーランドやギリシャ系など）	4.4%（2.6%）
混合／複合	2.2%（1.4%）
アジア系／アジア系イギリス人	7.5%（4.8%）
インド系	2.5%（2.0%）
パキスタン系	2.0%（1.4%）
バングラデシュ系	0.8%（0.5%）
中国系	0.7%（0.4%）
その他アジア人	1.5%（0.5%）
黒人／アフリカ系／カリブ系／黒人系イギリス人	3.3%（2.2%）
アフリカ系	1.8%（0.9%）
カリブ系	1.1%（1.1%）
その他黒人	0.5%（0.2%）
その他エスニック集団	1.0%

注）表現は出典のまま。カッコ（ ）内は前回2001年調査時の数値。
「イギリス系」とは「イングランド」「ウェールズ」「スコットランド」「北アイルランド」および「イギリス」と回答した者。
「混合／複合」の内訳は、「白人とカリブ系黒人」0.8%、「白人とアジア人」0.6%、「その他」0.5%、「白人とアフリカ系黒人」0.3%
「その他」の内訳は、「その他」0.6%、「アラブ系」0.4%
「ジプシー／アイルランド系トラベラー」および「アラブ系」は比較できる前回調査がない。

12.9%（前年12.3%）となった。イングランドに限って言えば、中学校に在籍する民族的マイノリティの生徒は、1999年から2009年までの10年間で57%も増加しているという（Hamnett 2011）。

3　イギリスの多文化教育の動向

イギリスの民族的マイノリティの子どもの教育の方針も、当初は「同化（assimilation）」と「統合（integration）」の考え方が基本であり、「普遍性」はイ

ギリスの主流社会の側を意味し、マイノリティはそれへの同化を求められてきた。しかし1976年施行の人種関係法により、民族的マイノリティの人権が広く認知されると、1980年代にはイギリス社会の差別や偏見の問題と民族的マイノリティの子どもの学力達成度の低さを初めて結びつけて論じる文書が発表され、さらに、大規模な人種暴動の発生を背景に、あらゆる文化を平等に尊重する「文化的多元主義（cultural pluralism）」を前提にした多文化教育の歴史が始まる（中島 2011）。1985年に報告書『すべての子どものための教育（Education for All）』（通称「スワン・レポート」）が発行されると、それまでの「同化」「統合」から「多様性」が認められるようになり、対象も「民族的マイノリティの子ども」から「すべての子ども」へと拡がってきた。一方で、文化的多元主義による多文化教育は、異文化理解の側面のみが強調され、社会における権力構造や人種差別による社会的不平等の問題から目をそらさせるという批判もあり、社会の歴史や制度の面からも人種差別を解消することを求めた「反人種差別教育（anti-racist education）」も提唱されるようになる。こうして、それまでの白人社会の「普遍性」を問い直す多文化教育が徐々に注目されていく。

　その後保守党のサッチャー政権のナショナル・カリキュラムや、教育への市場原理導入など新自由主義的な教育改革の中で、多文化教育は一時後退を余儀なくされる。しかし1997年に政権についたトニー・ブレア党首率いる新労働党は、前政権（保守党）に引き続き新自由主義的な政策をとる一方で、EU全体で共有されつつあった「社会的排除（social exclusion）」の問題に焦点を当て、平等のための教育政策を展開した。「すべての子どもの学力向上」を緊要な課題とし、その中で、民族的マイノリティが集まる都市部や低学力の子どもに予算や人員を配置して学力保障に力を注ぐなど、さまざまな集団間の学力格差是正に向けて取り組んだ。

　さらに、1976年人種関係法を改正して2000年人種関係修正法を提出し、人種差別的な迫害や嫌がらせを刑事犯罪として扱い、すべての公共機関に人種平等促進のための義務を課した。これは、イギリスの構造的な人種差別の実態を明らかにした「スティーブン・ローレンス事件[6]」調査報告書（1999年）を反映しており、後述するように、学校における多文化教育に多大な影響を与えて

いる。また、ナショナル・カリキュラムに初めて市民性教育の独立した教科「市民科（citizenship）」が導入されたことも、新労働党政権下の多文化教育に関連するポイントであろう。

4 社会的排除／社会的包摂

新労働党政権下の多文化教育の取り組みを理解する上で、政策上重要なキーワードの一つは「社会的排除／社会的包摂」である。「社会的排除」は、「主要な社会関係から特定の人々を閉め出す構造から、現代の社会問題を説明し、これを阻止して『社会的包摂（social inclusion）』を実現しようとする政策の新しい言葉」（岩田 2008）である。イギリスにおいては、ブレア首相就任時に社会的排除に取り組む特別機関が設けられるなど、貧困問題解消のための政策課題として捉えられてきた。このような政策がイギリスで導入された背景には、EUにおける労働条件の変容と「知識社会」への対応があるとされる（吉原 2005）。

社会的排除は、所得や消費といった「資源の不足」から捉えられることが多い「貧困」よりも、「参加の欠如」「関係の不足」を含む広い概念で、就労・教育・医療など、さまざまな面で社会参画を妨げられ、大多数の人が享受するものを入手できない状態を指す（岩田 2008）。私たちの生活は社会関係の中で営まれており、経済的困窮のリスクにどれだけ脅かされるかは、その人を取り巻く社会関係に大きく左右されている。逆に言うと、その社会の一員であれば享受できる社会関係から切り離されることは、その社会の中で高い貧困のリスクに晒されることになる（深井 2010）。

社会的排除は、仕事、政治参加、社会的交流、教育、自己評価、空間的な弱者の集中・周縁化といった指標から捉えられる「複合的な不利」によって生じているとされ、またこれらにおける不利が、高齢者、障害者、民族的マイノリティなど特定の社会集団に集中していることもその指標となる（岩田 2008）。

これは、自助努力を否定したり不要としたりする発想ではなく、「自助努力が可能になる条件」を奪われ、さまざまな権利へのアクセスすら断たれている状態を指し、そのプロセスに注目する点が特徴である。逆に、主流社会に参加

するための最低限の権利へのアクセスが確保され、その社会の中に「居場所」が持てる状態、またそのために、既存の制度を組み替えたり必要な施策を作り出すことを「社会的包摂」と呼ぶ。

　新労働党の「社会的排除／社会的包摂」政策は、「人々の市場や社会での機会の平等を保障すること」にあり、「市場機能に対する疎外要因を取り除きつつ、人々が市場社会に参加する形式的権利を保障し、同時に、人々が市場社会に参加してその期待される役割を担える能力の涵養を保障すること」（深井 2010）を目指しており、経済的合理性との関連が強いことが指摘されている。

　新労働党は、この「社会的排除／社会的包摂」の考えを教育においても導入している。その特質は、①排除の縮小と参加、機会均等、②学校の再構築、③差異とすべての子どもの包摂、④教育における包摂は社会の包摂の一側面であるとの認識にある（吉原 2005）。その際「すべての子どもの包摂」をめざしつつ、特に特別な教育的ニーズをもつ子ども（SEN[7]）・地方局から保護されている子ども・民族的マイノリティの子ども・トラベラー[8]・若い保護者・ストレス下にある家族の子ども・妊娠した女子生徒や十代の母親といった、多様な排除されやすい集団[9]に着目する。

　イギリスではしばしば、子どもが最低限の権利にアクセスするために特別なサポートが必要であることを、「子どものニーズ」という言葉で表し、すべての子どもの多様なニーズに応えるために、必要な「特別扱い」をする。それはイギリスにおいて、障害や言語、人種・民族などと教育に関わるそれまでの運動や議論の中で、学校に子どもを合わせる「統合」ではなく、子どもに合うように学校を変える「包摂」が徐々に重視されるようになっていった背景があるためであろう。前者は、それ以前のマイノリティの分離・隔離に対し、主流の体制に合流させる（その体制に変化はない）ことを「マイノリティの利益」と見なすのに対し、後者は包摂のために学校を変えることが「学校コミュニティ全体に益するプロセス」と捉える点で区別される。

　民族的マイノリティの子どもの教育への対応については、さらに前述の2000年の人種関係修正法がいっそう後押ししている。この法律によって、学校などの公的機関は不法な人種差別を除去すること、機会の平等を促進する

こと、そして異なる人種集団の人々の良好な関係を促進するための義務が課されており、そのための法的な実践基準が設けられている（CRE 2002）。

5　コミュニティの結束

さらに新労働党政権後半頃の教育政策や報告書を見ていくと、「社会的排除／社会的包摂」「多様性」「アイデンティティ」などと同時に、「コミュニティの結束（community cohesion）」がキーワードになっている。これは、2000年代に入ってからのイングランド北部で発生した人種暴動、イスラム嫌悪の問題、ロンドン地下鉄爆破テロ事件などをきっかけに、人々が人種や民族によって「並行する生活（parallel lives）」[10]を送っており、「集住化」および「隔離化」[11]している実態が浮き彫りにされ、イギリス社会の分裂への危機感が強まったことを背景にしている。基本的に多文化主義に基づき社会統合に腐心してきたイギリスであったが、集住化・隔離化への問題意識からこの概念が登場したのである。

ただし「コミュニティの結束」とは、「同化」の延長上にあったかつての「統合」とは同義ではないと説明される。それはおおむね、①共通のビジョンとすべてのコミュニティに所属の感覚があり、②人々の背景の多様性と環境が尊重され肯定的に評価され、③異なる背景をもつ人々には同じ生活機会、サービスへのアクセス権、同じ扱いを受ける権利があり、④異なる利害間を調停する際に公平に働き、その役割と正当性を公的に吟味するための法令への強い信頼と、⑤これら共通性に対するすべてのイギリスの人々の貢献についての強い認識があり、⑥職場、学校、近隣において異なる背景をもつ人々同士の強力かつ肯定的な関係性が促進されること、と定義されている（CIC 2007）。

この概念の背景には、多様性それ自体が社会を分裂させているのではなく、異なる背景をもつ人々同士の棲み分けが進んで交流が断たれ、集団間の不平等が放置されていることが問題であるとの認識がある。社会を分裂させないために、同じ社会を構成する者としての「共通のビジョン」を志向していると言えるが、多様性はイギリス社会の現実として前提にしつつも、これまでの「互いに干渉しない」という多様性の消極的容認ではなく、地域において相互に交わ

りをもちつつ共通のコミュニティを構築していくことを意図したものと言えよう。また重要なのは、この「コミュニティの結束」も前述の「社会的排除／社会的包摂」と同様に、社会的不平等への問題意識の延長上にある点である。

　2006年の教育および監査法で、「コミュニティの結束」の促進が各学校の義務として導入され、2008年から学校監査の対象になっていることは、社会の分裂に対する教育の介入が緊要とされていることを表している。ここで学校に課されている義務は、①カリキュラムを通じて、多様性と同時に共有する価値を促し人権の理解を深めることや、参加と責任ある行動スキルを育成すること、②学校生活へのアクセスや参加の障壁の除去に努め、異なる集団間の学力達成の偏りを除去すること、また、③異なる背景をもつ子どもや保護者、コミュニティ同士が交流し肯定的な関係性を構築できる機会を設けること、の3つである (Ofsted 2008)。

　各学校が「コミュニティの結束」に取り組む上で、不平等な格差解消に取り組むことと同時に、その変化がすべてのコミュニティに見えるようにすることの重要性が強調されている。学校は、生徒の学力達成や可能性の開花の機会を提供する点で、長期的なコミュニティの結束に貢献する重要な役割をもつ (DfCSF 2007)。また学校は、実際に多様なコミュニティからやってくる子どもたちが出会う場であるからこそ、地域に「コミュニティの結束」をもたらす拠点としての役割が期待されている。しかし「コミュニティの結束」は、当然のことながら1つの学校の中だけでなく地域全体で創出していく必要があるため、学校間の連携や地方局によるサポートが前提となっている点は重要である。

　「社会的排除／社会的包摂」に加え、この「コミュニティの結束」もまた、新労働党政権下の多文化教育を読み解く上で重要なキーワードと言えよう。「社会的排除／社会的包摂」と「コミュニティの結束」は、両者とも社会的不平等への視点を不可欠とする点で共通するが、前者はどちらかというと社会的・経済的不平等に至るまでの、資源・参加・関係のあり方などのプロセスに力点がある。一方後者は、社会的・経済的不平等に加え、集団間の相互交流や共有するものの欠如による結果としての社会の分裂・対立の問題により力点を置いた概念と言える。

第 I 部　多文化教育の理念と枠組み

6　イギリスの学校における「学力保障」と「多様性」

　イギリスの新労働党政権下の多文化教育のコンテクストを、このような「社会的排除」を問題視し、「社会的包摂」「コミュニティの結束」を目指すものとして捉え、その中でイギリスの学校教育における「学力保障」および「多様性」がどのように取り組まれているのかを見ていくことにしたい。

　筆者は 2009 年 6 月から 7 月、および 2012 年 3 月に、イングランド北部のウェストヨークシャー州の A 市（2011 年データで人口約 32 万人、民族的マイノリティ人口は全体の約 7% で、南アジア系が多い）の公立小学校と中学校にて調査を実施している[12]。民族的マイノリティの子どもの在籍率は、実際には地域や学校によってかなり偏りがあるが、本節での学校の具体的な取り組みおよび教員へのインタビューの記述は、民族的マイノリティの子どもの在籍率が 2 割以上を占める学校での調査データ（小学校 3 校、中学校 2 校）に基づいている。

（1）学力保障

　学校に期待されていることは、言うまでもなく子どもたちが民族、人種、ジェンダー、社会経済的地位、障害の有無に関わらず「実質的に平等な教育の機会」と、社会に参加し人々とさまざまな社会関係を結んでいくのに必要な「最低限の学力」を保障することである。

　近年の英語を母語としない移民の急増に伴い、「追加言語としての英語（English as an Additional Language）」（以下、「EAL」と表記）の教育が必要な子ども（以下、「EAL の子ども」と表記）が現場の課題となっている。イギリスの公立学校の授業は基本的に英語で進められ、公共の場でもやはり英語が必要になる。したがって教員たちは、EAL の子どもたちがイギリス市民として生きていくためにも、まずは学校においてかれらを「英語でカリキュラムに参加できるようにすること」を第一に考えている。その際、出身国で受けた教育や英語以外の母語による言語スキルなど、子どもたちがすでに持っているこれらの資源を価値あるものとして評価し、英語能力や英語による学習に移行させられるように活用しようとする。例えば EAL の子どもが 28.6% を占める B 中

学校の EAL コーディネーターの教員は、学校での読書の時間に、EAL の子どもには場合によって母語の本を読ませると言い、どの言語を用いようと、子どもの読み書き能力や子どもの興味を保つことが重要だと話していた。この教員は、英語で学ばなければ何も学んでいないと考えたり、英語を学習するまでより広範な学びに参加させなかったりすることは、英語という壁の前にこれらの子どもたちの学習意欲を奪い、より広い学びへのアクセスを断たせてしまうことにつながると考えていた。重要なのは、子どもの学びに空白期間をつくらないことだという。そのため、学習活動に参加するための英語が十分でないならば、当面は母語で学ぶことも念頭においている。

また、学力を保障するために「子どもたちの多様なニーズに応える」という姿勢は、障害をもつ子ども、社会経済的に困難な家庭の子どもなど、その他さまざまな学習上の困難やカリキュラムへの参加に影響する背景をもつ子どもに向けられる。学校によっては、教室には授業を進めるメインの教員の他に、さまざまなニーズをもつ子どもをサポートするスタッフや補助教員が、多い時には 3 名から 4 名いることもある[13]。多様なニーズをもつ子どもたちが、「取り出し」ではなく主流の学習活動に参加することが、教育における「包摂」の基本と考えられているからである。

さらに、形式的な教育機会の保障に留まらず、集団間の「学力格差」を縮小すること、つまり一定の学力という「結果の平等」も射程に入れられている。筆者が調査を行った、A 市地方局の平等と多様性課・民族的マイノリティ学力達成チームのマネージャーは、カリブ系の黒人の子どもをはじめ、民族的マイノリティと他の生徒との学力達成の格差を縮小することが、「コミュニティの結束」の大きな課題であること、このギャップを放置することこそが社会の分裂を招くのだと話していた。

子どもたちのジェンダー、エスニシティ、無料学校給食の有資格者、SEN、EAL など背景ごとの学力達成の状況は、全国的にモニターされている。図 3-1 は、その中でもエスニシティ別の学力達成度の 2007 年と 2011 年の推移を示している。全国平均および全グループの学力は 2007 年より向上しているものの、カリブ系をはじめ黒人の子どもの学力は平均より 4.2% 下回っており、依然として最も低い学力を示す集団となっている。その格差は 2007 年比では

第Ⅰ部　多文化教育の理念と枠組み

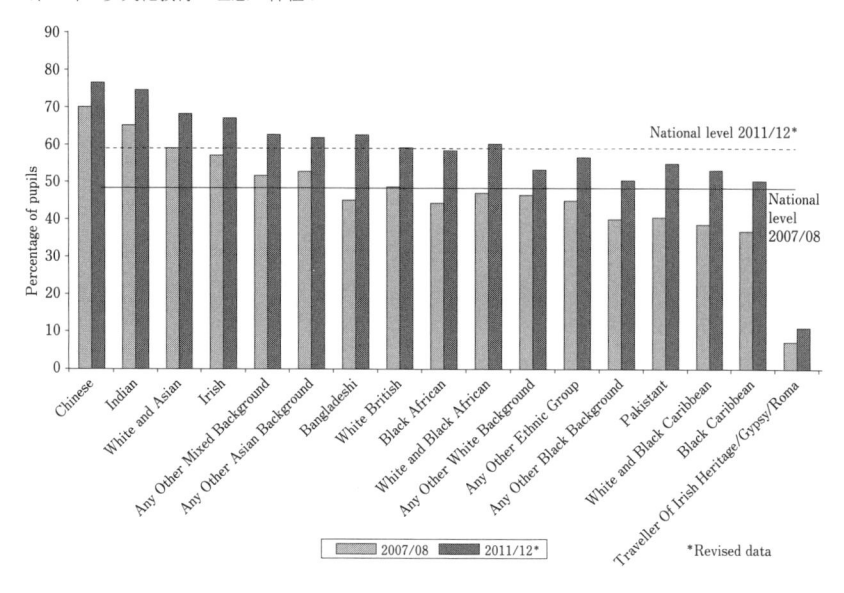

図 3-1　2007 年と 20011 年の前期中等教育修了時の GCSE 試験[14]における 5 科目以上で良い成績をとった生徒のエスニック集団ごとの比率（DfE 2013）

3.3％縮小しているが、前年比では 0.4％拡大している。その背景については詳細な分析が必要であるが、いまだ課題があることは確かである。また調査によると、英語を母語とする生徒の学力はそうでない生徒の学力よりも 3％高いが（DfE 2013）、図 3-1 を見ると、英語を母語とする「イギリス系白人（White British）」が必ずしも優位にあるわけではないことがわかる。イギリスの場合、学力問題には母語や民族的マイノリティであること以上に、社会階層や家庭的背景が大きく影響しているためである。

このように学力格差の分析が行われてきた結果、特に学力の上で排除されやすい子どもの変数は、現時点では特定のエスニシティや言語といった単体よりも、複数の背景的要因の組み合わせによると理解され（例えば、「黒人カリブ系」の「男子」で「無料学校給食の有資格者」が最も学力の達成進度が遅いなど）、そのような見方は学校現場でも広く共有されている。一方で、構造的差別を背景に、「人種」は学習上の排除に影響する依然として見過ごせない重要な変数だとする指摘もある（Osler & Starkey 2005）。

第3章 「学力保障」と「多様性」

　しかし、このような平等の視点から学力格差の縮小が模索されてきたものの、1980年代の終わり頃から行われてきたナショナル・テストの公表および学校選択制といった「成果主義」による新自由主義的な教育政策は、学力の最低水準を一定向上させた一方で、集団間の学力の格差をむしろ拡大させているということが指摘されている。なぜなら、結果や数値が学校評価のすべてになることは、結果として教育現場に、「指導すれば良い成績に引き上げられる生徒」の指導が最も優先され、「手遅れと見なされた生徒」は後回しにされる状況を容易に生みだすためである[15]。これは、イギリスの教育が現在抱えている大きな矛盾の一つと言えよう。

　前述の2000年人種関係修正法においては、学力達成度の低い集団の成績を改善する目標を各学校が設定すること、こうした政策が学校の民族的マイノリティの子どもの数に関わらず適用されることが強調されている。特に民族的マイノリティの子どもを支援する補助金を与えられている学校は、彼らの学力達成の状況を分析し、エスニック集団間の格差を埋める努力をしなくてはならない。

　民族的マイノリティ児童が85％と極めて高い率で在籍し、社会経済的背景を表す5つのカテゴリーのうち最も低い2つに当てはまる家庭出身の子どもが70％を占めるC小学校の校長は、次のように述べていた。学力格差縮小の実現は、決して容易ではないことがうかがえる。

　　それ（学力格差の縮小）は、必ず子どもたち全員が最善の結果を達成できるようにすることです。また、それができない子どもが自分のジェンダーやエスニシティを言い訳にしないように（達成を）確実にするということでもあります。これはやりがいがあります。なぜなら、私たちは結局のところ子どもたちの（学力の）進度を早めるよう試みなければならないからです。（中略）今ここで、子ども全員がそのような（国が設定する年齢ごとの）期待値を達成して卒業していくんですよと言ってみたいものですが。でも（実際は）そうじゃないんです！　でも私が思うに、子どもたち皆が、進学するだけの最低限の基本的技能は身につけて卒業している、ということは言えます。

　　　　　　　　　　　　　　　（2012年3月　C小学校校長）

(2)「多様性」への取り組み

2012年にC小学校を訪れた際、子どもたちに「この学校についてどう思うか」「あなたの学校で多様性は尊重されていると思うか」を質問紙で訊ねたところ、「この学校は文化が混ざりあっていて、みんな一緒で仲間はずれにされないから好きです」（6年生、女子、African[16]）、「みんながお互いを尊重していて、違う国からきたかどうかなど気にしないから、この学校が好き」（6年生、女子、Polish）などの回答があった。また「異なる背景を持った人々が同じ社会で仲良く共存することができると思うか」という質問に多くの子どもがイェスと答え、その理由を「ぼくの友達はみんな違う文化の子だから」（5年生、男子、Black African）、「私たちは学校でみんな一緒に勉強していて、みんな違う。私たちはとても仲が良い」（6年生、女子、British-Pakistani）などと回答し、おおむね「多様性」を肯定的なものと理解していた。そのベースには、自らの学校生活について次のような実際の経験の裏づけがあるためかもしれない。

筆者が調査した学校において、まず「多様性」との関連で取り組まれていることは、学校全体、カリキュラム全体にイギリス社会や地域を構成する多様性を積極的に反映させようとしている点である。例えば、学校に通う子どもの文化的背景に関連した展示物を校内に設置したり、多様な文化に触れるイベントが催されるなど、多様性を賞賛し肯定的に価値づける取り組みは、特に小学校ではしばしば見られる光景である。また英語の時間（日本でいう「国語」）では、イギリス人作家だけでなく、アフリカや中国、インドなど多様なバックグラウンドの作家による文学作品が取り上げられる。地域や学校の多様性を「価値あるもの」として教材や教育環境に取り入れることが、多様な背景をもつ子どもたちの肯定的なアイデンティティを育て、自尊感情を高め、ひいては学習意欲にもつながると考えられているためである。特に中学校では、2008年からナショナル・カリキュラムの7つの教科横断的テーマの一つとして「アイデンティティと文化的多様性」が導入されたこと、また中学校で必修教科となっている「市民科」の柱の一つに「アイデンティティと多様性：イギリスで共に生きる」が同年に加えられたことは、このようなカリキュラム全般への多様性の反映を後押ししている。

第3章 「学力保障」と「多様性」

　その他の取り組みとしては、外国語教育として、地域で多く話されている言語を選択して学習できる中学校もある。例えばパキスタン系の生徒が22.4％を占める前述のB中学校では、フランス語、スペイン語のほかに、ウルドゥー語（パキスタン出身者の母語）が選択言語となっている。これは、生徒によっては自分の母語を学ぶことが可能であり、それがその生徒の学力を表すものとして認められていることを意味する。またB中学校の副校長は、イスラム教徒の生徒にとっての男性ロールモデルの影響を重視し、「カリスマティックなパキスタン系の男性教員」を雇用したり、自ら学校を代表して地域のパキスタン人コミュニティとの話し合いの場をもち、制服になかったヒジャーブ（モスリムの女性が頭につけるスカーフ）を制服の色に合わせて導入するなど、文化の違いによる問題を解決してきたと話していた。
　筆者がインタビューを行った教員や学校長らは、これら多様性に応じた取り組みを保護者や地域の人々に見えるようにすること、場合によってはこれらの取り組みに積極的に関わってもらう機会を設けることで、彼らの文化に価値を置いていることを表明しようとしていた。そのことを通じて、多様な背景をもつ保護者の信頼を取りつけ、学校に受け入れられていると感じてもらうこと、学校という場が多様な人々が所属の意識を感じられる「より広いコミュニティ」となることを志向し模索していた。
　また中学校の「市民科」では、イギリスを構成する人々の多様性を前提にしながら、政治的・社会的側面の知識を身につけ、情報と根拠にもとづいて議論し、必要に応じてよりよい変化を社会にもたらすために必要な民主主義的スキルを身につけることを目的としている。多様なバックグラウンドをもつ若者を、イギリス社会の公共空間や政治的な参加に包摂しようと試みていると言える。そうでなければ、包摂的な社会を構築することはできないためである。特に「コミュニティの結束」の促進義務が学校に課されて以降は、違いを超えて学校や学校周辺の地域コミュニティ共通の課題の解決のため、実際に何らかの民主主義のプロセスに参加する経験が重視されている。

(3)「社会的包摂」と「コミュニティの結束」のための学校の役割
　以上、イギリスの学校における「学力保障」および「多様性」の取り組みを

見てきたが、この2つの取り組みは別々にあるのではなく、「社会的包摂」「コミュニティの結束」という目的の下に、相互に連動し密接に関わっていることが見えてくる。

「学力保障」は、社会的包摂政策の下各学校のデータが公表されることも影響してか、民族的マイノリティの子どもに限らず「イギリスの子ども全体の問題」として広く意識づけられ重視されているようである。その際「普遍的視点（共通性）」から、「すべての子ども」の学習意欲を保持し、実質的な教育機会の平等性を保障することがめざされる。そしてそのためには、同時に「個別的・集団的視点（差異性）」を踏まえようとする。子どものニーズは、背景ごとに「多様」だからである。例えばニューカマーの子どもであれば、出身国での教育歴や母語など、子どもがすでにもっている資源に着目したうえで、主流の学習活動に参加するために必要な支援を可能な限り提供しようとする。また、客観的データに基づいて集団間の学力格差の縮小をもめざしており、いまだ課題はあるものの、少なくともその格差の現実を問題化し是正していくことが、「コミュニティの結束」のために学校が取り組まねばならない重要課題として認識されている。別の言い方をすれば、「多様性」や「違い」を理由に、子どもの実質的な教育機会という普遍的な「共通に守られるべきもの」が奪われないよう、それぞれの多様なニーズに応えることを通じて子どもたちの多様性を尊重しようとしているとも言えよう。

文化的多様性を考慮し、文化的平等を積極的に保障する取り組みについても、基本的には多様な子どもたちの「学力保障」のために行われているようにも見える。例えば、前述の「母語による学習」「母語の学習」は、言わば「多様性の（積極的）伸張」の取り組みとも見なせるが、それらはあくまでも学力保障を後押しするもの、学力保障に従属する要素として位置づけられており、学力保障の文脈を離れた「多様性の（積極的）伸張」ではない。多様性を賞賛し価値づける取り組みも、子どもたちがイギリス社会の多様性を肯定的に評価できるようになることがねらいであることは前提としても、そのような取り組みが子どもそれぞれの多様なアイデンティティや自尊感情に肯定的に影響し、結果として学力に影響すると考えられているのである。

また一方で、そのような多様性への取り組みは、学校がコミュニティの文化

的多様性を拒んでおらず、肯定的なものとして捉えていること、学校が包摂的であることを子どもたちやコミュニティに伝えるメッセージとしても重視されている。「多様性の尊重」の先に、「コミュニティの結束」を見据えているのである。子どもが学ぶ学校自体が、多様性と平等が尊重される「包摂的な学校」であることで、多様な背景をもつ子どもとその保護者の「共通のコミュニティ」としての役割を果たすことが期待されているのである。

　このようにイギリスの学校では、それが現場の個々の教員によって意識されているかどうかは別として、多様な子どもたちすべての学力を保障することそのものが、子どもたちの多様性を尊重することにつながり、また多様性を尊重する取り組みが多様な子どもたちの学力保障につながる、という関係が見られる。これらのことが、イギリスの「社会的包摂」および「コミュニティの結束」促進の前提となっているのである。

7　おわりに

　本章で言及してきたイギリスの「学力保障」および「多様性」の取り組みの事例から、日本の多文化教育構築に向けて示唆となる点を述べておきたい。

(1)「社会的排除／社会的包摂」から社会的平等をとらえる

　日本においてもリーマン・ショック以降、定住外国人を「貧困」という観点で捉えるものが見られるようになった。日本では「多様性の尊重」が何よりも重視される一方で、社会経済的な平等は問われることのない前提とされるか、多様性の尊重が平等の実現をも可能にするという幻想があり、その中で定住外国人の貧困問題は不可視化され、政策的にも放置されてきたとの指摘がある（高谷 2011）。日本の外国人の子どもたちの教育機会の平等や学力の問題もまた、形式的な「多様性の尊重」の名の下にほとんど放置されてきたと言ってよい。

　新労働党政権下のイギリスは、民族的マイノリティを含むすべての人々の権利へのアクセスの保障を重点課題とし、教育を社会的包摂の手立てと見なした。イギリスにおける「社会的排除／社会的包摂」政策が、「市場」という経済的

合理性の産物であることや、必ずしも社会的権利との関連で使われていないとの指摘もあるが（Osler & Starkey 2005）、日本における外国人の子どもたちが主流社会に参加するための最低限の権利へのアクセスを保障し、社会的包摂を実現するためにも、複合的な不利を抱えたかれらの状況を、この「社会的排除／社会的包摂」概念でとらえていくことは有益であるように思う。これらは、排除や差別の主体が必ずしも明確ではない構造的・制度的な差別を社会全体の問題としてとらえ、既存の制度を再構築していく上で有効な概念だからである。その際、社会的排除を単なる個人的な過程としてだけでなく、「日本において『外国人』であるということ」が、子どもたちのどのような不利につながっているのかを丹念に分析する必要があることは言うまでもない。

(2)「普遍的視点」と「個別的・集団的視点」

　日本の教育現場においては、教員がニューカマー生徒を外国人として「特別扱い」せず、「すべての差異を同等に扱う」学校文化によって社会的公正に対する教員の気づきが阻害され、マイノリティの子どもたちの個別的教育ニーズに応える回路を閉ざしてしまっている、という指摘がある（志水 2002・2009、額賀 2003）。これは、まずもって子どもの多様性を前提にした上での「普遍的視点」、つまり「すべての子どもに実質的な教育機会の平等は保障されるべきである」という「公正さ」の合意がないことを示している。イギリスの取り組みに見られたように、「すべての子どもの学力保障」という普遍的視点に照らし、多様なニーズに応えるために「特別扱い」するという対応は、日本の学校現場にも必要な視点であろう。

　イギリスにおいては、普遍的視点と同時に「排除されやすい集団」ごとに学力格差をモニターするなど「個別的・集団的視点」が取り入れられていた。とりわけスティーブン・ローレンス事件以降、「人種」というカテゴリーが社会構造の中で実際に当該の子どもたちにどのような不利益をもたらしているのかが明らかにされたことは、その必要性を支持している。普遍的視点に照らして初めて見えてくるそれぞれの異なるニーズの情報を得るためにも、「人種」「民族」「ジェンダー」「障害の有無」などの個別的・集団的差異がもたらしている不平等への異なる影響の視点はやはり不可欠である。「すべての子ども」を対

象に普遍的視点から教育全体を改革していくことと、「すべての子ども」という名の下に、個別的・集団的差異を見ないこととは同義ではない。多様な子どものニーズに応える、実質的な教育機会の平等性を保障するための「特別扱い」は、普遍的視点と個別的・集団的視点の両方があって初めて可能になる。

(3) 多様性と平等がつくる「コミュニティの結束」

　イギリスの学校に見られたように、子どもたちの多様な背景を「価値あるもの」として位置づけ、それを学校全体で一貫したメッセージとして発信することが、子どもたちの自尊感情を高め学力向上にもつながるということは、多文化教育では重要な位置を占めてきた基本的考え方の一つである。イギリスの学校現場を観察するにつけ、日本の学校現場には果たして「外国人／日本人」以前に、子どものその他さまざまな多様性が認められる土壌があるのかということから問わなくてはならないが、外国人の子どもの多様性を価値づける場合も、イベントや授業で終わる一過性のものではなく、制度や構造面での「隠れたカリキュラム」の影響の大きさを理解したうえで多様性に取り組む必要がある。例えば、イギリスの学校の場合、多様な背景に関わりなくすべての子どもの学力を保障しようとする具体的な取り組みそのものが、実は多様性と人権という価値の「共通性」を、子どもたちに最も強く伝えているようにも思われる。

　またイギリスでは、社会の分裂・対立の問題への対応として「多様性の尊重」に加えて「コミュニティの結束」が求められていた。その際、単にマジョリティによるマイノリティの同化によって「社会的凝集性」を求めるのではなく、より包摂的な民主主義社会を構築するのに必要な市民性を育成することや、学力格差の縮小といった社会的平等が重視されている点は重要である。このような構造的視点を欠いたところで、「共通するコミュニティへの所属の意識」など決して実現できないというのが、幾度もの人種・民族対立や暴動を経験してきたイギリスが長年にわたり学んできた教訓である。このことは、道徳教育などの徳育を通じて、「愛国心」や「郷土への愛」といった所属の意識や自尊感情を育てようとする傾向のある日本の教育政策にとっても示唆に富む。

　ただしイギリスにおいても、新労働党の「平等のための教育政策」の一方で進められてきた学校の自律的経営の原則や学校選択制など新自由主義的な政策

が、子どもたちの学力格差を拡大させているという指摘があることは、肝に銘じておかなくてはならない点であろう。

(4) 今後の課題

　また、本章で言及してきたイギリスにおける「学力」「ニーズ」「社会参加」といった概念も、一見中立的、普遍的な概念に見えるが、そもそも誰の何のためのものを指しているかについてさらに検討していくことが必要である。すべての子どもに共通に必要な学力とはどういうものか、「子どものニーズ」は本当に子どものそれを反映しているのか、あるいは多様性を管理する側のニーズの投影なのか等々の問いは残されている。イギリスにおける「学力」や「社会参加」といったことも、グローバル化や「市場」との関係抜きにはますます語れなくなってきている。また、このような背景における学力重視および「コミュニティの結束」の政策下で、イギリスの学校がこれらを冒さない範囲で、あるいはこれらを後押しするものとしてのみ「多様性」に取り組んではいないか、という疑問も浮かぶ。これらについては、さらに学校における具体的な取り組みを検討する必要があるだろう。

注
1) 一部の統計資料を除き、この章ではイギリスを主にイングランドを指すものとして用いる。
2) 現在イギリスにおいては多文化教育という語は一般的に用いられることはあまりないが、本章では便宜上この語を使用している。
3) 佐藤と小口（2000）は、イギリスの多文化教育の展開と課題を日本と比較して分析する際、イギリスでは、①異文化との接触や摩擦への対応のノウハウがあること、②民族的マイノリティの多くはイギリス国籍をもつイギリス人であり、国籍による差別よりも人種差別が課題となること、③生徒1人1人の個性を重視し、一斉指導による授業が主流ではないなど教育方法に違いがあること、④学校教育の規制緩和が進み、各学校が独自の特徴を出した運営ができ、生徒のニーズに沿った対応が可能な一方、学校間に競争原理が働いて手のかかる子どもの教育が軽視される恐れもあること、⑤キリスト教会が設置運営する学校も公立学校と同じ扱いがされていることに留意する必要があると述べる。その他、⑥イスラム教徒への差別と統合の問題があること、

⑦学校監査制度があり、各学校の監査報告書はナショナル・テストの結果と同じく一般公開されることもつけ加えておく。
4) 2010年5月に政権交代し、現在は保守党と自由党の連立政権となっている。新しいナショナル・カリキュラムは2013年に発表され2014年からスタートする予定であり、それまでは基本的に前政権（新労働党政権）のナショナル・カリキュラムの下で学校教育が行われている。今後は、現政権下の取り組みに大きな変化があることが予想される。本章で取り上げる学校における「コミュニティの結束」促進義務も、2012年から明示的には示されなくなっている。
5) この人口調査では「エスニック集団」を「イギリス系白人以外の人々」と定義している。
6) 1993年に、黒人青年スティーブン・ローレンスが白人青年らによって路上で殺され、当時は警察の不手際によって嫌疑のかかった青年を起訴できなかったうえに、警察署内の人種差別の実態をさらけだした有名な事件。人種的な対立とイギリス社会の民族的マイノリティの隔離化された状況を浮き彫りにした。
7) 「Special Educational Needs」を略して「SEN」と呼ぶ。学習に障壁となり、長期的、継続的な支援が必要な、医学的または知的な障害をもつことを指す用語。
8) 一定の居住地をもたず、不特定の業種につきながら家計を支え、ワゴン車や移動住宅を住居として暮らす独自の生活様式をもつ民族的マイノリティ。イギリスのトラベラーの多くは、アイルランドに起源をもつ人々だと言われている。
9) Department for Education and Skiils (DfES) (2003), *Circular 10/99: The Secretary of State's Guidance on pupil behaviour and attendance*, Chapter 3 参照.
10) 2001年にイングランド北部の街で発生した人種暴動の原因を検証した報告書（Cantle Report）で用いられた表現。暴動の際に対立した白人と南アジア系のコミュニティ同士が、普段の生活で互いの接点や交わりがほとんどなく過ごしている様子を表している。
11) 「集住化」とは、「特定のエスニシティが一定の地域に集中すること」で、その結果、異なるエスニシティとの接触を欠いた状態になる事を「隔離化」という。これらがイギリスの民族的マイノリティの中でも、特に南アジア系の人々の定住化以降の日常生活の特徴だとされている（佐久間 2007）。
12) この調査は、文部科学省の科研費（20730516）の助成を得て行った。
13) 多様なニーズに応えるための補助金制度があり、学校の状況に応じた予算の使い方ができるという事情がある。
14) 前期中等教育の卒業年度（義務教育修了時）に受ける全国統一のナショナ

15) ヒュー・ローダー、フィリップ・ブラウン、ジョアンヌ・ディラボー、A. H. ハルゼー編（苅谷剛彦・志水宏吉・小玉重夫編訳）（2012）『グローバル化・社会変動と教育――文化と不平等の教育社会学』東京大学出版会、を参照。
16) 回答者のエスニシティは、回答者が記入したままを記載。

参考文献

岩田正美（2008），『社会的排除――参加の欠如・不確かな帰属』有斐閣．
佐久間孝正（2007），『移民大国イギリスの実験』勁草書房．
佐藤実芳・小口功（2000），「イギリス　多文化教育の理念と政策の変遷」江原武一編著『多文化教育の国際比較――エスニシティへの教育の対応』玉川大学出版部，pp. 95-121.
志水宏吉（2009），「教育におけるエスニシティへの対応――国際比較　解説」『リーディングス　日本の教育と社会17　エスニシティと教育』日本図書センター，pp. 101-105.
高谷幸（2011），「はじめに　移住者の貧困をなくすために」移住連　貧困プロジェクト、『日本で暮らす移住者の貧困』移住労働者と連帯する全国ネットワーク．
中島久朱（2011），「現代イギリスの多文化主義と社会統合――公教育における多様性の容認と平等の問題」江原裕美編著『国際移動と教育――東アジアと欧米諸国の国際移民をめぐる現状と課題』明石書店，pp. 287-301.
額賀美紗子（2003），「多文化教育における『公正な教育方法』再考――日米教育実践のエスノグラフィー」日本教育社会学会『教育社会学研究』73．
深井英喜（2010），「訳者あとがき」デイビッド・バーン／深井英喜・梶村泰久訳、『社会的排除とは何か』こぶし書房，pp. 377-388.
吉原美那子（2005），「イギリスにおける包摂的教育の政策とその性質――社会的排除と社会的包摂の概念に着目して」『東北大学大学院教育学研究科研究年報』53, pp. 75-88.
Commission on Integration and Cohesion (CIC) (2007), *Our Shared Future*.
Commission for Racial Equality (CRE) (2002), *Statutory Code of Practice on the Duty to Promote Race Equality: A Guide for Schools*.
Department for Children, Schools and Families (DfCSF) (2007), *Guidance on the Duty to Promote Community Cohesion*.
Department for Education (DfE) (2012), *Schools, Pupils, and Their Characteristics*.
Department for Education (DfE) (2013), *GCSE and Equivalent Attainment by Pupil Characteristics in England, 2011/12*.
Hamnett, C. (2011), "Concentration or Diffusion? The Changing Geography

of Ethnic Minority Pupils in English Secondary Schools, 1999-2009," *Urban Studies*, vol. 49, 8, pp. 1741-1766.

Office for National Statistics (ONS) (2012), *Ethnicity and National Identity in England and Wales 2011*, http://www.ons.gov.uk/ons/rel/census/2011-census/key-statistics-for-local-authorities-in-england-and-wales/rpt-ethnicity.html (2013.1.10).

Ofsted (2008), *Inspecting Maintained School's Duty to Promote Community Cohesion: Guidance for Inspectors*.

Osler, A. & Starkey, H. (2005), *Changing Citizenship: Democracy and Inclusion in Education*, Open University Press（清田夏代・関　芽訳『シティズンシップと教育——変容する世界と市民性』勁草書房，2009年）．

第4章

多文化社会の市民性教育
——オーストラリアの取り組みが示唆するもの——

見世　千賀子

1　はじめに

　グローバリゼーションの進展による、人的移動の活発化に伴い、日本社会の多文化化が進行している。日本のいずれの地域の学校においても、外国籍の子ども、日本国籍をもっていても外国につながる背景をもつ子どもや外国での生活経験をもつ子ども等が、数の多少はあっても、存在するようになっている。こうした多様な文化的・言語的背景をもつ子どもたちは、これまでの日本の公教育の「国民形成のための教育」という捉え方の中では、同化、排除、差別、周縁化などの対象となる問題がある。外国につながる子どもたちの教育には、市民性教育の考え方を導入することが必要なのではないかと考える。

　また、グローバル化、多文化化の進行する社会において、すべての構成員が、互いの差異を尊重し、かつ共に生きていこうとすること、平和で公正な多文化共生の共同体づくりに参加することは必須の課題である。そして、そのための知識・技能・態度の習得は、すべての人々、すべての子どもたちに必要なことである。日本の学校や地域社会では、今、新たに公正な多文化社会、共同体を構築する「構成員」すなわち「市民」を育成するための教育が求められている。日本の社会や学校で、多様な文化的・言語的背景をもつ人々が直面する課題は、いわゆる日本人を含むすべての人々の課題である。すべての人々がこの問題の当事者なのだということを認識する必要がある。したがって、多文化社会の構

第4章 多文化社会の市民性教育

築に向けた市民性教育は、すべての人々、すべての子どもに必要であると考える。

そこで本章では、多文化化の進行する日本において、多様な文化的・言語的背景が尊重され、共生という課題を可能にする市民の育成、「市民性教育」をどのように構想すればよいのかを、多文化国家オーストラリアの市民性教育を手がかりに検討したい[1]。

2　オーストラリアの市民性教育は何をめざしてきたか

オーストラリアにおいて、市民性教育は、1990年前後より連邦政府が主導する形で推進されてきた。1901年の連邦結成以来、学校教育に関する権限は、原則各州政府（6州・2直轄区）が持っており、独自の教育制度や政策を発展させてきた。このことを考慮すると、連邦政府が国として、改めて市民性教育の推進という課題を重視していたことがうかがえる。移民、難民、先住民やその子孫等、多様な文化的・言語的背景を持つ人々で構成される多民族・多文化国家であるオーストラリアでは、どのような市民を育成しようとしているのか。ここではまず、連邦政府レベルでの約20年間の動きを概観しつつ、現在目指されている市民像と市民性教育の方向性を明らかにする。

(1) 若者の政治的無関心への危惧

オーストラリアで、市民性教育へ注目が集まった背景には、国内外の様々な要因があると言われている（Print & Gray 2000, 飯笹 2005）。最初は1989年、連邦政府上院の教育問題常任委員会において、若者の政治的知識の低さに対して危機感が示されたことだった。政治的知識のレベルと政治への参加度との間には、強い相関関係があることや政治的無知が結果として無関心やシニシズムを招いていること、そしてそれらは民主主義が脅威にさらされている兆候であると指摘された。そこで、1960年代まで行われていた公民科（Civics）を改めて学校カリキュラムに導入する必要性が主張された。

さらに、各州・直轄区で独自に展開されていた学校教育では、1989年に初めて連邦・各州教育大臣によって合意された国家として共通の学校教育目標が

67

10項目にわたって設定されることとなった。その中の一つに、「生徒にオーストラリアの政治制度や市民生活について正しく理解させ、見識ある行動的市民を育成する」(Australian Council for Education 1989) という目標が設定された。このことは、連邦政府が市民性教育を推進させる有力な根拠となった。

(2) ナショナル・アイデンティティの再構築

その後の進展は、1994年の労働党政権時代にあった。当時の首相キーティングには、21世紀を前に、大きな改革の課題があった。共和制への移行、先住民アボリジニーとの和解、アジア重視の経済・外交政策等である。とりわけ、英連邦とのつながりを断ち切り、共和制へ移行するためには、オーストラリアの若者に見られる政治、憲法、歴史に対する無知は無視できない問題だった。改革自体を遂行するためにも、その必要性を理解できる「見識ある市民」の育成が必要とされた。そこで、「公民科専門家グループ」が設置された。そこでは、市民として、政策立案過程に参加するのに必要な政治的知識を習得させるための戦略的計画が検討された。

その後、ハワード保守連合政権下においても、この課題は引き継がれた。多文化主義の理念の下で、多様性よりも社会的統一を重視した同政権において、市民性教育は、ナショナル・アイデンティティを形成するために有効な教育とみなされていた。特に、歴史教育が重要視され、「民主主義」を鍵的概念として、オーストラリア史が構成された。市民性教育は、まさに「民主主義発見」(Discovering Democracy) プロジェクトとして、展開されることとなった。このプロジェクトのねらいは、生徒が市民として責任をもち、かつ市民として効力を発揮するために必要な知識、技能、価値を習得させる教材を開発することであった。1998年には、「民主主義発見」キットとして、オーストラリアの政治や歴史等に関するテキスト、CDR等の一連の教材が開発された。それらは、これまでオーストラリアで、同国の政治や歴史について体系的な学習が行われていなかったことを踏まえて作成された。そして、全国の初等・中等学校に無償で配布されたのである。あわせて、WEBサイトも作成された。また、教員を対象とした研修も行われた（見世 2007）。

しかし、オーストラリアでは、教師が教材を自由に選ぶことができる。した

がって、この教材を使うか使わないか、また、どのように使用するかということは、教師の判断に任されている。基本的に、オーストラリアでは教育内容にもかなり自由度があり、市民性教育はすべての学校で行われたわけではなく、関心ある学校や教師によって実施されたというのが実情であった。

　この時期、連邦政府がけん引した市民性教育は、多文化主義政策が強力に推進され、エスニック・アイデンティティの保持が提唱されていた時代からのゆりもどしにより、ナショナル・アイデンティティの再構築を意図した、いわば「国民」の育成が重要視されていたといえよう[2]。

（3）多文化社会における「見識ある行動的市民」の育成

　現在、国家で共通に目指されている市民像は、2008年12月に連邦・各州の教育大臣によって合意された学校教育目標に明記されている「見識ある行動的市民」の育成である。ここでは、以前の目標よりもさらに具体的な項目が組み込まれており、多様性に考慮した市民像が示されている。それは、次の通りである（MCEETYA 2008）。

①オーストラリアの社会的、文化的、言語的、宗教的多様性を称賛する。
②オーストラリアの政治制度、歴史、文化を理解する。
③先住民の諸文化の価値を理解する。
④先住民と非先住民との和解に必要な知識や技能、また和解によって得られる利点について理解する。
⑤民主主義、公正、公平という国家的な価値に参加する。またオーストラリアの市民生活に参加する。
⑥様々な文化に関わる。特にアジア諸国やアジアの文化に関わる。
⑦社会環境、とくに自然環境の持続と改善のための共通善に向けて行動する。
⑧責任感をもったグローバル市民およびローカル市民になる。

　①や③に述べられている通り、国内の多様性を理解し尊重することが、明示されている。さらに、国外にも目が向けられるようになり、国家の政治・経済政策とも関わってくるのであるが、特に、アジア諸国やアジアの諸文化に関わ

ることが、強調されている。ひいては、⑦⑧に述べられる通り、社会環境、とくに自然環境の持続と改善のための共通善に向けて行動する市民の育成が目指されている。それは、オーストラリア国内レベルでの市民ということだけでなく、グローバルなレベルを意識した市民としても育成していくことを目指しているという点は、注目に値する。

多様な諸国とつながりをもつ人々を抱える多民族・多文化国家オーストラリアにおいては、オーストラリア国民の育成や統合、ナショナル・アイデンティティの形成という視点だけでは、限界があること、さらには、その多様性を国家の経済的、社会的豊饒化につなげていくことが、戦略的に有効であることが、示唆されているのではないだろうか。

かつて、このような多文化的な観点を取り入れた教育を提唱したオーストラリアの多文化教育は、同国では傍流とみなされていた。しかし、現在は、このように主流の教育の指針に、多文化的な観点が明確に盛り込まれているのである。

そして、さらに、ここに記されている市民像からみると、市民性教育は、政治教育、歴史教育、文化理解教育、言語教育、価値教育、環境教育等、多岐にわたる教育に関わるものとなる。市民性教育は、極めて幅広い概念をもつ教育といえる。したがって、実際の実践は、いずれかに焦点を当てたアプローチがとられることになる。

本章では、次に、多文化社会の市民性教育を検討するという目的にそって、オーストラリア社会で、多文化教育から発展してきたグローバル・多文化市民性教育（education for global and multicultural citizenship）と、オーストラリアの市民性教育の柱の一つであり、多文化社会への参加という観点からも重要である政治教育、すなわち民主的市民性教育（democratic citizenship）について、考察する。

3 グローバル・多文化市民性のための教育

オーストラリア国内の多文化化する社会に対応する市民性の育成と、グローバル社会に対応する市民性の育成については、ビクトリア州において興味深い

取り組みがある。メルボルンを州都とする同州は、多くの移民や難民を受け入れてきた地域であり、多文化化する社会に対応した教育に積極的に取り組んできた。

同州では、グローバル・多文化市民性の教育を、21世紀の学習に不可欠な要素として捉えている。そこでは、すべての生徒に、グローバルな人的移動の活発化や文化的・政治的・経済的相互関係性によって特徴づけられる世界で成長するために必要な知識・技能・態度を育成しようとしている。以下にその内容について考察する。

(1) グローバル・多文化市民性のための教育とは何か

この新しい指針は、1997年に同州で出された多文化教育の基本方針「学校のための多文化政策」を見直し、多文化教育とグローバル教育を統合した形での新しい方向性を提供しようとしたものである。

多文化市民性は、「われわれの多文化社会における活動的な参加を意味し、また、われわれの共通性と差異を尊重する」とし、グローバル市民性は、「地球上の人々や環境とのわれわれの相互の結びつきを自覚すること、およびグローバル社会やグローバル経済への貢献を意味する」（DEECD 2009：4）としている。

多文化市民性とグローバル市民性は、コインの表裏のような関係にあると捉えている。前者は国内に焦点を当てており、後者は、国外に焦点を当てている。そして、それらはともに、社会的結合とローカルまたグローバルな経済的利益を促進すると述べられている。すなわち、多文化化の進行が社会の分裂を招いたり、経済的な負担の増加につながったりするのではないかという考えに対抗している。

そして、これからの社会で必要な知識、技能、態度には、次のようなものが含まれている（DEECD 2009：4）。

①多文化的かつグローバルなパースペクティブに関する知識
②現代的な課題に関する知識
③異文化間コミュニケーション技能

④異文化間リテラシー
⑤英語の高度な技能
⑥英語以外の言語の能力
⑦情報・コミュニケーション技能
⑧他者に対して包摂的（inclusive）で尊重する態度

　こうした知識、技能、態度や教育の視点は、多文化化やグローバル化の進行する、これからの日本においてもますます重要になってくるであろう。⑥の英語以外の言語の教育に関しては、オーストラリアでは、すでに小学校段階から多様な言語の学習が取り入れられている。それを通して、文化についても学べるようになっている。④については、異文化間の相互理解や、出自の文化、言語、宗教、信条と他者のそれらの双方を学ぶことが強調されている。かつての多文化教育においては、文化の学習は、エスニック文化の学習と捉えられていた。しかし、現在は、英系の文化も多文化社会オーストラリアを構成する一つの文化として、相対化されて捉えられている。
　さらに、グローバル・多文化市民性のための教育への取り組みは、次のような目標を達成するものであるという（DEECD 2009：3）。

①包摂的な実践を通したすべての生徒の教育成果の改善
②異文化間リテラシーの発達
③すべての生徒への安全で安心できる学習環境における参加、ウェルビーイング、所属感の保障
④すべての生徒にとって教育的利益と経済的利益につながるような社会的結合と多様性の促進
⑤顕在的な人種差別、あるいは、巧妙な人種差別、構造的な人種差別、ステレオタイプ、その他の形態の偏見を特定し言及する学校・地域社会の力の構築
⑥すべての生徒をグローバル・多文化市民性に備えるような、包摂的で、参加的な、学校と地域社会のパートナーシップの構築と持続

グローバル・多文化市民性教育を推進することによって、学校や地域社会を含む学習環境全体を多文化化し、多様な背景をもつすべての生徒に開かれた包摂的なものにすることが可能となる。そのことによって、一部の生徒を周縁化したり排除したりすることなく、安全で安心できる環境で、学習成果を上げていけるのである。こうした考え方は、特に、日本における外国人児童生徒の教育や、帰国児童生徒の教育を検討する際に、重要な視点となる。

　また、こうしたグローバル・多文化市民性の育成は、学校だけでなく、地域社会との協力、共同の下で、十分に効果があり可能となるのであろう。その取り組みの過程において、すべての人々が様々な差別や偏見に気づき、その改善に取り組むことが、公正な多文化社会の構築につながっていく。グローバル・多文化市民性の教育は、学校および地域社会全体で取り組んでいくことの重要性が示唆されているといえよう。

（2）　なぜグローバル・多文化市民性のための教育が必要か

　それでは、なぜグローバル・多文化市民性のための教育が重要なのか、ということについては、次のように説明されている（DEECD 2009：5）。今日の世界は、多面的かつ、急速に変化している。もはや、単一文化的、単一言語的基盤では、複雑なグローバル経済における競争で成功することはできない。また、オーストラリアは、多くの移民や難民、特に近年は、中国、インドからの移民、アフリカからの難民の増加によって、世界でも最も多文化的な国となっている。この急速な変化は、増大したグローバル経済への参加にとっての好機となっている。政界、経済界、地域社会のリーダーは、個人的、社会的、職業的コンピテンシーとして、異文化間リテラシー、高いレベルの英語の技能、英語以外の言語のコンピテンシーの重要性を認識している。学校は、これらのリテラシーや技能を発展させることにおいて、重要な役割を担っている。

　したがって、すべての学校は多様性が教育的利点として促進されるような包摂的な学校文化を構築し、維持することに、従事しなければならないこと、生徒は、グローバル・多文化市民として生活を遂行し、かつ経済的にも成功するために必要な知識、技能、態度を発展させるために支援されるべきであること、また、すべての教師は、生徒をグローバル・多文化市民に効果的に教育するた

めに必要な知識、技能、態度を継続的に発展させていかなければならないことが、述べられている。

　ここでは、変化する経済状況に対して、グローバル・多文化市民性教育が、いかに有効であり経済的な利益をもたらすかということが強調されている。グローバル・多文化市民性教育が国力を上げ、また、個人の生活を豊かにすることにつながるのだという論理は、オーストラリアのいわゆるマジョリティ、マイノリティを問わず、すべての人々に受け入れ易いものになっているといえよう。

　オーストラリアの学校では、様々な国や地域との連携が進んでいる。2012年9月に訪問した、ビクトリア州の公立小学校では、英語とフランス語のバイリンガル教育を行っていた。算数のフランス語によるイマージョン教育が行われていた。さらに、その学校は、中国にある学校と姉妹校提携をしていた。まず、教員がお互いの学校を訪問して授業交流をしたそうである。教員は、それぞれの教え方の良いところを学び合ったと語っていた。次は、生徒同士による交流を予定しているそうである。また、中国語や中国の文化の学習も取り入れられていた。このような状況を鑑みると、現在の日本の状況には、危惧を抱かずにはいられない。日本においても、広く海外に目を向けさせ、同時に、国内の多様性やそこでの課題にも気付かせていくような取り組みが、今後ますます必要なのではないだろうか。

4　民主的市民性のための教育

　先に述べた通り、オーストラリアの市民性教育は、極めて幅広い概念となっている。そもそも、若者の政治的無関心への危惧を契機に注目が集まった市民性教育において、政治教育（political education）は、重要な要素の一つをなしている。政治教育は、「民主的市民性のための教育」とも捉えられている（Print 2008）。民主主義の中で市民となるための準備をする教育というわけである。ビクトリア州でグローバル・多文化市民性教育の推進を担う担当官へのインタビューを行った際に、市民性教育において重要なこととして、「他者の尊重」と「意思決定過程への参加」という2点があげられていた。前者につい

ては、グローバル・多文化市民性のための教育においても示唆されているが、後者については、十分に検討されているとはいいがたい。しかしながら、政治教育、すなわち民主的市民性のための教育という観点からの取り組みはある。そこで、次に、意思決定過程への参加や多文化社会への参加という点で、重要となる政治教育について考察する。

(1) 政治教育のねらい

一般にオーストラリアの公教育を通して、フォーマルな形で教えられる政治教育のねらいは、政治制度、オーストラリアの政治史、ナショナル・アイデンティティ、オーストラリア憲法、市民の権利と義務（人権、社会権、政治的権利を含む）、投票と選挙制度、法の統治と法制度等のような社会の重要な側面について、生徒に理解させることにあるとされている（Print 2007）。オーストラリアが連邦を結成してから初期のころは、国家の建設、政治的凝集性、ナショナル・アイデンティティの構築、民主主義の構築という至上命令のために、公民科教育（civic education）が、学校のカリキュラムの重要な構成要素となっていた。しかし、第二次世界大戦後、1960年代の終わりまでに、公民科教育は、しだいに学校から消えていった。その後、1990年前後から、若者の政治的無関心への危惧を背景に、再び公民科教育や市民性教育に注目が集まるようになったことは、先に述べた通りである。

(2) 学校カリキュラムにおける政治教育の位置と内容

しかしながら現在でも、政治教育は、オーストラリアの学校教育の中で独立した教科として教えられることは、ほとんどないとされる。後期中等教育段階（11、12年生）に、選択科目として存在するのみであり、例えば、ビクトリア州では政治学習、西オーストラリア州では法・政治学習という科目がある。しかし、実際に学校カリキュラムに関連して政治教育に言及すること自体、教師や生徒、保護者にとってあまり馴染みのないことだと言われる。政治教育とは、政党に関する教育だと容易に誤解されることがあり、関係者も政治教育という言葉の使用自体を控える傾向にあるという。義務教育にあたる初等教育と前期中等教育（10年生まで）のカリキュラムでは、日本の社会科のような学習領域、

「社会と環境学習」（SOSE：Study of Society and Environment）や「人間社会とその環境」（HSIE：Human Society and Its Environment）に、政治教育の内容が含まれている。州のカリキュラム文書によれば、初等教育は5・6年生で、オーストラリアの政治制度、議会、民主主義に関する基礎的事項について学ぶようになっている。前期中等教育では、9・10年生でも、オーストラリアの政治制度、議会、政治史、国際的政治課題の学習が指示されている。公民科教育について研究し、ナショナルカリキュラムにおける市民性教育の専門家アドバイスグループの座長でもある、シドニー大学のプリント（Print, M.）がカリキュラム文書を分析した研究によれば、前期中等教育でSOSE/HSIEを通して学ぶ内容の取扱いには教師によって差があり、重要と考えられているのは、政治制度、ナショナル・アイデンティティ、民主的価値に関することである。また、政党についてはあまり重要ではない、投票制度や市民社会については重要ではないと捉えられている、との結果が出されている（Print 2007：183）。

　後期中等段階、すなわち学校教育の最後の2年間は、中等教育修了資格の取得に向けて、幅広い科目の中から、生徒は学習内容の選択ができるようになっている。オーストラリアでは、中等教育学校を卒業する前に生徒は18歳となり、選挙権をもつ。オーストラリアでは、投票は義務である。しかし、政治教育に関する科目の学習は義務とはなっていない。最終学年の生徒のうち、投票に向けた適切な準備ができていると感じている者は50％しかいないとの調査結果もある（Print 2007：187）。

　他方で、生徒は、学校におけるインフォーマルなカリキュラムを通して、政治的内容について学んでいる場合もある。例えば、学校の自治への参加（学校経営を担うスクールカウンシルへの生徒代表としての参加を通した学校運営への参画）、生徒代表選挙での投票、ボランティア活動、チャリティのための募金活動、クラブへの参加等である。学校での選挙に参加した生徒が、将来市民社会によりいっそう参加しようとしているという研究結果もある。プリントは、こうした活動へ生徒が参加すること、すなわちインフォーマルなカリキュラムが効果的な政治教育に貢献し得る可能性を示唆しており、今後のさらなる研究の必要性を述べている（Print 2007：187）。

第4章　多文化社会の市民性教育

(3)「学校州議会」への取り組み

　意思決定過程への参加という課題に対応するための具体的方策の一つとして、市民性教育の実施を担う関係者からとても評価されているのが「学校州議会」である。ここでは、ビクトリア州を事例に紹介する。同州の議事堂で年1回開催されるこの議会には、主に日本の高校2年生にあたる11年生から選ばれた生徒が参加する。同州では、2011年に第17回目を迎えた。学校州議会では、年ごとに議論のテーマが決められ、1日を使って模擬議会が行われる。このプログラムは、教育省担当者、カソリック学校・独立学校代表者、ビクトリア州議事堂担当者からなる企画委員会によって、運営実施されている。2011年10月17日に行われた議会のテーマは「グローバルなコンテクストにおけるオーストラリアの将来のエネルギー形成」である。この日は、州内35の中等学校から代表に選ばれた96人の生徒が参加した。テーマは、重要な現代的かつ社会的課題が取り上げられる。2010年のテーマは、「オーストラリアにとって人口増加は良いことか」であった。

　ビクトリア州の議事堂は、155年の歴史をもつ重厚な趣のある建造物である。1901年にオーストラリア連邦が結成されたとき、この議事堂がオーストラリア議会の場であった。オーストラリアで最初の法律が策定されたのもここである。ビクトリア州は、1856年に世界で初めて、無記名による投票制を導入した。1908年には女性に選挙権が、1923年には被選挙権が与えられた。1933年には、最初の女性議員が誕生している。そのような歴史と伝統があり、そして実際に現在も使用されている議会場において、生徒たちは現代の社会的課題に対してお互いの意見を戦わせるという貴重な体験をするのである。

(4) 学校州議会のプログラム

　それでは、2011年に開催された学校州議会の報告書に基づき、当日のプログラムをみてみよう（DEECD 2012）。まず、立法議会の現副議長による司会のもと、ビクトリア州の現教育相から歓迎のスピーチが行われた。続いて、メルボルン選出の連邦議員によって、テーマに関する基調講演が行われた。この基調講演の目的は、生徒に現在そして将来のオーストラリアのエネルギー利用に関する課題や挑戦について全体像を提供することにある。生徒には、講演者に

対して質問をする時間も与えられた。その後、15の学校の生徒代表が、他の代表からの質問や論点の整理にしたがって、各自2分間で議題について意見を述べた。その目的は、生徒に関連情報や他の生徒の考えを知る機会を与えるためである。

その後、全生徒はエネルギーに関する10のテーマ別グループに分かれて、約1時間の議論を行った。10項目のテーマは、炭素税、気候変動、食の安全、住居、天然資源と環境、汚染、人口動態、再生とクリーンエネルギー、供給と持続可能性、輸送である。テーマについて各グループは立場やアクション、あるいは「壮大なアイデア」について検討し、短い声明を作成した。各グループの中で、生徒の一人がファシリテータとなり、話し合いを進めた。その際、すべての参加者に意見を表明する機会を保障することが考慮された。書記を担当する者は、グループの立場とアクションをまとめて文書を作成した。続いて、各グループの代表者から、各テーマに関するグループの立場とアクションについて論理的かつ説得力ある方法で、意見表明が行われた。各意見に対し、他のグループから質問や意見が出された。それを踏まえて、各グループでは声明の修正を行った。立法議会の疑似体験である。その後、各グループの代表者は、約1分間で最後の演説を行った。そして、この模擬議会での最も重要な局面としての投票が行われた。投票は、施策提案に優先順位をつけ、政府にとって最も重要な2つの提案を選ぶために行われる。全ての参加者は、10の声明／アクションの中から良いと思う提案を1つ選んで、個人で投票をする。この時の結果は、1位が気候変動、2位が炭素税であった。議会は、最後に、州議会野党の現リーダー議員による閉会の挨拶によって全日程を終了した。

(5) 学校州議会の成果

生徒によるアンケート結果によれば、生徒たちはこのプログラムを通して素晴らしい体験ができたと高く評価している。例えば、テーマに関して学ぶことで多様な意見やものの見方があることを知ることができた、国の課題についてより深く考えることができた、国の抱える他の問題についても目を向けるようになった、このような会議にもっと参加してみたい、といった感想があげられている。生徒たちは議会プロセスについても理解することができた。炭素税の

導入については、実際に現オーストラリア議会において大きな議論の的となっている。このような現実の社会的課題に対して、どのように向き合い、いかにその時点での最善の意思決定をすればよいのか、問題解決に向けて、多様な背景をもつ生徒たちが共に考え学ぶ場があることは、見識ある行動的市民の育成に極めて有効であると考える。また、この取り組みは、先のグローバル・多文化市民性教育において述べられていた現代的な課題に関する知識の習得にもつながるものである。

　オーストラリアでは、各州でこのような模擬議会が開かれており、さらに、国レベルでも首都キャンベラの国会議事堂で、各州の生徒の代表による議会も開催されている。また、州内でも地域での会議や模擬国連会議、YMCA青少年議会、州生徒代表会議等の様々な会議があり、多くの生徒たちがこうした会議に参加しているといわれている。生徒の考えや価値観、技能を鍛える多様な場が用意されているといえる。日本では、どのくらいこのような場が用意されているのであるのだろうか。

5　オーストラリアの新しい市民性教育カリキュラム

　近年オーストラリアでは、連邦政府レベルでナショナルカリキュラムの開発がすすめられている。市民性教育については、カリキュラムのあり方をめぐって、プリントを中心とする有識者によって検討が進められている。そこで、本章では、次に、これからのオーストラリアにおいて、どのような市民性教育が構想されようとしているのか、その検討過程の文書をもとに考察する。

(1) 市民性教育ナショナルカリキュラムのねらい

　今後の市民性教育カリキュラムでは、主に次の4点を目指そうとしている（ACARA 2012：7）。

　第一に、オーストラリアの生徒に、地域社会（ローカル）、国（ナショナル）、アジア太平洋地域（リージョナル）、地球（グローバル）のあらゆるレベルにおいて行動的な市民として、市民生活に十分に参加できるような、知識、技能、態度、価値、資質を備えること。

第Ⅰ部　多文化教育の理念と枠組み

　第二は、オーストラリア議会、自由民主主義、法制度、市民生活に関する知識・理解や参加を促進させること。

　第三は、国レベルのみならず地球レベルにおいても見識があり責任ある市民として行動することができる能力を含む市民性と市民生活に関する権利と責任を認識させること、および、オーストラリア議会や自由民主主義を規定する価値や原理を批判的に検証することも含めて、批判的なものの見方を発展させること。

　第四に、多文化社会としてのオーストラリアの理解と認識を構築すること、また人権と異文化理解の支援に参加するようにすること、その際、特にオーストラリアの市民的アイデンティティとオーストラリア社会における先住民アボリジニーとトーレス海峡島しょ人の歴史的・現代的経験や貢献、参加について特に考慮すること。

　ここで、改めて注目したいのは、第一や第三に述べられている通り、オーストラリア国内レベルだけではなく、グローバルなレベルで、責任ある行動的な市民として活躍できることを目指している点である。また、次に注目したいのは、第四に述べられている通り、人権と異文化理解を基本に、多文化社会に生きる市民としての認識を深めようとしている点である。グローバルな人的移動や相互依存関係が増す中で、これらの点は今後の日本にとっても重要な課題である。

(2) 市民性教育を通して獲得させたい知識・技能

　市民性教育カリキュラムは、知識と技能の習得の2つの側面に特に焦点が当てられている。知識理解では、オーストラリア国内だけでなく国際的なレベルも含めた民主主義や政治制度、選挙制度、法制度、現代的な政治的課題、ボランティア集団と市民社会の役割や機能、持続的発展等について、学習すべきことが提案されている。身につけさせる技能としては、次の4点が考えられている（ACARA 2012：9）。

　第一は、探求力と批判的思考力である。様々な情報や考え方を調査・探求したり、省察的批判的に思考したりできる技能である。社会における様々な権力

関係の認識や、行動を起こす前に批判的に省察できること、市民性に関する情報を批判的に検証できることが期待されている。

　第二は、他者と共に物事を成し遂げる、共同の技能である。共同による問題解決や葛藤解決に関心を示したり、実際に共同で解決したりできることが期待される。また、地域社会の市民、州の市民、国の市民、地球市民として多元的な所属意識をもち、他者に対して状況に応じてその都度適切な見方ができること、異なる宗教を含む多文化的な環境において共に生活し、また共に働くための異文化間能力をもつことが期待されている。

　第三は、分析力である。市民性や社会に関する様々な立場や決定事項を評価することができ、自分の立場を取ることができること、メディアの発信するメッセージをうのみにするのではなく、その背後にある利益や価値も含めて批判的に読み解くことができること、政府の政策や決定事項について選挙という方法も含めて監視（モニター）することができること等があげられている。

　第四は、コミュニケーション技能である。自分の考えを様々な方法で表明できる技能であり、そのための話し合いの技能、批判的に読んだり聴いたりできる技能、共感的理解の技能、人間関係を円滑にする社会的技能、歴史や文化を批判的に読み解くことができる技能等があげられている。

　技能で特徴的であるのは、批判的思考力の育成をとても重視している点である。先ほど紹介したねらいの第三にもあげられているが、与えられる情報や知識をそのまま受け取るのではなく批判的に読み解くことで、多様な背景をもつ人々にとって、よりよい社会につくり変えていこうとする市民の育成が目指されていることがうかがえる。共同する技能やコミュニケーションの技能も含めてこうした技能は、まさにこれからの社会をつくる日本の子どもや若者にも必要なものである。

6　おわりに——日本における市民性教育を構築する際の示唆

　以上、見てきたとおり、「市民性教育」は極めて幅広い概念である。日本において、これからの多文化社会の担い手を育成するという観点からオーストラリアに学ぶとすれば、「グローバル・多文化市民性のための教育」という概念

を、あえて戦略的に使用することが有効なのではないか。すなわち、日本における「グローバル・多文化市民性の教育」のあり方をより深めていくことが必要なのではないかと考える。それは、次のような理由からである。

第一に、「市民性教育」という考え方をもってくることで、すべての子どもたちを対象とした教育であることが明示でき、認知されやすいのではないだろうか。

第二に、いまだ、日本は他に比べれば多文化社会ではないという考え方に対し、多文化市民性のための教育という観点だけで、説得力を得るのは難しいのではないだろうか。この点において、近年、日本政府や経済界を中心に叫ばれているグローバル人材の育成につながる、グローバル市民性のための教育と多文化市民性のための教育をつなぐ意義があるのではないだろうか。多文化的な知識、技能、態度、アイデンティティは、国内に閉じるのではなく、外に開かれていく。

第三に、外国人児童生徒教育、帰国児童生徒教育では、どうしても、その対象が限定されて捉えられがちであるように思われる。しかも、その内容は、日本語教育や、日本の学校への適応教育にとどまりがちであった。「グローバル・多文化市民性の教育」という中では、それぞれの多様な背景を生かした、かけがえのない「ユニークな多文化市民」の育成という新たな理念につながり、実践に広がりがもてるのではないだろうか。日本の学校においては、外国人児童生徒教育も帰国児童生徒教育も、その受け入れ側である、とくにいわゆる日本人の子どもたちへの教育が重要であることが指摘されてきた。したがって、すべての子どもたちを対象とし、また、すべての子どもの文化的・言語的背景を相対化し考慮した教育を行えるという点から、「グローバル・多文化市民性の教育」のあり方を検討することが必要であると考える。

本章では、オーストラリアでの取り組みを手がかりに、多文化社会における市民性教育について検討してきた。筆者は、オーストラリアの多文化教育や市民性教育から日本の教育への示唆を得たいと考え、これまで研究に取り組んできた。しかし、そこでは、注目に値するすばらしい取り組みばかりが展開されているわけではない。近年、オーストラリアを訪問しながら強く感じていることは、共通の課題を抱えているということである。例えば、ビクトリア州の

第4章　多文化社会の市民性教育

「グローバル・多文化市民性の教育」の担当官は、2012年に訪問した際、異文化間に生じる葛藤の解決のためにどのような教育を行っていけばよいのか、悩んでいた。日本においては、どのような取り組みを行っているのか、教えてほしいと言われた。異文化間相互理解教育にしろ、異文化間の葛藤の解決にしろ、まさに、お互いがグローバル社会に生きる当事者として共同していくこと、より良い実践を求めて協力していくことの必要性を改めて実感した。

日本においてもこれまで、国際理解教育やグローバル教育など、理論的検討が行われ、様々な実践が試みられてきた。すばらしい実践の蓄積もある。また、市民性教育としても、理論や実践の検討が行われてきている。こうした成果や課題を踏まえた、日本における「グローバル・多文化市民性の教育」のあり方に関するより深い検討は、今後の課題としたい。

注
1) オーストラリアでは、市民性教育にあたる用語として、シティズンシップ教育や公民科・シティズンシップ（civics and citizenship）が用いられる。本章では、公民科だけで用いられている場合を除いて、市民性教育という用語を使用する
2) 市民性教育のあり方について検討をしたキーティング政権時代の「公民科専門家グループ」、ハワード政権時代の「公民科教育グループ」において、唯一両者に関わる継続したメンバーであった、パスコー（Pascoe, S.）への2001年のインタビュー時、筆者の質問に対し、この検討会議ではグローバル市民性の視点は全くなかったことや、強固な歴史重視のアプローチが取られていたことが語られた。

引用文献
飯笹佐代子（2005），「多文化国家オーストラリアのシティズンシップ教育」オーストラリア学会編『オーストラリア研究』第17号，筑波書房，pp. 53-68.
見世千賀子「オーストラリア――ナショナル・アイデンティティの再構築」嶺井明子編著（2007），『世界のシティズンシップ教育――グローバル時代の国民／市民形成』東信堂，pp. 96-107.
ACARA: Australian Curriculum Assessment and Reporting Authority (2012), *The Shape of the Australian Curriculum: Civics and Citizenship*, Sydney.

Australian Council for Education (1989), *National Goals for Schooling in Australia*, Hobart.

DEECD: Department of Education and Early Childhood Development (2009), *Education for Global and Multicultural Citizenship : A Strategy for Victorian Government Schools 2009–2013*, State of Victoria.

DEECD: Department of Education and Early Childhood Development (2012), *Victorian Schools' state Constitutional Convention Parliament House Melbourne 17 October 2011: Shapring Australia's energy future in a global context*, State of Victoria.

MCEETYA: Ministerial Council on Education, Employment, Training and Youth Affairs (2008), *Melbourne Declaration on Educational Goals for Young Australians*, MCEETYA, Melbourne.

Print, M. &Gray, M. (2000), "Civics and Citzenship Education: An Australian Perspective," *Discussion Papers*, Australian Broadcasting Corporation.

Print, M. (2007), "Political Education in Australia," Lange, D. & Reinhardt, V. (Ed.), *Strategien der Politischen Bildung (Handbook of Political Education)* (Vol. 2, pp. 178–188), Baltmannsweiler,Germany: Schneider-Verlag Hohengehren.

Print, M. (2008), "Education for Democratic Citizenship in Australia," Arthur, J., Davies, I. & Hahn, C. (Eds.), *International Handbook on Education for Citizenship and Democracy* (pp. 95–108), London: Sage.

Print, M. (2009), "Civic Engagement and Political Education of Young People," *Minority Studies*, vol. 1, no. 3, pp. 63–83.

本章の一部は、『Voters』（財団法人　明るい選挙推進協会）No. 8～12（2012年6月～2013年2月）における連載「オーストラリアのシティズンシップ教育（1）～（5）」の一部を加筆修正したものである。

第Ⅱ部

多文化教育と学校

第5章

多文化教育のカリキュラム・デザイン
――日本人性の脱構築に向けて――

森茂　岳雄

1　問題の所在――外国人児童生徒教育から多文化教育へ

　文部科学省の「学校基本調査」によれば、全国の公立の小学校、中学校、高等学校及び特別支援学校に在籍する外国人児童生徒数は 71,545 人で、中でも日本語指導が必要な外国人児童生徒数は 27,013 人となっている（2012 年 5 月 1 日現在）。その数は、ここ数年は減少傾向にあるものの、学校における外国人児童生徒の教育については、さまざまな課題が指摘されてきた。このような日本の学校における外国人児童生徒の現状を受け、文部科学省も「外国人児童生徒教育の充実について（通達）」（2006 年 6 月 22 日付）を出して、各都道府県教育委員会及び政令指定都市教育委員会にその趣旨を徹底させるとともに、省内に「初等中等教育における外国人児童生徒教育の充実のための検討会」を設置して検討を重ね、その結果を検討会「報告」（2008 年 6 月）としてまとめた。

　その「報告」によれば、「外国人児童生徒の適応指導や日本語教育について」の具体的な「今後の方策」として、次の 5 つの柱が示された。（初等中等教育における外国人児童生徒教育の充実のための検討会 2008）

(1) 指導内容・方法の改善・充実（①学校入学前の初期指導教室の開催、②JSL カリキュラムの普及・定着、③日本語能力の測定方法及び体系的な日本語指導のガイドラインの研究）

(2) 学校における指導体制の構築
(3) 外国人児童生徒の指導にあたる教員や支援員等の養成・確保等（①外国人児童生徒の指導にあたる教員や支援員等の配置の推進、②外国人児童生徒の指導にあたる教員や支援員等の人材の養成・確保）
(4) 外国人児童生徒の進路指導や生徒指導等の諸問題への対応（①進路指導の充実等、②生徒指導上の諸問題等への対応）
(5) 国際理解教育の推進

　上の (1)〜(4) にあげられているように、日本における外国人児童生徒教育は、主にマイノリティである外国人児童生徒のための教育支援として語られ、実践されてきた。唯一「(5) 国際理解教育の推進」の項で、「外国人児童生徒の受入にあたり、学校では、他の児童生徒に対し、外国人の児童生徒の長所や特性を認め、広い視野をもって異文化を理解し共に生きていこうとする姿勢を育むことが重要である」として、「他の児童生徒」（マジョリティである日本人児童生徒）への「国際理解教育」の重要性が述べられている。
　この項にあるように、外国人児童生徒教育の問題は、日本人児童生徒の問題でもある。なぜなら差別や不平等、不公正などに象徴される外国人児童生徒の教育問題は、日本人児童生徒との関係性の中で生起され、構築されてきたからである。米山リサが合衆国の民族関係の文脈の中で述べたように「レイシズムは人種的マイノリティの問題ではなく、その差別的構造を支える多数派白人自身の問題に他ならない」（米山 2003：48）。同様に、外国人児童生徒教育の取り組みもマイノリティの外国人児童生徒の問題としてのみとらえるのではなく、その差別構造を支えるマジョリティの日本人児童生徒の問題としてとらえる必要がある。マジョリティの意識（価値）変革なくして「異文化を理解し共に生きていこうとする姿勢」、すなわち「多文化共生」に向けての資質の育成はあり得ないからである。そのためには、学校教育についていえば日本の学校のもつマジョリティの支配的な価値（日本人性）を脱構築し、文化的に多様な視点からのカリキュラムを含む包括的な学校環境の構造的改革が不可欠である。
　しかし、外国人児童生徒教育の文脈においてマジョリティである日本人児童生徒に対する「国際理解教育」の研究と実践については十分なされてきたとは

いいがたい。またそもそも「外国人の児童生徒の長所や特性を認め、広い視野をもって異文化を理解し共に生きていこうとする姿勢を育む」教育を「国際理解教育」と呼んでいいのかという疑問も残る。そこで、多文化社会において異文化の受容と承認を通してマイノリティに対する差別意識を軽減し、社会的正義や公正の実現に向けて行動できる市民としての資質（multicultural citizenship）を一人ひとりの児童生徒に育成する教育としての多文化教育の意義は大きい。松尾知明が本書で述べているように、今日「外国人児童生徒教育から多文化教育へのコペルニクス的転回」が求められている（本書第1章参照）。

本章では、以上のような課題意識に立ってマジョリティの児童生徒を含むすべての児童生徒のための多文化教育のカリキュラム（以下、「多文化カリキュラム」と略）・デザインのための視点と枠組みを提示することを目的としている。

これまで、日本におけるすべての児童生徒を対象にした多文化カリキュラムの開発や授業づくりの研究としては、外国人労働者問題をテーマに高等学校の社会科（当時）や学校設定教科において構想、実践された藤原孝章（1994、1995）の研究が、また小・中学校の社会科における多文化共生教育の枠組みや展開例を提示した中村水名子（2007）の研究がある。これらの研究は、本研究の先行研究として授業づくりの有効な視点を提供してくれるが、両研究とも社会科や学校設定教科という一教科における授業づくりを対象にしたものであり、他の教科・領域を含む包括的なカリキュラム開発研究ではない。また、これらの研究では単元レベルの個別の授業づくりの事例が取り上げられているが、学年を通した教科全体のカリキュラム開発、実践の研究ではない。

多文化教育のための包括的なカリキュラム開発研究としては、小学校を例に一教科、一学年にとらわれず継続的に取り組んでいくための包括的な多文化教育のカリキュラム構想の視点を提示した中山京子（2005）の研究がある。同研究は、カリキュラムを構成する教科や領域の既存の指導内容をどのように多文化教育の視点から再構成していくかという点では示唆的であるが、理論的枠組みによって構成されたものではなく、学級担任としての指導構想から経験的に構成されたものである。また森茂岳雄（2009、2011）もこれまで、多文化共生をめざして取り組まれて来た内外の多文化カリキュラム開発の事例の検討を通して、多文化共生に向けてのカリキュラム開発の視点や課題を提出してきた。

そこで本章では、主に米国における多文化カリキュラムの議論を思考モデルにして、日本の学校で活用できる包括的な多文化カリキュラム・デザインの視点と枠組みを提案する。

2 多文化カリキュラムとその基本概念

ゲイ（Gay, G.）は、既存のカリキュラムの概念を次の6つに分類している。(Gay 1996: 38-39)

(1) 成果としてのカリキュラム（コース・シラバス、習得すべき目標と内容のリスト、テキストの目次などのような文書）
(2) 内容としてのカリキュラム（コースや教科の中で教えられる特定の情報）
(3) 計画としてのカリキュラム（教育制度によって提供された学習指導要領や教科）
(4) 意図された学習成果としてのカリキュラム（生徒に学ばせたい特定の知識、技能、態度、行動）
(5) 学習者の経験としてのカリキュラム（生徒に実際に起こったことの記録）
(6) 教授計画としてのカリキュラム（内容を選択したり、学習経験を組織したりするための基本計画）

本章では、カリキュラムを(6)の「教授計画」ととらえ、そのデザインについて考察する。多文化カリキュラムのデザインに当たっては、学校における指導計画のような公式なカリキュラム（the formal curriculum）の他にも、物理的空間配置、作業習慣、儀礼、承認と報酬、制度的連携といった「象徴的カリキュラム（the symbolic curriculum）」（Gay 1996: 49）と呼ばれる非公式なカリキュラム（隠れたカリキュラム）についての考察も重要であるが、本章では学校における公式的なカリキュラムのみを対象に論じる。

スリーター（Sleeter, C. E.）は、これまでの研究をもとに多文化カリキュラムをデザインする枠組みとして、まず「キー概念／大きな観念（big idea）」を設定し、それを中心に「変革的で知的な知識」（歴史的に抑圧されたコミュニテ

表5-1 多文化カリキュラムのキー概念（Banks 2009：58）

- 文化、民族とそれに関連する概念（文化、民族集団、民族的少数集団、民族意識の段階、民族的多様性、文化同化、文化変容、コミュニティ文化）
- 社会化とそれに関連する概念（社会化、偏見、差別、人種、人種差別、自民族中心主義、価値）
- 異文化間コミュニケーションとそれに関連する概念（コミュニケーション、異文化間コミュニケーション、知覚、歴史的偏向）
- 権力とそれに関連する概念（権力、社会的抗議と社会的抵抗）
- 民族集団の移動に関連する概念（移住、移民）

ィの知識基盤）「学級の資源」「生徒と彼らのコミュニティ」「学力の課題」「継続的な学習評価」「教師のイデオロギー」と相互に関係づけて、カリキュラム、単元、授業をデザインすることが効果的であるとしている（Sleeter 2005: 22-23）。ここで「大きな観念」とは、「カリキュラム、指導、評価の焦点として役立つような、核となる概念、原理、理論およびプロセス」であり、「バラバラな事実とスキルに意味を与え関連づけるような概念やテーマ、論点」である（ウィギンス＆マクタイ 2012：396, 6）。

この「キー概念／大きな観念」を設定して、具体的な教科レベルの「一般命題（generalizations）」に下ろしていく多文化カリキュラム・デザインの方法は、「概念的多文化カリキュラム」（Banks 2008：67-69）と呼ばれている。この方法では、まず目的に従って多文化カリキュラムを構成するキー概念を抽出し、次にこれらのキー概念を構成する知識のカテゴリーを、高次レベルの／普遍的一般命題（high-level/universal generalizations）、中間レベルの一般命題（intermediate-level generalizations）、低次レベルの一般命題（lower-level generalizations）、及びその一般命題の示す具体的事実に階層化し、それらのキー概念や一般命題を獲得させるための教授ストラテジーと学習活動を定式化するという手順でカリキュラム・デザインを行う。

ここで、多文化カリキュラムを構成するキー概念はすべての教科領域において活用できる学際的なものでなくてはならないとして、先行的な実践や研究を踏まえて、表5-1のような概念群を設定している。

バンクス（Banks, J. A.）は、これらの概念が各教科でどのように一般命題

第Ⅱ部　多文化教育と学校

表 5-2　教科領域における「民族的多様性」の教授（Banks 2008：69）

キー概念：民族的多様性
高次レベルの一般命題：ほとんどの社会が民族的多様性によって特徴づけられる。
中間レベルの一般命題：民族的多様性は、合衆国の重要な特徴の一つである。
低次レベルの一般命題：

〈社会科〉1960 年代以降の合衆国への移民の新しい波が、合衆国内の民族的多様性を増した。

〈言語技術〉民族的多様性は、合衆国内における言語とコミュニケーションのパターンの多様性に反映されている。

〈音楽〉合衆国における民族的多様性は、フォーク、ゴスペル、ポップスの中に反映されている。

〈ドラマ〉さまざまな民族的背景をもつ合衆国の作家によって書かれた芝居は、国民の文化を豊かなものにした。

〈体育・ムーブメント教育〉合衆国におけるダンス及びその他の身体表現は、国民の民族的多様性を反映している。

〈芸術〉合衆国の視覚芸術は、国民の豊かな民族気質を反映している。

〈家庭科〉合衆国における民族の多様性は、国民の食べ物やライフスタイルに反映されている。

〈科学〉合衆国内の人々の多様な身体的特徴は、民族的多様性を強化する。

〈数学〉合衆国における数学の表記と体系は、多くの異なった民族、人種、及び文化集団の貢献を反映している。このことは、ほとんど認識されていない。

として設定され、教育内容に具体化されるかを「文化、民族とそれに関係する概念」に含まれる関連概念である「民族的多様性」を例に示している（表5-2）。

　これらの諸概念と一般命題を中心にカリキュラムをデザインする「概念的多文化カリキュラム」の方法は、日本における多文化カリキュラムのデザインを考える上でも示唆的である。バンクスは、これらの各基本概念を具体的なカリキュラム内容に構築する方法や、その内容を教えるための具体的教授ストラテジーや学習活動について部分的に示している[1]。しかし、バンクス自身この概念群について包括的な多文化カリキュラムを示しているわけではない。

　また、バンクスがあげた上記のキー概念のほか、①教育史家のバッツ（Butts, R. F.）がアメリカの国民統合の理念である「多から一へ」（Pluribus Unum）という視点から提出した「現代アメリカの共和制のための市民的価値（Civism）」（Butts 1989：282）、②バンクスを中心とするワシントン大学の多文

第5章 多文化教育のカリキュラム・デザイン

表5-3 シティズンシップ教育、グローバル教育のキー概念例

提案者	キー概念（価値）
①R.フリーマン・バッツ（1989）	正義、公正、権威、参加、真理、愛国心（以上、市民の義務に関わるもの）、自由、多様性、プライバシー、法の適正手続き、所有権、人権（以上、市民の権利に関わるもの）
②英国教育・雇用省（2000）	市民性、持続可能な開発、社会的正義、価値と認識、多様性、相互依存、紛争解決、人権
③ワシントン大学多文化教育センター、シアトル（2005）	民主主義、多様性、グローバリゼーション、持続可能な開発、帝国・帝国主義・権力、偏見・差別・人種主義、移民、アイデンティティ／多様性、多元的視点、愛国主義と世界主義

化教育センターが、「多様性と統一を反映し、グローバルな状況下で生徒を有能な市民に育てるような市民性教育プログラムを開発」するために設置した「多様性、市民性、グローバル教育に関するコンセンサス・パネル」が提示した概念（Banks et al., 2005）、③英国教育・雇用省（現教育省）が、ナショナル・カリキュラムに準拠してグローバルな次元を開発するためにあげられたキー概念（Department for Education and Employment 2000: 8-9）も参考になる。これらの概念（価値）をまとめると表5-3のようになる。

　以上、バンクスによって提案されたキー概念も含め、重複しているものも複数見られる。また、特に②③については、グローバル教育の文脈から提出されたものであるが、その多くはグローバル化と多文化化が連動する今日の社会状況においては、多文化教育のキー概念を考える上でも示唆的である。

　次節では、包括的な多文化カリキュラム・デザインにむけた視点について検討する。

3　多文化カリキュラム・デザインの視点

　スリーターは、多文化カリキュラムをデザインするに当たって、古典的なカリキュラム構成の原理と過程を提案した「タイラーの原理」に習って、次の4

つの中心的な問いを設定している（括弧内引用者）(Sleeter 2005: 8-9)。

(1) カリキュラムはどのような目標を促進すべきか（目標の設定）
(2) 知識はどのように選択されるべきか、どのような知識が教授と学習において最も価値あるものであると誰が決定するか、教室の知識と知識選択のプロセスの間にはどのような関係があるか（内容の選択）
(3) 生徒と学習過程の特性はどのようなもので、それは学習経験とその関係を組織するのにどのように示唆するか（学習経験の組織）
(4) カリキュラムはどのように評価されるべきか、学習はどのように評価されるべきか、誰に対してカリキュラム評価は説明責任を果たすべきか（カリキュラム／学習の評価）

以下、教育目標の設定→学習内容の選択→学習経験の組織→カリキュラムの評価の順に多文化カリキュラム・デザインの視点について論ずる。

(1) 教育目標の設定

多文化カリキュラムの目標は、多文化社会を生きる人に求められる資質や能力、一言でいえば「多文化リテラシー（multicultural literacy）」の育成にある。バンクスは、多文化リテラシーを「多様で複雑な社会で自立できるために必要な知識、技能、態度」(Banks 1991) と定義している。またゲイは、多文化カリキュラムは、「すべての生徒に文化的多様性の知識と（それを）尊重（する態度）、多元的な世界を生き抜くための技能、及びより道徳的に公正で平等な社会の構築への参与について教えることに積極的に関与されなければならない」（括弧内引用者）(Gay 1996: 43) としている。この表現の中にも、同様に「知識」「態度」「技能」という多文化カリキュラムの目標の基本的な要素が含まれている。

日本における研究では、山岸みどりが、「多文化共存をめざす社会に生きる人々に求められる能力や資質」を「異文化間リテラシー」と呼び、次の4つの要素をあげている（山岸 1997: 48-49）。

(1) 今日の複雑な社会のありかたを理解するための知識（知識）
(2) 多元的な視点（態度）
(3) 異文化間対処力（カルチュラル・アウェアネス、自己調整力、状況調整力）（態度）
(4) 異文化接触コミュニケーション、対人的スキル（技能）

　これらのうち、(1)は知識、(2)(3)は態度、(4)は技能に当たる。このように多文化カリキュラムの目標設定に当たっては、「知識」「態度」「技能」を基本要素として具体目標を設定する。
　また、バンクスが「多文化教育とグローバル教育はいくつかの重要な目標を共有している」（Banks 2008：42）と述べているように、多文化カリキュラムの目標設定に当たってグローバル教育（開発教育）における目標の中の多文化教育に関連する目標も参考になる。例えば、英国のオックスファム開発教育プログラムがグローバル市民性のためのカリキュラムの基本要素（目標）として次の要素をあげている（Oxfam Development Education Programme, n.d.）。

・知識・理解：社会正義と公正、多様性、グローバリゼーションと相互依存、持続可能な開発、平和と紛争
・価値・態度：アイデンティティと自尊心、共感、社会正義と公正への関与、多様性の価値と尊重、環境への関心と持続可能な開発への関与、人々はそれぞれに異なるという信念
・技能：批判的思考、効果的に議論する能力、不正義や不公平に立ち向かう能力、人とものへの尊重、共同と紛争解決

　以上のほか、「知識・理解」では前節であげたキー概念群が、「価値・態度」では寛容性や異文化への気づき等が、「技能」では異文化間コミュニケーション能力等、があげられよう。

(2) 学習内容の選択
　アップル（Apple, M. W.）は、前述したカリキュラム構成における「タイラ

ーの原理」を批判して、「この書（Basic Principles of Curriculum and Instruction, 1949）は、従来のほとんどすべてのカリキュラム理論を総合する目的を持っていると公言しているが、主には行動主義志向の手続きモデルであった。だから、誰の知識が教えられるべきか、誰がそれを決定するかという難しい問題の確定にはほとんど役に立たなかった」（括弧内引用者）（Apple 1990：528）と述べている。学習内容（特に知識）の選択に当たっては、誰についての知識か、誰によって決定された知識かを意識して選択することが重要である。

これまで国民形成を目的にする日本の学校においては、当然のことながらマジョリティの日本人の視点から内容が選択されてきた。多文化カリキュラムの内容の選択と構成に当たっては、マジョリティ（日本人性）の視点から選択・構成された内容を脱構築し、多文化の要素である人種／民族、ジェンダー、性的指向性、障がい、宗教などの視点から内容を選択することが求められる。具体的には、社会科でいえば女性、アイヌ民族等の先住民や琉球等、周辺化された人々や地域の視点から日本史を再構成したり、在日外国人の立場から日本の社会保障制度を見直したりする視点、言い換えればマイノリティの対抗的な語りを内容として取り込むことが重要である。

(3) 学習経験（活動）の組織

「目標の設定」で述べたように、多文化カリキュラムがめざす能力観は「多文化リテラシー」である。このような新しい能力観が登場してきた背景やその特色について、山岸は次のように述べている。

> 「これらの新しい能力概念は、第一に、今日の社会のありかたを背景に生まれてきた教育目標であり、社会における多様性や相互依存の理解を深め、多文化の共存を実現できるような能力の育成が期待されている。第二に、ものの見方や世界観を変えることを重視している。第三に、対人関係の能力やコミュニケーション能力など、実践的な能力の育成をめざしている。つまり、新しい概念の能力は、知識の集積や抽象的な操作を強調するのではなく、態度やスキルを含めた『実践的知能（social competency）』としての能力を重視している。このような能力を育てるためには、従来の知識の伝達型に代わ

り参加型の学習方法を導入し、教科の枠を超えて実践する必要がある。」(山岸 1997：43-44)

多文化教育は単なる知識・理解の教育ではない。それは、問題解決に向けての主体的参加や行動を重視する教育である。そのためには、交流やロールプレイのような参加・体験型の学習方法や、プロジェクト活動やディベートといった合理的な意思決定過程や問題解決過程を重視する多様な学習経験(活動)が組織されなければならない。特に多文化的背景を持つ学習者が共に学ぶ教室においては、学習者の文化に配慮した「文化的に適切な指導(culturally relevant teaching)」(Ladson-Billings, 2009：102)や「文化的に責任のある指導(culturally responsive teaching)」(Gay 2000)の他、一人ひとりの個性、学びの履歴やくらしの履歴、認知／学習スタイル、興味・関心、学習の習熟度等々に応じた学習／指導方法が選択されることが望ましい。

そのためには多様な学習経験(活動)を組織し、学習者の文化に配慮した指導ができる教師の養成が重要となる。ゲイは、そのような教師の資質・能力を育成する教育を多文化教師教育と呼び、そのカリキュラムの構成要素をやはり「知識、態度、技能」の3つに分けて論じている(Gay 1977：33-56)。

- 知識：文化多元主義の内容、多文化教育の哲学、教室のダイナミックス
- 態度：文化的多様性に対する現実的態度、文化的差異に権利を与える態度、自己認識、民族的多様性の教授についての自信
- 技能：異文化間交流技能、多文化カリキュラム開発技能、多民族間交流技能

このような資質・能力をつけるためにも教師教育において、先にあげた参加・体験型の学習方法の導入や、多文化な地域や学校におけるフィールド経験や実習、及び地域に基礎をおいたサービス・ラーニングなどの多様な学習経験のカリキュラム化が求められる(森茂 2007：32)。

第Ⅱ部　多文化教育と学校

表5-4　多文化カリキュラム・チェックのための「問い」

（コルデイロほか 2003: 130-131、一部抜粋）

- カリキュラムが、学校や学校システムの文化的多様性を反映しているか？
- 学校で用いられる各種メディアは、学校や学校システムの文化的多様性にふさわしいものか？
- 評価手法や試験の題材は、文化的差異を意識したものになっているか？
- 適切で広く公表された多文化的な目標があるか？
- 多文化教育の目標が目に見える形で表現されているか？
- 教材にバイアス（文化的歪み）がないか？
- 教材が文化的差異の尊重をうながしているか？
- カリキュラムが、民主主義、公平さ、多様な視点等に力点を置いているか。生徒がそれぞれ違った視点から意見を表明できるか？
- 女性の科学者、エンジニア等の業績、および多様な人種・エスニック集団の科学者、エンジニア等の業績がカリキュラムに含まれているか？
- 関連するテーマの諸問題と文化多様性を結びつけ、生徒が全体をよりよく理解できるようにカリキュラム領域が統合されているか？

（4）カリキュラムの評価

　カリキュラムをデザインすることの中には、デザインしたカリキュラムが目標に照らして適切なものであるか、そのための学習内容が適切に選択され組織されているか、学習者にふさわしい学習活動が組織されているかを評価することが必要である。

　アメリカでは、学校（教師）がデザインした多文化カリキュラムを自己点検するための評価指針やチェックリストが開発されている[2]。ここでは、コルデイロ（Cordeiro, P. A.）ほかがあげている多文化カリキュラムをチェックするための「問い」のいくつかをあげてみよう（表5-4）。

　これらの「問い」をチェックすることによって、教師は自身のカリキュラムがどの程度多文化カリキュラムとしてふさわしいものにデザインされているかを知ることができる。これらの「問い」は、日本において多文化カリキュラムを評価する視点としても応用できる。また、このようなチェックリストによって常にカリキュラムを評価することは、次の指導や授業づくりの改善につながるばかりではなく、それを公開することを通して、今日求められている保護者

や地域会の人々へ説明責任を果たすことにもつながる。

4　日本における多文化カリキュラム・デザインの可能性

　最後に、日本における多文化カリキュラムの可能性について提案したい。日本においてカリキュラムの基準を示した学習指導要領の中には、多文化教育という教科、領域はない。日本において多文化カリキュラムをデザインする場合、次の2つの可能性が考えられる。

(1) 総合的な学習の時間のように教科や領域の枠にとらわれないテーマを設定して学年・学期を通した特設の多文化カリキュラムをデザインする方法
(2) 学習指導要領に示された各教科、領域における既存の学習内容に多文化教育の視点を加えたり、その視点から再構成する方法（発展学習の可能性も含む）

　(1) は、主に総合的な学習の時間を活用して、場合によっては教科や領域との関連も図りながら構想されるものであるが、すべての学校で取り組まれる訳ではない。すべての学校において実践可能性が高いのは、(2) のような既存の教科や領域の中でその学習内容と関連させて、あるいは既存の学習内容の深化・発展として構想する場合である。
　中等学校の社会系教科を例に、教科における多文化教育の可能性を考えてみよう。現行学習指導要領（中学校―2008年、高等学校―2009年告示）においては、中学校社会科（公民的分野）において学習内容として (1) ア「私たちが生きる現代社会と文化」が新設され、「個々の文化には人類共通の普遍性とそれぞれの文化特有の特殊性があり、文化が異なれば行動様式や生活習慣も異なることに着目させながら、異なる文化を互いに尊重する態度が大切であることを理解させる」ことが明記された。
　また高等学校公民科（現代社会）においては、内容 (2) オ「国際社会の動向と日本の果たす役割」の中で「人種・民族問題」が取り上げられ、「文化や宗教の多様性について触れるとともに、（中略）グローバル化の進展により文化

99

や宗教的な背景の違いを越えて共生していくために努力していく態度が必要であることに気付かせることが大切である。」と明記された。また同（政治経済）の内容(3)イ「国際社会の政治や経済の諸課題」の中では、「人種・民族問題と地域紛争」が取り上げられ、例えばとして「人種・民族問題が地域紛争や国際紛争に発展した事例を取り上げ、その背景や原因、国際社会への影響などを探究させたり、多数の異なった民族が共存している国や地域の事例を取り上げ、共生の在り方を探究させたりすることが考えられる。その際、それぞれの固有の文化や宗教などを尊重し、人間の尊厳を重んじる態度を養うように指導することが大切である。また、グローバル化の進展により、日本国内においても外国人との共生が求められる状況になりつつあることを踏まえ、そのために必要な政策について探究させることも考えられる」として、国際社会や日本国内における民族や文化の共生について取り上げられるようになっている（以上、下線部引用者）。

　また、直接「民族」や「文化」に直接関係ない単元でも、例えば中学校の社会科歴史的分野の明治維新についての学習の中で明治政府の北海道開拓事業と関連させてアイヌ民族の生活や文化について触れ、政府の開発や同化の政策によってアイヌの生活はどのように変化したか、アイヌはそれにどのように抵抗したかについて考えさせることを通して、日本の民族的文化的多様性や先住民問題など多文化教育の内容を学ぶことができる。また同じく中学校の社会科公民的分野の日本国憲法の学習では、同和問題や在日外国人、女性、障がい者等、マイノリティへの差別と基本的人権の問題について学ぶことができる。

　このように各教科、領域において学習指導要領の内容や使用教科書の単元を参考にしながら各学校で包括的な多文化カリキュラムを作成することが望ましい。前述したように、米国の多文化カリキュラムにおいては、まず「キー概念／大きな観念」を設定して、それをテーマに具体的な教科レベルの「一般命題」に下ろしていく方法がとられたが、日本の場合はそのような方法が可能なのは総合的な学習の時間や道徳である。教科の場合は、すでに学習指導要領において内容が定められているので、その内容が多文化教育のどのような「キー概念／大きな観念」や目標と関係しているかを考えながらカリキュラム・デザインを行うことになる。

第5章　多文化教育のカリキュラム・デザイン

表5-5　多文化カリキュラム構成表例（中学校社会科）

単元名（分野名）	学習課題	目標			変数	具体的事例（教科書の用語等）
		知識・理解	価値・態度	思考・技能		
世界の諸地域（南アメリカ州）（地理）	なぜ日本人はブラジルに移民したか。日本人移民や日系人はブラジルでどのような経験をしたか。	移民、文化摩擦、文化変容、文化混淆	多様性、共生、貢献	資料活用	民族	コーヒー農園、アマゾン開発、笠戸丸、日系人、信頼される日本人
開国と近代の歩み（明治維新）（歴史）	明治政府の北海道開拓事業によってアイヌの生活はどう変化したか。	文化同化、社会的抗議、人種差別	人権、平等、多様性、共生	批判的思考、資料活用	民族	アイヌ、殖産興業、開拓使、屯田兵、日本の先住民
人間の尊重と日本国憲法（人権と共生社会）（公民）	日本では、部落、アイヌ民族、在日外国人、女性、障がい者に対してどのような差別が行われてきたか。またそのような差別をなくすために今日どのような努力がなされているか。	ステレオタイプ、マイノリティ、部落差別、人種差別、性差別、障がい者差別	人権、平等、構成、社会正義、多様性、民主主義、共生	批判的思考、参加、意思決定、合理的判断、資料活用	民族、ジェンダー、障がい	部落差別、同和対策審議会、アイヌ文化振興法、公務員の国籍条項、アメラジアン

　その場合、各教科、領域で表5-5のような多文化カリキュラム構成表を作成すると授業づくりに便利である。この構成表は、各学年、教科（科目、分野）・領域ごとに作成され、単元名[3]、学習課題、目標、多文化の変数（民族、ジェンダー、性的指向性、障がい、宗教、言語）、具体的事例で構成する。また目標は、下記に示すように①知識・理解、②価値・態度、③思考・技能に分類し括弧内のふさわしい主な関連概念例を入れる。

①知識・理解
・文化（文化変容、文化摩擦、文化混淆、文化同化、文化遺産、伝統、等々）
・民族集団（少数民族集団、アイデンティティ、社会化、文化化、等々）

・権力(マイノリティ、マジョリティ、葛藤、社会的抗議、特権性、等々)
・偏見・差別(人種差別、性差別、障がい者差別、自民族中心主義、ステレオタイプ、等々)
・グローバリゼーション(相互依存、移住／移民、ディアスポラ、持続可能な開発、等々)

②価値・態度(人権、自由、平等、公正、社会正義、多様性、民主主義、共生、寛容、貢献、等々)

③思考・技能(批判的思考、参加、協力、連帯、異文化間コミュニケーション、意思決定、合理的判断、資料活用、等々)

ここでは、中学校の社会科を例に多文化カリキュラムの構成例を示す。(表5-5)

5 結語——日本人性の脱構築に向けたカリキュラムへ

最後に、多文化カリキュラム・デザインの基本的な視点について再確認しておきたい。著者は本章の冒頭で、マジョリティの意識(価値)変革なくして多文化共生はあり得ないことを述べた。多文化カリキュラムのデザインに当たっては、この視点が重要である。アメリカでは、近年の「白人性」(Whiteness)研究の影響を受け、教育分野においてもマジョリティとしての白人性(白人であること)が目に見えない権力作用として教育の中でいかに機能し、それがマイノリティに対しいかに不利益をもたらしているかという問題意識のもと、人種主義を支えている白人性を脱構築していくための教育実践が模索されている。日本の学校におけるカリキュラム開発においても、学校知を構成しているマジョリティとしての「日本人性」(Japaneseness)を脱構築し、マイノリティの視点から学校知を再構成していくような視点が必要である(松尾 2007:181-182)。

具体的には、マジョリティの特権を自覚させるような内容や、マジョリティとマイノリティの葛藤や対立を扱った内容、またその中にあるマイノリティの対抗的な語りを学習内容として構成する必要がある。なぜなら、井上達夫らが主張しているように、多文化教育がめざす多文化の「共生」とは「異質なものに開かれた社会結合」であり、「それは、内輪で仲よく共存共栄することでは

なく、生の形式を異にする人々が、自由な活動と参加の機会を相互に承認し、相互の関係を積極的に築き上げていけるような社会的結合」(井上・名和田・桂木 1992：25) である。このような異質なものに開かれた社会においてはハーモニーよりはカコフォニー（不協和音）の方が大きい。そのカコフォニーの現実を学習内容として位置づけることは、戴エイカが指摘するように、「『共生』が政治的意味を抜き取られ、他者への表面的な思いやりとして解釈されてしまいがちな現在のある傾向」(戴 2003：41) に対する警鐘ともなる。

　ただ、多文化教育の文脈の中で、文化的多様性や人種・民族問題について学習する場合留意しなければならないのは、ターナー（Turner, T.）が指摘する多文化主義のもつ本質主義的「危険」性についてである。すなわちその「危険」とは、「あるエスニック集団や人種の所有物として文化を本質化すること。境界や相互の差異を過度に強調することによって分割された個々の実体として文化を物象化すること。共同体内部が全て均一に一致しているという強要を潜在的に正当化するようなかたちで、文化の内部的同質性を過度に強調すること。そして文化を集団的アイデンティティのバッジとして扱うことによって、批判的分析の——そして人類学の——目が届かないところで文化をフェティシュ化すること」(ターナー 1998：157-158) である。多文化カリキュラムのデザインに当たっては、以上の文化本質主義の「危険」を十分考慮し、本質的で実体的な文化を前提にして文化間の差異を強調するのではなく、特にマジョリティが自らの文化のハイブリッド性に気づくような、すなわち「マジョリティ側の多文化意識の形成」(河合 2008：359) を促すような教育内容構成や教材開発が課題になる。

注
1) バンクスによる「民族集団の移動に関する概念」である「移民—移住」を例にした高次、中間レベル、低次の命題、及び教授ストラテジーについては、森茂・中山編（2008：41-42）で紹介した。
2) コルデイロらの多文化教育カリキュラム評価のための「問い」の他、以下のようなカリキュラム（評価）指針が作成されている。
・全米学校評価研究（NSSE）「多文化／多民族教育のための評価指針」(Nation-

al Study of School Evaluation, 1973)
・カリフォルニア州教育局「多文化教育のカリキュラム分析のための調査票」
　　　(California State Department of Education, 1977)
・全米社会科協議会の「多文化教育のためのカリキュラム指針」(The NCSS Task Force on Ethnic Studies Curriculum Guidelines, 1976, revised 1991)
3)　単元名は、採択率の最も高い東京書籍発行の以下の社会科教科書によった。『新しい社会　地理』『新しい社会　歴史』『新しい社会　公民』(2012年3月検定済)

参考文献

井上達夫・名和田是彦・桂木隆夫 (1992),『共生への冒険』毎日新聞社.
河合優子 (2008),「文化のハイブリッド性と多文化意識」川村千鶴子編『「移民国家日本」と多文化共生論――多文化都市・新宿の深層』明石書店, pp. 343-365.
初等中等教育における外国人児童生徒教育の充実のための検討会 (2008),「外国人児童生徒教育の充実方策について (報告)」文部科学省.
戴エイカ (2003),「『多文化共生』とその可能性」大阪市立大学『人権問題研究』3, pp. 41-52.
中村水名子 (2007),『多民族・多文化共生の明日を拓く社会科授業』三一書房.
中山京子 (2005),「『多文化共生』への意識を高める国際理解教育のカリキュラム開発と実践――包括的な多文化教育カリキュラム開発をめざして」帝塚山学院大学国際理解研究所編『国際理解』36号, pp. 207-217.
藤原孝章 (1994),『外国人労働者問題をどう教えるか――グローバル時代の国際理解教育』明石書店.
藤原孝章編著 (1995),『外国人労働者問題と多文化教育――多民族共生時代の教育課題』明石書店.
松尾知明 (2007),『アメリカ多文化教育の再構築――文化多元主義から多文化主義へ』明石書店.
森茂岳雄 (2007),「アメリカにおける多文化教師教育の展開と課題――日本の教師教育に示唆するもの」異文化間教育学会編『異文化間教育』25, アカデミア出版会, pp. 22-34.
森茂岳雄 (2009),「多文化教育のカリキュラム開発と文化人類学――学校における多文化共生の実践にむけて」日本文化人類学会編『文化人類学』第74巻1号, pp. 96-115.
森茂岳雄 (2011),「多文化共生をめざすカリキュラムの開発と実践」馬渕仁編『「多文化共生」は可能か――教育における挑戦』勁草書房, pp. 22-42.
森茂岳雄・中山京子編著 (2008),『日系移民学習の理論と実践――グローバル教育と多文化教育をつなぐ』明石書店.

山岸みどり（1997），「異文化間リテラシーと異文化間能力」異文化間教育学会編『異文化間教育』11、アカデミア出版会，pp. 37-51.

米山リサ（2005），『暴力・戦争・リドレス――多文化主義のポリティクス』岩波書店.

Apple, Michael W. (1990), "Is There a Curriculum Voice to Reclaim?," *Phi Delta Kappan*, 71 (7), 526-530.

Banks, James A. (1991), "Multicultural Literacy and Curriculum Reform," *Educational Horizons,* 69 (3), 135-140.

Banks, James A. (2008), *An Introduction to Multicultural Education, 4th. ed.,* Pearson.

Banks, James A. (2009), *Teaching Strategies for Ethnic Studies, 8th.ed.,* Pearson.

Banks, James A. et. al. (2005), *Democracy and Diversity: Principles and Concepts for Educating Citizens in Global Age,* The Center for Multicultural Education, University of Washington.

Butts, Freeman R. (1989), *The Civic Mission in Educational Reform: Perspectives for the Public and the Profession,* Hoover Institution Press.

California State Department of Education (1977), Guide for Multicultural Education: Content and Context.

Cordeiro, Paula A. et al. (1994), *Multiculturalism and TQE: Addressing Cultural Diversity in Schools,* Corwin Press.（ポーラ・A・コルデイロ他著、平沢安政訳（2003）『多文化・人権教育学校をつくる――TQE 理論にもとづく実践的ガイド』明石書店.）

Department for Education and Employment (2000), *Developing a Global Dimension in the School Curriculum.*

Gay, Geneva (1977), "Curriculum for Multicultural Teacher Education," Frank H. Klassen and Donna M. Gollnick (eds.) *Pluralism and the American Teacher: Issues and Case Studies,* American Association of Colleges for Teacher Education.

Gay, Geneva (1996), "A Multicultural School Curriculum," Carl A. Grant and Mary Louise Gomez (eds.) *Making Schooling Multicultural: Campas and Classroom,* Merrill.

Gay, Geneva (2000), *Culturally Responsive Teaching: Theory, Research, & Practice,* Teachers College Press.

National Study of School Evaluation (1973), Evaluation Guidelines for Multicultural/Multiracial Education.

Ladson-Billings, Gloria (1994), *The Dreamkeepers: Successful Teachers of African American Children,* Jossey-Bass Publishers.

Sleeteer, Christine E. (2005), *Un-Standardizing Curriculum: Multicultural Teaching in the Standards-Based Classroom*, Teachers College Press.

The NCSS Task Force on Ethnic Studies Curriculum Guidelines (1976, revised 1991), *Curriculum Guidelines for Multicultural Education*.（全米社会科協議会、宮井勢都子訳（1997），「多文化教育のためのカリキュラム・ガイドライン」多文化社会研究会編訳『多文化主義──アメリカ・カナダ・オーストラリア・イギリスの場合』木鐸社.）

Turner, Terence (1993), "Anthropology and Multiculturalism: What is Anthropology that Multiculturalists Should be Mindful of It?," *Cultural Anthropology*, 8 (4), pp. 411-429.（テレンス・ターナー著、柴山麻妃訳（1998）「人類学とマルチカルチュラリズム──マルチカルチュラリストが留意すべき人類学とはなにか？」『現代思想』26 (7)，青土社，pp. 157-175.）

Wiggins, Grant & McTighe, Jay (2005), *Understanding by Design*, ASCD（G. ウィギンス・J. マクタイ著、西岡加名恵訳（2012）『理解をもたらすカリキュラム設計──「逆向き設計」の理論と方法』日本標準.）

第6章

多文化クラスの授業づくり
——CALLA プログラムと学力保障——

松尾　知明

1　はじめに

　外国人につながる子どもたちの増加に伴い、日本の教師がこれらの日本語能力に課題をもつ児童生徒を担任することもそれほどめずらしいことではなくなっている。このような状況に対応するため、日本語指導教室の設置や教員加配、バイリンガル支援員の巡回指導、学校への準備を促すプレクラスの実施など、これまで受け入れ態勢が整えられてきた。さらに、在籍学級への移行を促すために教科内容を基礎に日本語指導を行う JSL（Japanese as Second Language）カリキュラムも開発されたりしてきた。
　一方で、日本の学校教育は外国人の子どもたちの言語的なニーズに応え切れておらず、学力問題はいまだに深刻である。たとえば、ニューカマーの高校進学率は、先行研究を整理すると日本人の進学率（97％）のほぼ半分程度であるという（乾 2008）。第二言語学習者の多くは、高校入試に合格するだけの日本語能力及び学力を形成できないでいるのである。
　こうした学力問題の背景には、現行の支援が短期的な日本語指導が中心であることが挙げられる。第二言語学習者が教科学習に必要な言語能力を習得するには5〜7年必要であることがわかっているが、現状ではこうした長期的なフォローアップをもつ授業づくりといった取り組みまでには至っていない。
　そこで本章では、アメリカ合衆国で展開する長期的支援の視点に立って多文

```
        認知力必要度
           低

      A       C

場面          |          場面
依存度 高 ————+———— 低 依存度
              |
      B       D

           高
        認知力必要度
```

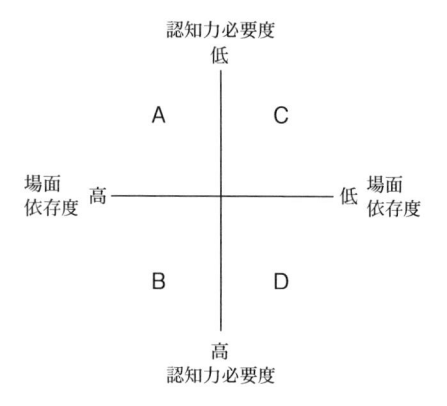

図 6-1 コミュニケーションの認知力必
要度と場面依存度

化クラスの授業デザインを可能にする CALLA（Cognitive Academic Language Learning Approach）に注目する。ここでは、CALLA モデルの理念や枠組みを明らかにすることを通して、外国人児童生徒の学力保障の問題を中心にしながら、外国人と日本人の児童生徒が共に学ぶ多文化クラスの授業デザインのあり方について考察したい[1]。

2 問題の所在

(1) 短期的支援から長期的支援へ

さて、外国人の子どもたちは長期的な支援がなぜ必要なのだろうか。日本語指導教室と在籍学級の授業で使用されている言語をもとに検討してみたい。

ここで、言語のコミュニケーションに関して、縦軸に認知力必要度（課題の困難さ）の低高、横軸に場面依存度（言語が使用される文脈）の高低をとると、図のように ABCD の 4 つの象限ができる（Cummins 1984）。

日本語指導教室における授業は、日本語の能力が十分でないため、文脈的な手がかりが豊富で場面依存度が高く、比較的容易に回答できる認知力必要度が低い課題を中心に展開される。図 6-1 でいえば最も困難度の低い A 象限に位置づく。一方、在籍クラスの教科等の授業は、日常場面とは遊離した場面依存

度が低い状況で、「分析する」「評価する」「創造する」などの高次の思考を要求され認知力必要度が高い課題を中心に展開される。図6-1でいえば最も困難度の高いD象限に位置づく。このように、日本語指導教室と在籍学級では、要求される言語的な困難度に著しい開きがある。

したがって、日本語指導教室での初期指導を終えた後、在籍学級において言語的な支援がなければ、第二言語学習者は授業を理解する上で大きな壁に直面することになる。最終的にD象限の授業に独力でついていけるようになるには、とくに、在籍学級において文脈的な手がかりを準備して足場づくりを行うB象限の長期的で段階的な学習支援が必要なのである。

(2) CALLAモデルへの着目

多文化クラスにおける授業づくりを考えるにあたり、ここでは、B象限の長期的支援を視野に入れてアメリカ合衆国（以下、アメリカと略す）で展開するCALLAモデルに着目したい（Chamot 2009）。CALLAモデルとは、第二言語学習者の学力と言語能力をともに伸長させることをめざして、教科内容を中心に授業を行い、教科学習に必要な言語の習熟をはかるとともに、学習方略を意図的に指導する学習アプローチをいう。英語学習者を対象にしたこの指導アプローチは、ESL（English as Second Language）教師のみならず一般の小中学校の教師を対象に開発されたもので、ESLクラスだけではなく在籍学級の授業づくりにおいても実施可能なものである。さらに、英語学習者だけではなく、学力に課題のある一般の児童生徒の学力向上にも効果があることが知られている。

CALLAモデルについては、アメリカのESL教育ではよく知られた指導方法の一つで、たとえば、学習スキルのレビュー論文（Oxford 2001）やELL（English Language Learner）の教育に関する単行本（Haynes 2007）では、その主要なアプローチとして紹介されている。一方、日本においては、CALLAモデルは論文等で引用されている場合もあるがあまり知られておらず、論文検索情報ナビゲータ及びWebcatのデータベースを使いCALLAの用語で検索しても、該当する論文は全くみられなかった[2]。その意味で、本章は、第二言語学習者としての子どもたちの学力向上をめざす授業づくりという日本の今日

的な課題に示唆的であり、先行研究がほとんど見られないCALLAモデルについて検討するという点で大きな意義をもつと考える。

3 CALLAモデルとは

(1) CALLAモデルを基礎付ける英語学習者（ELL）研究

CALLAモデルは、①会話力と教科学習言語能力、②言語学習カリキュラム、③学習方略と効果的な言語学習者に関する3つの研究成果がもとになっているという（Chamot & O'Malley 1996：260）。

①会話力と教科学習言語能力

一つ目が、会話力と教科学習言語能力に関する研究の流れである。カミンズ（Cummins, J.）らは、日常生活で使用する言語と学習場面で使用する抽象度の高い言語とを区別し、前者を「生活言語能力（basic interpersonal communication skills）」、後者を「認知学習言語能力（cognitive academic language proficiency）」と名づけた。そして、日常生活で使用する会話力は1～2年と比較的早く獲得される一方で、教科学習で使う言語能力を習得するには5～7年の年月が必要であることを明らかにしている（Cummins 1981）。

このような違いをもたらす要因として、前述の場面依存度と認知力必要度を考えると、日常の生活では、言語を使うとき文脈的な手がかりが多く、よく知っている話題についての会話が主流である一方、通常の学級で使われる教科学習の言語は、文脈的な手がかりが少なく、新しい情報や未知の内容など認知的に難しい場合が多い。そのため、教科学習言語能力の方が日常の会話力よりもずっと習得するのに時間がかかると指摘されているのである（Cummins 1984）。

その後、コリアー（Collier, V. P.）らは、カミンズと同様の研究を行い、教科学習言語能力を獲得して教科の学力をつけるのには、アメリカに移住した年齢によっては10年程度かかることを明らかにしている（Collier 1989）。

②言語学習カリキュラムの展開

二つ目が、言語学習カリキュラムに関する研究の流れである。ESLカリキュラムは従来、外国語学習の多くが今日デザインされているように、語彙や文法が重視される傾向にあった。しかし、このようなESLカリキュラムを履修

しても、前述の教科学習の言語能力を配慮した内容になっていなかったため、英語は話せるが教科の授業についていけないといった状況を生むことになったのである。このことが、ESL カリキュラムは第二言語学習者が通常の授業についていけるだけの言語能力を育てていないといった批判となっていった（Chamot & O'Malley 1996：260）。

そのため、1980年代を迎えるころには、ESL の伝統的なカリキュラムの修正が試みられるようになった（Mohan 1979）。言語の指導と教科内容の指導とを関係づけることが提案されるようになり、研究レベルにおいても、バイリンガル教材を使って内容を教えると、教科の概念の理解だけでなく、英語の言語技能も大きくのびることを明らかにした研究や、教科内容に焦点をあてたバイリンガル教育において言語能力が大きくのびたとするカナダのフランス語イマージョンプログラムの研究などもみられるようになってきた。このような研究を背景として、ESL 教育プログラムにおいては、教科内容を基礎にしたカリキュラムの開発が進んでいくのである（Chamot & O'Malley 1996：260）。

③学習方略と効果的な言語学習者

三つ目が、効果的な言語学習者に関する研究の流れである。学習者の思考のプロセスや学習方略に焦点をあてた研究のなかで、たとえば、第二言語習得に関する研究では、より効果的な学習者とそうではない学習者を比較した結果、前者は、言語学習の課題に対して、より適切な方略を選択して活用していることが明らかにされている。また、英語話者による学習方略の介入に関する研究では、学習方略を知ることで、読み、問題解決、作文などの能力の向上において効果があったとする研究がある。これらのような研究成果から、学習方略を指導することが、英語学習者の内容や言語の習得に効果があることが示唆されているのである（Chamot 2005）。

なお、CALLA モデルでは、先行研究をもとに、表 6-1 のような第二言語学習者にとって有用であると思われる学習方略が抽出されている。そこでは、学習の計画、モニター、評価に関わる「メタ認知方略」、及び、個々の課題に要求される「課題に基づく方略」に分けて整理されている。

第Ⅱ部　多文化教育と学校

表 6-1　学習方略 3)

メタ認知方略	
実施プロセスを活用する	
計画する／組織する	課題を始める前に、 ・目標を設定する。　・課題や内容の順番を計画する。 ・課題を遂行するやり方を計画する。（方略の選択） ・教科書をざっと見る。
モニターする／ 問題を見つける	課題に取り組む間に、 ・作業の進み具合をチェックする。 ・言葉を使う時に理解度をチェックする。（理解しているか。そうでないなら、問題は何か。） ・言葉を使っているときに産出をチェックする。（理解されているか。そうでないなら、問題は何か。）
評価する	課題をやり終えた後、 ・学習課題をどれくらいうまくやれたかどうかを評価する。 ・学習方略をどれくらいうまくやれたかどうかを評価する。 ・その方略がどれくらい効果的であったかを決定する。 ・同様な課題を次にやるときに行う修正を見つける。
自分自身の学習を調整する	・あなたが最も効果的に学習したかどうかを決定する。 ・あなたが学習する状況を調整する。 ・練習の機会を求める。　・課題にあなたの注意を焦点化する。

課題に基づく方略	
あなたが知っていることを活用する	
背景となる知識を活用する	・課題を遂行するのを助けるためにすでに知っていることを考え、活用する。 ・新しい情報と既有知識の間を関連づける。 ・既有知識を明確にしたり修正したりするために新しい情報を活用する。
推論する	・意味を理解するために、文脈や知っていることを使う。 ・言外の意味を読んだり聞いたりする。 ・その意味を理解するために、教科書の行間を読む。
予想する	・次にくる情報を予想する。 ・叙述や口述テキストで起こることについて論理的な推論をする。 ・予測する。（数学）　・仮説を立てる。（科学）
個人化する	・新しい概念を自分の生活、経験、知識、信念、感情に関連づける。
転移させる／ 同系言語を活用する	・他の言語の知識（母語を含む）を該当の言語に応用する。 ・同系言語を活用する
代用する／言い換える	・知らない言葉や表現に対し、同意語や説明的な語句を使う。

あなたの感覚を活用する	
イメージを使う	・情報の理解や表現のために、実際の及び想像上のイメージを使ったり、つくったりする。 ・絵や図を使ったり、書いたりする。
音を使う	・理解を助けるために、言葉、文、パラグラフを言ったり、読んだりする。 ・音にする。声に出す。　・音、言葉、句、会話を覚えるために、「心のテープレコーダー」を使う。
あなたの筋運動感覚を使う	・役割を演じてみる。当該の言語で異なる役割に自分を想像してみる。
あなたの整理技能を活用する	
パターンを見つける／応用する	・ルールを応用する。　・ルールをつくる。 ・文字・音、文法、ディスコース、ルールを認め応用する。 ・文学のパターンを見つける。(ジャンル) ・数学、理科、社会科のパターンを見つける。
分類する／順序づける	・性質によって、言葉や考えをカテゴリー化する。・生き物を分類する。自然のサイクルを見つける。 ・数学、理科、社会科で、秩序や順番を見つける。 ・歴史で出来事を順番にならべる。
選択的注意を活用する	・特定の情報、構造、キーとなる語、句、考えに焦点をあわせる。
ノートをとる	・聞いたり読んだりしている間に、重要な言葉や考えを書き取る。 ・話したり書いたりする際に使う考えや言葉をリストアップする。
図表として構造化する	・(ベン図、時間の流れ、ウェブ、図など)視覚的な表象を使ったり、つくったりする。
まとめる	・心の、言葉の、書いた情報のサマリーをつくる。
さまざまなリソースを活用する	
情報源にアクセスする	・辞典、インターネット、他の参考資料を活用する。 ・情報源を探し活用する。　・モデルに従う。　・質問する。
協力する	・課題をやったり、自信をつけたり、フィードバックを互いに行うために、他者と共に活動する。
独り言をいう	・内部の資源を活用する。自分の進歩、利用可能な資源、目標に気付かせ、不安を軽減する。

(2) CALLA モデルとは

　CALLA モデルは、これらの3つの研究の潮流を踏まえ、1980 年代半ばのアメリカでシャモー (Chamot, A.) とオマリー (O'Marry, J. M.) によって開発されたものである (Chamot & O'Malley 1987)。

　CALLA モデルとは、定義的に言えば、第二言語学習者の学力と言語能力を

ともに伸長させることをめざして、教科内容を中心に授業を行い、教科学習の言語能力の習熟をはかるとともに、学習方略を意図的に指導する学習アプローチをいう。

　CALLA モデルは、当初は、小学校の高学年から中学校の生徒で英語を流暢に話すことができる一方で、教科学習の言語に課題があった生徒を対象に考えられたものであった。それが、学区レベルでの CALLA プログラムの実施が広がるなかで、初期レベルの英語学習者、リテラシーの低い中学生、バイリンガルプログラムでも有効であることがわかってきている。現在では、ESL 教師やバイリンガル教師だけではなく一般の教師たちにも活用されるようになってきており、通常学級のとくに低学力の児童生徒にとっても効果的な指導であることが明らかにされている（Chamot 2009：5）。

　CALLA を訳せば、認知的教科学習言語学習アプローチということになる。その特徴は、認知学習理論・社会文化学習理論に基づいていることである。これらの理論では、学習とは、活動的で戦略的なプロセスであり、既有知識に新しい情報を関連づけることで、新しい認識へ至ることであると捉えられる。また、学習は、発達の最近接領域（独力で問題解決できる発達水準と支援があればできる水準の間）に働きかける教師によるモデリングや仲間との協同学習が重要であると考えられている。なお、CALLA モデルの最大の特徴は、学習方略への着目である。教科の内容と言語をともに学ぶのに加え、学習方略に習熟することで自らの学習を調整する自己教育力を育成することをめざしているのである。

　以上のように、CALLA モデルは、今日的な学習理論に基づき、教科内容、教科学習言語、学習方略を統合した指導アプローチを進めることで、学力とともに英語能力をのばすことを目的にしているのである。

4　CALLA モデルによる授業づくり

(1) CALLA モデルの3つの要素

　CALLA モデルは、教科内容、教科学習言語、学習方略の3つの要素から構成されている。ここでは、CALLA モデルが、これらの3要素を基礎とする理

由を検討する[4]。

CALLA モデルの3要素

> ①教科内容の指導
> ②教科学習言語の習熟
> ③学習方略の指導

①教科内容を中心にした授業づくり

教科内容を中心に授業づくりをする理由として、ここでは以下の3点を挙げておきたい。

第一に、学年レベルで習熟することが期待される知識や技能にアクセスすることができるからである。教科内容を基礎に授業をつくることで、英語だけではなく教科の内容も合わせて学習することになる。そのことで、第二言語の習得だけでなく、認知レベルにあった学齢相当の知識や技能を身につけることが可能になるのである。

第二に、言語の学習だけよりも学習への動機づけを高めるからである。教科内容は、上述の通り、同学年の児童生徒すべてが身につけることを期待されている。第二言語習得者にとっても、同学年の子どもに追いつくことをめざして、英語の練習のみを繰り返すよりも、教科内容をベースに学習を進める方が学習動機をずっと高めることができるといえる。

第三に、ほんものの学習の場を提供することができるからである。教科内容をもとにカリキュラムをつくることで、その内容領域で使われる言語や学習方略を特定することができる。したがって、教科内容をもとにした授業は、内容に即した必然的な状況のなかで、関連する教科学習言語や学習方略を練習する最適な学習の場を提供することができるのである。

②教科学習言語の習熟

教科学習言語の習熟をはかる理由として、ここでは以下の3点を挙げておきたい。

第一に、教科内容を身に付けるのにカギになるからである。ある単元に出てくる重要な概念、語彙、独特のディスコースなどの教科学習言語は、教科内容

を理解する上での基礎となるものである。したがって、教科学習の言語能力を意図的に教えることで、教科内容の習熟を促すことができるのである。

　第二に、学校外では通常学習されないからである。前述の通り、日常の会話力は毎日の生活の中で身につけることができるが、教科学習の言語能力は通常、教室の中でしか使われることがない。そのため、授業において、第二言語を習得するための単なる練習のための練習ではなく、各教科に特有の専門用語や分析、評価、創造などの高次の思考を伴う教科学習言語を学習するのである。

　第三に、思考の媒介として英語の練習になるからである。教科内容に対応した教科学習言語（聞く・話す・読む・書く）に着目することで、上述したような教科に特有な語彙やディスコースが必然的に学ばれることになる。そのことにより、日常生活では練習することのできない内容に基づいた高次な思考を伴う言語学習が可能になるのである。

　③学習方略の意図的な指導
　学習方略を指導する理由として、ここでは以下の３点を挙げておきたい。

　第一に、すぐれた学習者は学習方略を使っているからである。前述したように、有能な言語学習者は言語を学ぶのに適した学習方略を身につけており、それらを駆使しながら言葉を学んでいる。このような効果的な学習者にしていくためにも、学習方略を意図的に指導するのである。

　第二に、教科の課題を学習する際にも効果が高いからである。学習方略は、言語学習のみならず教科学習にも効果がある。学習方略を知っていることで、自分自身の学習をコントロールすることができるようになり、教科内容に習熟するのを助けることができるのである。

　第三に、新しい課題に転移するからである。学習方略は、学習の学び方であるので、同じような学習状況であれば活用が可能となる。このように、学習方略はいったん学ばれると他の学習場面への転移が期待でき、学習の効率を高めることができるのである。

　CALLAモデルは、以上に述べたような理由などを根拠として、教科内容、教科学習言語、学習方略の３つの要素を基礎に授業をデザインすることを提案するものである。

(2) CALLA モデルによる授業づくり

では、CALLA モデルによる授業づくりの実際についてみてみたい。さて、州や学区のスタンダードやカリキュラムガイドをもとに、各教科の教育内容を精選し、単元の内容を決定すると、具体的な授業づくりの段階となる。その手順については、たとえば、以下のようになる[5]。

①既有知識の把握

外国人の子どもたちは、言語的・文化的に多様であり、異なる教育経験を持っており、学習へのさまざまなアプローチをとる。家族のリテラシーのレベルも幅があり、学校に対する態度も異なり、家族の期待しているものも違う。

授業づくりにあたってはまず、これらの多様な子どもの実態を考慮しながら、新しい学習内容についての既有知識を把握することが必要になる。英語学習者は、第一言語や母文化を媒介としながら、ある内容について何らかの既有知識をもっている。新しいトピックについて話し合ったり面接したりなど、さまざまな手立てを取りながら、新たな認識への基礎となる既有知識を捉えることになるのである。

②単元目標の設定

次に、既有知識を踏まえ単元目標を設定することになるが、CALLA モデルでは、教科内容、教科学習言語、学習方略を統合的に指導するため、これら3つの目標を設定することが必要になる。教科内容の目標は、州や学区のスタンダードやカリキュラムガイドにある目標や内容を手がかりにしながら設定する。教科学習言語の目標は、各教科の内容領域の課題で遂行することが要求される技能と機能を分析することを通して設定する。また、学習方略の目標は、授業の異なる段階で適切に働く課題や活動を考慮に入れて設定することになる。その際、子どもの実態とのズレを捉え、目標を明確に設定することが求められる。

③学習材の選択

単元の教育目標が設定されると、その目標に迫るために、どのような学習材を活用するかを決定する必要がある。子どもの実態を踏まえ、目標を達成していくためには、いずれの学習材を用いることが有効であるかが問われることになる。その学習材は、目標をきちんと反映しているか、わかりやすい内容になっているか、子どもの興味関心を引くものになっているかなどの観点からその

選択が行われる。目標を実現するためには、目標に照らして、適切な学習材を選択することがきわめて重要になってくる。

④学習活動の組織

目標も決まり学習材が選択されると、授業をいかにデザインするかについての指導の展開を考えることになる。CALLA モデルは、5つの段階（準備→提示→実行→評価→発展）から構成される。ただ、これらの順番は絶対的なものではなく、授業の構成によってはその過程が、たとえば、提示→実行→提示→実行といった形で進行するかもしれない。重要なことは、授業をデザインするにあたって、この5つの要素を踏まえておく必要があるということである。なお、授業場面での指導の展開の詳細については、次に述べる。

(3) 学習活動の組織：5つの段階

CALLA モデルを特徴づける柱として、教科内容、教科学習言語、学習方略の3つの要素とともに、指導の展開の5つの段階（準備→提示→実行→評価→発展）の提案がある。ここでは、授業づくりにおける指導の展開の5つの段階を取り上げ、以下に検討したい[6]。

CALLA モデルの5段階

```
①準備 (preparation)
②提示 (presentation)
③実行 (practice)
④評価 (evaluation)
⑤発展 (expansion)
```

①準備

準備は、新しいトピックについて既に有している知識や学習方略に気づくとともに、単元の学習への見通しをもつ段階である。既有知識の把握については、トピックや方略について話し合ったり、チェックリストなどを活用したりすることが考えられる。なお、既有の経験や知識がない場合は、準備の段階で関連する具体的な活動を仕組むことなども考えられる。また、子どもたちに学習の

見通しをもたせることも重要である。これから始まる学習の全体像をイメージさせるために、学習目標をわかりやすく示したり、先行オーガナイザー（内容の理解を促すために前もって与えられる情報）を提示したり、あるいは、重要な語彙を学習したりするのである。

②提示

提示は、新しい情報・言語・方略を指導する段階である。その際には、子どものさまざまな学習スタイルを考慮して、多様な方法で提示することを心がけることが必要である。また、とくに言語学習者の場合、言語的なハードルが高いことを考慮して、足場づくり（文脈的な支援）に留意することが必要である。実物・デモンストレーション、図・絵・写真など視覚的ヒント、ハンズオンの経験などの支援が重要になってくる。こうした足場づくりでは、教師によるモデリングが効果的であることが知られている。

③実行

実行は、新しい情報を活用して身につける段階である。授業のなかで、学習言語に焦点をあて、聞く・話す・読む・書くといった言語活動を意図的に設定することが大切である。また、教科の内容に対応した学習方略を実際に活用して学習を進めたりすることも重要であろう。その際、小集団による協同学習の活動を仕組むことで、言語学習者と母語の話者が学び合う機会をつくることが効果的である。この段階では、子ども同士が学び合う協同学習などを取り入れながら、教科学習言語や学習方略を十分に活用する学習状況をつくっていくことになる。

④評価

評価は、学習のプロセスや成果を振り返る段階である。学習の場面で収集してきたポートフォリオを振り返り、内容、言語、方略に関する評価基準に照らして自らの学習の達成状況を把握することが考えられる。あるいは、チェックリスト、オープンエンドの質問紙などを活用しながら、学習の成果についての自己評価を行うこともできる。自らの学習を評価することで、メタ認知能力を促し、自己教育力を育てることがめざされるのである。

⑤発展

発展は、第二言語学習者の自文化や学校外の世界に関連づける段階である。

そこでは、既有知識を新しい情報に再構成したり、知識や技能を新しい文脈への転移を試みたり、学んだことを生活に応用したりすることが考えられる。新しい知識や技能を活用したり、応用したりすることで、確実で意味のある理解を深めることができるのである。

(4) CALLA モデルによる授業デザインの具体例

ここでは、CALLA モデルによる具体的な授業デザインとして、筆者作成の中学校社会「近現代の日本と世界」の単元を例示したい。授業デザインの手順をもとに考えると、たとえば、次頁の表 6-2 のような展開になる。

5　CALLA プロジェクトの評価

CALLA モデルは、1986 年に開発されて以来、その内容が洗練され実践も広がりをみせてきており、現在までに、少なくとも全米の 30 の地域で実施されているという[7]。こうした CALLA モデルの有効性については、5 つの CALLA プロジェクトの評価結果をもとに分析した研究からみてみたい (Chamot 2007)。

各 CALLA プロジェクトの対象となる学区（教科）、学校・学級数／児童生徒数／学年段階、言語的背景、目的、評価対象は、表 6-3 に示す通りである。これらの 5 つのプロジェクトでは、いずれの教師もこのモデルに従って指導できるように、適切な専門研修が計画され、実践がモニターされている。また、各プロジェクトは、教科内容、教科学習言語、学習方略の 3 つの主要な要素を基礎に、CALLA モデルの内容に習熟した ESL 教師によって進められている。さらに、各プロジェクトの教科内容は、それぞれの学区の学年レベルのカリキュラムに対応しており、教科内容の専門家が ESL 教師と一緒に、CALLA の 5 つの段階（準備→提示→実行→評価→発展）を踏まえたカリキュラムを開発している。

結果の分析は、アメリカ教育省のバイリンガル教育とマイノリティ言語庁（当時）に提出された報告書に基づいている。プロジェクト評価は、教科内容（アーリントン〔数学と理科〕とボストン）、教科学習言語（すべてのプロジェク

第6章　多文化クラスの授業づくり

表6-2　CALLAモデルによる授業デザイン：中学校社会単元「近現代の日本と世界」

(1) 子どもの既習知識の把握 ・内容と言語：単元「近現代の日本と世界」の内容や語彙に関するチェックリストを実施する。社会科の日本語レベルをチェックする。 ・方略：これまで指導した方略を確認する。
(2) 単元の目標の設定 ・単元の目標では、内容・言語・方略について設定する。内容・言語については単元の内容から、方略については授業づくりの点から活用できるものを考えて以下のように設定した。 ・内容：「近現代の日本と世界」の主要な社会情勢を理解するとともに、なぜ戦争が起こり、どうすれば戦争を防げるかについて、経済、政治、民族・宗教、条約・同盟など総合的に関連づけて説明することができる。 ・言語：日清戦争、日露戦争、第一次世界大戦、国際連盟、大正デモクラシー、世界恐慌、第二次世界大戦などについて理解するとともに（知識）、なぜ戦争が起こり、どうすれば戦争を防げるかについて、効果的なプレゼンテーションをすることができる（運用）。 ・方略：わかりやすいプレゼンテーションにするために、図解を活用することができる（整理技能の活用）。
(3) 学習材の選択 ・単元「近現代の日本と世界」の内容を的確に捉えるためにビデオ教材や教科書を活用する。 ・問題を追究していく支援として、学習カード、教師作成の資料、写真、年表、世界地図などを準備しておく。
(4) 学習活動の組織 ・社会科の授業づくりの展開（問題をつかむ→調べる→まとめる）とCALLAモデルの①準備→②提示→③実行→④評価→⑤発展を参考に、本単元では以下のように学習活動を組織する。 〈問題をつかむ〉 　①準備 　・近現代の日本と世界について知っていることを話し合うとともに、日清戦争、日露戦争、第一次世界大戦、国際連盟、大正デモクラシー、世界恐慌、第二次世界大戦などの主要な用語について簡単な解説をする（言語［知識］：語彙）。 　・この単元では、なぜ戦争が起こり、どうすれば戦争を防げるかという問題について追究していくことを知らせる。 　②提示 　・ビデオを視聴するとともに、教科書により歴史的な事実を時系列で確認する。 　・情報を整理するために、図解の方法を教える（方略：整理技能の活用）。 〈調べる〉 　③実行 　・グループで協力しながら、調べ活動を進める（言語：協調学習）。 　・関連図書の検索、インターネット検索により情報収集を行う（方略：情報源へのアクセス）。 　・図解の方法を使い情報を整理して、パワーポイントのスライドを作成する（方略：整理技能の活用）。 　・プレゼンテーションの練習をする（言語［運用］：スピーチの練習）。 〈まとめる〉 　④評価 　・なぜ戦争が起こり、どうすれば戦争を防げるかについて、グループでプレゼンテーションをする。 　・目標の達成度をルーブリックをもとに学習について自己評価する（方略：自己評価）。 　⑤発展 　・発展的な学習の宿題として、現在の地域紛争の原因と解決策について調べ、図解をすることを設定する。

表 6-3　5つの CALLA プロジェクト [8]

学区（教科）	学校・学級数／児童生徒数／学年段階	言語的背景	目　的	評価対象
アーリントン（数学）	4校・14学級／450人／3—5, 6—8, 9—12	75% スペイン語	数学の計算と概念／活用のギャップの解消	数学の計算・概念・活用、英語能力、学習方略の向上
アーリントン（理科）	4校／20学級／410人／6—8	75% スペイン語	主流の理科の言語、概念、プロセスへの準備	理科の成績、英語能力、学習方略の向上
ボストン（数学・理科・社会）	5校・41学級／700人／6—8, 9—12	100% ハイチ・クレオール	英語能力の向上と学年レベルの学級への参加	各内容領域で成績、英語能力の向上
ファーゴ（数学・理科・社会）	16校・40学級／290人／K—5	20% アジア、27% 中東、17% 先住民、12% スペイン語、6% アフリカ、18% その他	英語能力と学習言語の能力の向上	英語能力の向上
ニューヨーク（数学・理科・社会）	9校・22学級／600人／K—6	34% スペイン語、30% 中国語、36% その他	英語の読みと読みに関連する能力の向上。理科、社会、数学技能の向上	英語能力の向上

ト）、学習方略（アーリントン〔数学と理科〕）において、いろいろな評価デザインや方法を使いながら、4つは外部評価者、1つは学区の評価者によって実施されている。

　その評価結果をみると、教科内容については、アーリントンの数学プロジェクトの数学の計算・概念・活用、及び、理科プロジェクトの理科の成績に関して、ボストンプロジェクトの数学、理科、社会、文学の標準テストに関して児童生徒の得点に大きなのびがみられたという。また、英語能力についても、州や学区の英語能力アセスメントにおいて5つのプロジェクトすべてで、ファーゴとニューヨークにおいては標準テストにおいても実質的な向上がみられた

という。さらに、学習方略については、アーリントンの2つのプロジェクトにおいて、思考の過程を振り返って説明する思考発話法を使って調べた結果、メタ認知の思考や問題解決の過程などで、大きな進歩がみられたとしている。

　プロジェクト評価のデザインについての精度などの問題はあるものの、これらの評価結果から、CALLA モデルによる授業づくりは、適切なデザインが行われ訓練を受けた教師によって実施されれば、教科内容、言語、方略の習熟度を高めるのに効果があることが示唆されたといえる。

6　CALLA モデルを導入する意義と多文化教育への再構成

　ここでは、これまで検討してきた CALLA モデルに基づく授業づくりを、日本における JSL 教育アプローチとして導入する意義にはどのようなものがあるか、さらに、多文化教育の視点からそのモデルを再構成するとどのような可能性を拓くことができるのかについて検討したい。

(1) CALLA モデルの導入の意義

　日本の JSL 教育プログラムに CALLA モデルを導入する意義として、以下の3点を挙げておきたい。

　第一に、CALLA モデルは、在籍学級における長期支援を可能にするからである。外国人の子どもたちへの言語的な支援はこれまで、日本語指導教室を中心とした短期的なもので、かれらの学習ニーズに応えられていないという課題があった。一方、CALLA モデルは、日本語指導教室だけではなく、在籍学級でも実施可能な指導アプローチである。外国人児童生徒が在籍する学級において CALLA モデルに基づいた授業づくりを取り入れていくことで、日本語指導教室から在籍学級に移行した後も、言語的なニーズに対応した長期にわたる支援を継続することができるようになるのである。

　第二に、CALLA モデルは、教科の内容を中心とした加速的アプローチであるからである。外国人児童生徒の指導はこれまで、レベルを下げて補償教育を行う治療的アプローチが主流であり、日本人の子どもたちに追いつくどころかその差を拡大してしまう構造に陥っていたといえる。一方、CALLA モデルは、

レベルを落とすことなく、学年同等レベルの教科の内容をベースにカリキュラムがつくられる。教科学習言語と学習方略による足場づくりを行いながら、学年レベルの教科の内容にアクセスする学力と言語能力をともに高めていこうという点でまさしく加速的アプローチであるといえる。

　第三に、CALLA モデルは、外国人と日本人の児童生徒の学び合いが可能になるからである。外国人の児童生徒はこれまで、在籍学級において適切な支援が受けられず、必ずしも学習に十分に参加することができていなかった。一方、CALLA モデルは、教科学習言語や学習方略を足場づくりに、文脈的な手がかりに配慮したわかりやすい授業を提供するものであり、また、外国人と日本人の子どもたちが共に学ぶ協同学習を十分に取り入れることを推奨している。このような授業デザインにより、外国人の子どもたちの日本語を使う機会の増加や学習への参加が進み、日本語力と学力の両方の側面で能力の向上が期待できるのである。

(2) CALLA モデルの多文化教育からの再構成

　CALLA モデルは、外国人児童生徒教育から多文化教育へと転換することで新たな可能性を拓くことができると思われる。ここでは、多文化教育という視点からの捉え直しにより期待される意義を 2 点指摘したい。

　第一に、すべての子どもを対象に CALLA モデルに基づく授業をデザインすることで、日本人の児童生徒も含めたすべての子どもの学力をつけることに貢献することができる。CALLA モデルは、教科の内容をベースにしながら、これまで意識されてこなかった教科学習の言語や学習方略に着目し、それらを意図的に指導する授業づくりを提案するものである。わかりやすい日本語の使用、映像や具体物を使った目に見えるような指導方法の工夫、教科の基本的な語彙や概念、学び方の意図的な指導などの CALLA モデルの特徴はいずれも、すべての子どもたちにとってもわかりやすい授業につながるものである。こうしたアプローチは、第二言語学習者の特別なニーズを起点に通常の授業デザインの革新を図るもので、すべての子どもたちの学力保障につながっていくものである。

　第二に、通常学級における CALLA モデルの授業デザインは、多文化社会

で生きる力を培うことに貢献することができる。CALLA モデルは、日本語の取り出し指導により通常学級での学びの機会を奪ってしまうという問題を回避し、外国人と日本人が多文化クラスでいっしょに学ぶ機会を可能にするものである。そこでは、わかりやすい授業が展開されるのに加え、外国人の子どもの文化や言語、偏見や差別、異文化間のコミュニケーション、より公正で平等な多文化共生社会に向けた行動などをめぐって、日本人と外国人とがともに学び合う貴重な機会を提供するものとすることができる。このような日本人と外国人の子どもたちが直接触れ合う双方向的な学習を促し、異なる視点、考え方、文化を互いに学び合いながら協働して問題解決を繰り返すことで、多文化社会で生きる力を育てることが期待されるのである。

　すべての子どもを対象にした CALLA モデルによる授業デザインの革新は、以上のように、学力の保障や多文化社会における生き抜く力の育成に向けた新たな可能性を拓くものといえる。

7　おわりにかえて——今後の課題

　CALLA モデルとは、これまで検討してきたように、第二言語学習者を対象として、学力と言語能力をともに伸長させることをめざし、教科内容を中心に授業を行い、教科学習言語の習熟を図り、学習方略を意図的に指導するアプローチであった。CALLA モデルは、5 節で検討した通り、学力、言語、方略を向上させることに効果的であることが立証されており、第二言語学習者と一般の学習者が多文化クラスで共に学ぶ授業づくりを考えていく上で一つのモデルを提供するものといえる。

　日本の状況を考えると、外国人の子どもたちの教育は、これから新しい段階へと踏み出すことが求められていると思われる。学力形成の課題に応えるためには、JSL 教育もまた、短期的な日本語の初期指導から教科等を中心とした長期的な指導へ、補償教育としての治療アプローチから学齢相当の教科内容にアクセスする加速的アプローチへの転換が求められる。また、外国人と日本人の子どもたちが在籍学級で共に学ぶ授業づくりが必要になってくるだろう。さらに、外国人児童生徒教育から多文化教育への転換といった視点から CALLA

モデルを再編すれば、すべての子どもへの学力保障、及び、多文化社会の市民形成に向けて、これからの在籍学級の授業づくりを革新していく一つの方向性を示すものとなることができる。一方で、バイリンガル教育ではないため、外国人の子どもたちの母語や自文化を継承していくことについては課題が残されている。こうした文化的平等の側面については、学校や地域において学習の機会を保障していくことが今後望まれるだろう。

外国人労働者の本格的な受け入れが現実的になるとともに、外国人の在住期間の長期化や定住化の課題が大きくなるなかで、外国人の子どもたちの教育ニーズに応え学力の保障を実現していくこと、さらに、すべての子どもの多文化社会で生きる力を育成することが主要な課題となっているといえる。本章で検討したCALLAモデルによる授業モデルは今後、教育現場において実践的研究を進めよりよいモデルに練り上げていくとともに、その有効性を検証していくことが求められるだろう。多文化化が加速する今日、CALLAモデルを日本の文脈に対応させ、外国人と日本人が在籍学級で学び合うという多文化クラスの授業づくりのあり方を構想していく意義は大きいのではないだろうか。

注
1) 筆者は、ワシントンDC（2002年10月）と東京（2002年12月）において、CALLAモデルを開発したシャモー教授から聞き取りを行った。その中でCALLAモデルが日本でも有効であることが示唆された。
2) 論文検索情報ナビゲータ及びWebcatのデータベースの検索は、2010年11月20日に行った。
3) Chamot (2009), pp. 59-64をもとに作成した。
4) Chamot & O'Malley (1996), pp. 263-266及びChamot (2009), pp. 20-22、pp. 36-39、pp. 55-57をもとに、重要と思われる点を3点ずつ検討した。
5) Chamot (2009) pp. 80-86をもとに作成した。
6) Chamot & O'Malley (1996) pp. 267-270及びChamot (2009), pp. 86-92をもとに記述した。
7) 東京（2002年12月）におけるシャモー教授からの聞き取りによる。
8) Chamot (2005)のp. 322とp. 326の図をもとに筆者が作成した。

引用・参考文献

乾美紀 (2008),「高校進学と入試」志水宏吉編著『高校を生きるニューカマー』明石書店, pp. 29-43.

Chamot, A. U. (2009), *The CALLA Handbook: Implementing the Cognitive Academic Language Learning Approach* (2nd ed.), Pearson Education.

Chamot, A. U. (2007), Accelerating Academic Achievement of English Language Learners: A Synthesis of Five Evaluation of the CALLA Model, In J. Cummins & C. Davison (eds.), *The International Handbook of English Language Teaching, Part1*, Springer Publications, pp. 317-331.

Chamot, A. U. (2005), Language Learning Strategy Instruction: Current Issues and Research, *Annual Review of Applied Linguistics 25*, pp. 112-130.

Chamot, A. U. & O'Malley, J. M. (1996), The Cognitive Academic Language Learning Approach: A Model for Linguistically Diverse Classrooms, *Elementary School Journal 96 (3)*, pp. 259-273.

Chamot, A. U. & O'Malley, J. M. (1994), *The CALLA handbook: Implementing the Cognitive Academic Language Learning Approach*, Addison-Wesley.

Chamot, A. U. & O'Malley, J. M. (1987), The Cognitive Academic Language Learning Approach: A Bridge to the Mainstream, *TESOL Journal 21 (3)*, pp. 227-249.

Collier, V. P. (1989), How Long? A Synthesis of Research on Academic Achievement in a Second Language, *TESOL Quarterly 23 (3)*, pp. 509-531.

Cummins, J. (1981), Age on Arrival and Immigrant Second Language Learning in Canada: A Reassessment, *Applied Linguistics 11 (2)*, pp. 132-149.

Cummins, J. (1984), *Bilingualism and Special Education: Issues in Assessment and Pedagogy*, Multilingual Matters.

Haynes, J. (2007), *Getting Started with English Language Learners: How Educators Can Meet the Challenge*, ASCD.

Mohan, (1979), Relating Language Teaching and Content Teaching, *TESOL Quarterly 13*, pp. 171-182.

Oxford, R. (2001), Integrated Skills in the ESL/EFL Classroom, *ERIC Digest*. (http://www.eric.ed.gov/PDFS/ED456670.pdf, December 2. 2010)

なお, 本章は, 以下の論文に大幅な修正を加えたものである。
松尾知明 (2011),「外国人児童生徒と学力保障——CALLA モデルによる授業づくり」『国立教育政策研究所紀要第 140 集』, pp. 201-211.

第 7 章

児童期の二言語力の形成
――イギリス居住のスリランカ人家族の事例から――

柴山　真琴

1　問題の所在と本章の目的

　発達段階における児童期（6-12 歳）は、学校教育を通して読み書きの基礎を習得する重要な時期である。読み書き力の習得においては、小学校中学年頃に 1 つの節目があると言われており、読みを例にとれば、小学 3 年生までは読むこと自体の学習が目標とされ読みの練習が中心となるが、小学 4 年生以降は読むことを通して新たな知識を得ることへと目標が変化する（Daswani 1999）。カミンズ（Cummins, J.）は、こうした変化を「弁別的言語能力（Discrete Language Skill, DLS）」から「教科学習言語能力」（Academic Language Proficiency, ALP）への移行として捉えている（カミンズ 2011）。DLS とは文字や基本文型の習得などの言語技能を、ALP とは抽象的な語彙を理解し複雑な内容の文章を理解・産出できるなど教科学習で必要な言語能力を指す（カミンズ 2011）。各言語能力の習得に要する時間を見ると、一般に DLS は 1-2 年、ALP は 5-7 年かかるとされる（カミンズ 2011）。ただし、子どもの母語習得の状態によっては、ALP の習得に 10 年かかることもあるという（中島 2010）。ALP の習得は、母語話者の児童にとっても重要な課題であるが、その言語を母語としない児童にとっては、よりいっそう高い壁として立ちはだかる可能性がある。

　本書第 1 章でも指摘されている通り、日本の学校に通う外国人児童生徒の学

校不適応問題の背景には、学校の授業についていけない学業不振の問題があると言われている。学業不振には、学校教育に対する子どもの動機づけや親の教育観・態度など様々な要因が関与していると推察されるが（Willis 1996）、教科学習言語を習得できていない場合もあると考えられる。マイノリティの子どもが年齢相応の教科学習言語を習得することは、上位学校への進学に必要な学力の土台作りとなるだけでなく、子どもが十全に発達する上で不可欠な発達課題でもある。少なくとも1つの言語で思考の道具となり得る教科学習言語を習得しなければ、思考の発達やその他の側面（行動や情動など）の発達に支障が生じるからである。

　1960年代に大量の外国人労働者を移入したイギリスやドイツでは、学校教育の枠組みの中で、現地語力が十分ではない子どもに当該言語を習得させるための教育実践が積み重ねられてきたが、現地語を高度なレベルで習得することはそれほど容易ではない。移民児童の二言語力は、学校で提供される言語的支援だけでは説明できないことも多く、両親の言語的資源や家庭での言語経験が大きく関係することが指摘されている（OECD 2007）。ドイツにある4つの母語補習校（ギリシア語・日本語・ポーランド語・ロシア語）に通う児童生徒（小3〜高校生）を対象にした二言語での読み書き力調査（ビアルケ 2012）によれば、両親共に母国生まれの移民家族の場合、子どもの現地語力の高さには、親の学歴・現地語力、子どもの現地語での読書時間、ドイツ人の友人数の多さが関係していた。また、子どもの母語力の高さには、親子間の母語使用と母語での読書時間が関係していた。親が持つ二言語に関する資源や家庭での取り組みが子どもの二言語での読み書き力の形成に影響を及ぼすことが示唆される。

　本章では、外国人児童が現地校と母語補習校に通いながらいかにして二言語で読み書きを学んでいるのかを、イギリス居住のスリランカ人家族の子どもの事例に即して検討する。特に教科学習言語の学習に差しかかる小学生（2-3年生）のうち、移民にもかかわらず英語力が高い子どもを取り上げ、高い英語力は学校と家庭でのどのような実践に支えられているのかを探る。具体的には、現地校では英語を母語としない子どもにどのような実践が行なわれているのか、母語補習校では母国を離れて暮らす子どもにどのような実践が行なわれているのか、子どもや親は2つの教育実践にどのように参加しているのかを描くこと

を目的とする。それを踏まえて、日本の学校に通う外国人児童の言語発達を支援する上での示唆を得たい。

2 研究方法

(1) データ収集法

本章では、フィールドワーク（柴山 2006）を主要なデータ収集法として採用した。イギリス居住の外国人家族の子どもの学校や家庭での二言語の学習経験を知るためには、子どもの生活に密着しながら、子どもが参加する活動を実際に観察し、そこに関与する重要な他者への聞き取りを通して、包括的なデータをとる必要があると考えたからである。フィールドワークは、次のような計画に基づいて、2期に分けて実施した。

○1年次調査（2010年度）：本研究の目的に適した対象家族の選定、対象家族とのラポールの形成と家族に関する情報収集（事前調査）。フィールド調査計画と調査資料の作成、対象家族の母親が勤務する現地校でのフィールド調査（母親の担当クラスおよび他学年クラスでの授業参観と教師へのインタビュー）、家庭訪問による参与観察と両親へのインタビュー。

○2年次調査（2011年度）：対象家族の2人の子どもが通う現地校でのフィールド調査（対象児姉妹のクラスでの授業参観と教師へのインタビュー）、母語補習校でのフィールド調査（授業参観と教師へのインタビュー）、母親と対象児姉妹へのインタビュー。

(2) 対象家族

本章で対象とした家族は、イギリス居住のスリランカ人家族で、両親と2人の子どもの4人家族である。父親は大学院卒・母親は大学卒で、両親共に英語の会話と読み書きに堪能であった。調査当時、父親はフルタイムの研究職に就いており、母親は現地小学校で補助教員をしていた。長女C児は日本生まれ、次女M児はスリランカ生まれで、2006年に家族でイギリスに転居した（渡英時、C児2歳、M児1歳）。2人の娘は現地幼稚園に通った後、現地小学校に入学した（2年次調査時、C児小3、M児小2）。また、母語補習校の再開に伴い、

2011年2月から同校に通い始めた。この他にも夏期休暇を利用してスリランカに一時帰国したり（2010年）、祖父母が来英して長期滞在したりする（2011年）など、母語話者との接触の機会を持っていた。

対象家族の両親と筆者は、父親の日本留学時からの知り合いで、両親は調査への協力を快諾してくれた。なお、本章では、対象者のプライバシー保護に留意してすべて仮名を使用する。

以下では、「親の教育姿勢と対象児の二言語力」「現地校の教育実践への参加状況」「母語補習校の教育実践への参加状況」の順に、調査結果を述べる。

3　親の教育姿勢と対象児姉妹の二言語力

(1) 渡英の経緯と親の教育姿勢

両親は渡英前にシンガポールと日本で暮らした経験を持ち、イギリスでの生活や英語使用における障害はほとんどないように見受けられた。家族の渡英は、父親がイギリスで職を得たことによるもので、父親の積極的選択としてのイギリス移住と考えられる。

子どもの教育については、両親は可能であれば高等教育までイギリスで教育を受けさせたいと望んでいた。そのためには小学校から良好な学業成績を修める必要があり、親による学習支援が不可欠と考えていた。母親は英語に堪能であるが、イギリスの学校教育に関する知識不足を補うために、現地校で補助教員として働くことを決めたという。毎週末に2人の子どもの現地校の宿題をみるのは母親であったが（その際の教授言語は英語）、父親も子どもの学習状況を詳細に把握していた。現地校の保護者会には毎回必ず両親で出席するなど、両親の現地校教育への関心は極めて高かった。また、母親は子どもが2歳の時から二言語での読み聞かせを行っており、調査時点では現地校で推奨している英語での読書を家でも奨励していた。母親は毎回、娘達の読書が終わると学校から持ち帰った読書記録表にサインをしてコメントを書いていた。

(2) 家族間での言語使用

両親からの聞き取りによれば、親から子どもへの言語使用は母語（シンハラ

語）が多いが、子どもから親への返答はほとんど英語で、姉妹間での会話はすべて英語であるという。両親が母語で話しかけた時に子どもが英語で答えても、母語で言い直させたり母語での言い方を教えたりすることはなく「そのまま受け入れる」と答えた。実際に家庭訪問時の親子のやりとりを観察した範囲でも、親子間の会話は英語が中心で、母語使用を徹底させる様子は見られなかった。

(3) 対象児姉妹の二言語力

対象児姉妹の二言語力を把握するために、先行研究（Jackson 2007）を参考に事前に評価項目を作成し、両親と子ども本人に評価してもらう方法をとった。英語・シンハラ語ともに「聴く／話す」「読む／書く」の4技能について、「まったくできない」から「当該年齢の母語児と同等レベル」までの6件法の回答を用意し、当てはまるものを選択してもらった。また、学力を把握するために、現地校での成績についても「成績不良」から「極めて優秀」までの5件法で両親に回答してもらった。さらにC児については、現地校訪問調査時に担任の評価も聞くことができた。表7-1に、対象児姉妹の二言語力に関する評価の結果を示す。

両親と対象児姉妹に評価を依頼した時期に1年の差があるが、英語力に関しては両親と子ども本人の評価が一致している（C児については担任の評価とも一致している）。母語については、両親とM児の評価はほぼ一致しているが、C児は両親の評価よりも高い自己評価をした。母語補習校訪問時の授業ではシンハラ語のアルファベットを学習していたが（本章5で詳述する）、家でも週に1回はシンハラ語の本の読み聞かせをしていること（母親からの聞き取りによる）を勘案すると、C児は単語や簡単な文章を読み書きできる状態にあったのかもしれない。また、対象児姉妹に自分の二言語力を比較してもらったところ、会話・読み書き共に「断然英語の方ができる」と迷わずに答えた。

4 現地校の概要と対象児姉妹の授業への参加状況

(1) 現地校の教育実践の概要

ここでは副校長からの聞き取りに基づいて、対象児姉妹が通う現地校（A小

表7-1 対象児姉妹の二言語力

対象児姉妹の英語力の評価

技能	両親による評価（2011年度調査）	対象児による評価（2012年度調査）
聴く	C児&M児：当該年齢の母語児と同等	C児&M児：当該学年の母語児と同等
話す	C児&M児：当該年齢の母語児と同等	C児&M児：当該学年の母語児と同等
読む	C児&M児：当該年齢の母語児と同等	C児&M児：当該学年の母語児と同等
書く	C児&M児：当該年齢の母語児と同等	C児&M児：当該学年の母語児と同等
現地校成績	C児&M児：極めて優秀	[担任評価]C児：極めて優秀（英語力が高い）

対象児姉妹の母語（シンハラ語）力の評価

技能	両親による評価（2011年度調査）	対象児による評価（2012年度調査）
聴く	C児&M児：当該年齢の母語児と同等	C児：ほぼ当該年齢の母語児と同等 M児：単語・節を理解できる
話す	C児&M児：簡単な発話ができる	C児：ほぼ当該年齢の母語児と同等 M児：少し話せる
読む	C児&M児：アルファベットを読むことができる	C児：母語話者の助けを得て文章を読むことができる M児：アルファベットを読むことができる
書く	C児&M児：アルファベットを書くことができる	C児：母語話者の助けを得て文章を書くことができる M児：アルファベットを書くことができる

学校）の教育実践の概要を整理する。

1）学校概要

A小学校は、ロンドン市内にある公立校で、同じ敷地内で3歳児以上の就学前教育も実施していた。イギリスのナショナル・カリキュラムでは、5歳〜16歳までを4つのキー・ステージ（KS）に分け、各KS最終学年（7歳・11歳・14歳）時に全国共通テストを受けることになっている（16歳時にはGCSE試験を受験）（中尾 2002）。KSから見れば、A小学校は、KS1（1-2年／5-7歳）とKS2（3-6年／7-11歳）を擁する初等教育機関である。

A 小学校全児童 650 人中、イギリス人（Native English）は 380 人（58.5％）、残り（41.5％）はマイノリティ・エスニック・グループ（以下、MEG と略称）出身者で、その母語数は 39 カ国語にも及んでいた。MEG 出身児童の全英小学校平均が 27.6％（DfE 2012）であることを考えると、A 小学校は MEG 出身児童の割合がかなり高いと言える。同校の EAL（English as an additional language）児童の割合も増加傾向にあった（2010 Ofsted Inspection Report による）。

2) シラバス作成

同校では、ナショナル・カリキュラムに基づいて、教科ごとに教科主任が中心になってシラバスを作成していた。ただし、主任が一人で作成することはなく、同じ教科の担当教師や副校長も加わって議論を重ねながらシラバスを作成している（シラバス改訂は 4-5 年ごとに実施）。シラバス改訂時には、年 3 回（10 月・2 月・7 月）開く保護者会で、改訂内容を保護者にも説明している。教材については、市販の教材を使っているが、不十分な場合には教師が独自に教材を作ることもあるという。また、同校では宿題を授業の補充・個別学習、家庭と学校との共同作業と捉え、子どもの教育の一部として重要な役割を果たすと考えていた（同校 HP による）。特に外国人児童の保護者に対しては、最初の保護者会で、英語力を高めるために「明瞭に話すこと」と「読書をすること」を重視するよう伝えているとのことである。

3) MEG 出身の新入児童の英語力判定方法

MEG 出身児童が多い同校では、MEG 出身の新入児童の英語力評価尺度（正式には「二言語学習者の英語力評価尺度」）が開発されていた。その評価尺度は、「聴く力」「話す力」「読む力」「書く力」の 4 領域に分かれており、全領域共に 5 段階で構成されていた（表 7-2 参照）。また、子どもの英語力の変化を適切に把握するために、一人の児童について一定の期間をおいて 3 回ずつチェックするやり方がとられていた。表 7-2 は、「書く力」の評価尺度を筆者が訳出したものである。

同校では、英語と算数では能力別グループ編成がとられており、上級（top level）、中級（middle level）、下級（low level）の 3 段階が設けられていたが、児童への配慮から各クラスでは色名によるグループ名が使用されていた。MEG 出身児童のクラス内でのグループ配属については、英語力だけでなく学

第7章 児童期の二言語力の形成

表7-2 二言語学習者の英語力評価尺度：「書く力」

二言語学習者の英語力評価尺度（書く力）	1回目	2回目	3回目
Pre Step1			
・意味を伝えるために絵を使うことができる			
・文字は意味を伝える記号であることを理解することができる			
・鉛筆を正しく持って使うことができる			
・英語の文字を弁別的に転写することができる			
Step1			
・数個の文字を覚えて書くことができる			
・自分の名前や知っている単語を幾つか書くことができる			
・幾つかの主要な音を書くことができる			
・英語の音と文字を関係づけることができる			
Step2			
・手助けなしに簡単な文章を書くことができる			
・口頭による話や絵からあらすじを書くことができる			
・他者が読めるように書くことができる			
・作文について議論する際に書いたもの以上のことを説明することができる			
Level 1 Threshold			
・文字や単語を自立して書くことができる			
・綴りや文章構成に間違いはあるが、他者に意味が伝わるように単語・節・文章を自立して書くことができる			
Level 1 Secure			
・ピリオドや大文字を適切に使うことができる			
・文字の形や単語間のスペースなどにも配慮して、表現豊かな文章を書くことができる			
・母音や子音を適切に綴ることができる			
・より複雑な考えを順序よく述べることができる			

習活動を通しての学力把握にも依拠して決められていた。副校長は、英語が全く話せなくても学力が高い児童もいることから中級に入れて様子をみる、英語を話せない児童の学力は実際の活動を通して判断する、と説明した。

また、同校では、2人のバイリンガル教員がクラスを巡回して、特に指導が必要な児童に直接法（英語）で支援を行なっていた。クラスに同じ母語を話す児童がいる場合には、その児童が母語で説明して新入児童を助ける方法をとるが、担任も含めて教師が子どもの母語を使って指導することはないという。

表7-3　対象児が通う現地校の進学状況

学校種	特徴	進学状況
総合制中等学校（公営学校）	入学試験なし、授業料無料、共学	ほとんどの児童が進学
グラマースクール（公営学校）	入学試験あり、授業料無料、男女別学	以前は多数進学していたが現在では進学者は少数
パブリックスクール（独立学校）	入学試験あり、授業料有料	数人程度

4）中等学校への進学状況

同校の卒業生は、同地域にある3つの学校（総合制中等学校・グラマースクール・パブリックスクール）のいずれかに進学するという（表7-3参照）。

なお、イギリスには公営学校の種別として上記の他にテクニカルスクールとモダンスクールが存在するが、同地域にはないため進学者がいないとのことであった。MEG出身児童の進学先を訊くことはできなかったが、総合制中等学校への進学者が多いと推測される。

(2) 対象児姉妹の授業への参加状況

「英語」(literacy) は、教科教育の中でも児童の読み書き力の育成を直接的に扱う教科である。加えてイギリスの学校では、英語・算数・理科はナショナル・カリキュラムの中核教科（core subject）であると同時に、各KS修了時に受ける全国共通テストの受験科目ともなっている。こうした理由から「英語」を授業参観科目として選び、参与観察を行なった。ここでは参与観察に基づいて、対象児姉妹の所属クラス（小3・小2クラス）での授業の様子と対象児姉妹の授業への参加状況を記述する。

1）長女C児の授業への参加状況

対象家族の長女C児が所属する小3クラスは、児童数29名（男児14人・女児15人）で、EMG出身の児童が19名であった。英語と算数の授業では5つの能力別グループが編成されていたが、5つのグループ名とレベルは次の通りで、各グループは数人ずつで編成されていた（担任教師の説明による）。C児は「赤グループ」の一員であった。

第 7 章　児童期の二言語力の形成

表 7-4　3 年生「英語」授業計画

学習目標	教師主導の活動	個別ワーク
手紙文の形式を理解する	・手紙文の各要素を把握させる ・各自ノートに手紙文を転写させる	［上級］テキスト p. 70 の no. 2 の例文をノートに写す ［中級］テキスト p. 70 の no. 2 の例文をノートに写す ［下級］テキスト p. 70 の no. 1 の例文を、支援を受けながらノートに写す

赤—top（6人）／青—higher（6人）／緑—average（6人）／橙—special needs（5人）／黄色—rather low（6人）

　参観した英語の授業では手紙文の書き方が指導されていたが、〈全体説明→児童による個別ワーク→教師のチェック〉の順で進められた。
①全体説明
　同校では学年共通の授業計画に基づいて授業が実践されていたが、当日の学習目標とグループ別ワークの内容は表 7-4 の通りであった。
　担任教師は教室前方に児童全員を集めて床に座らせた後、テキストの該当ページを見せながら本時の課題について説明した。具体的には、a）テキスト p. 70 に掲載されている手紙文を書き写すこと、b）書き写す手紙文はグループによって異なること、c）今日の日付と学校の住所を書くこと、d）1 グループで 2 冊のテキストを使うこと（3 人で 2 冊のテキストを見ること）、を指示した。ホワイトボードにも右の指示が書かれていた。

> yellow / orange ----- p. 70 no. 1
> green / blue / red ----- p. 70 no. 2
> then all do p. 71
> （学校住所：省略）

②個別ワーク
　ワーク開始後に各テーブルを回って観察した限りでは、赤グループの児童たちは書き写すスピードが最も早く、C児も含めて全員が指示された箇所の手紙文を黙々と書き写していた。一方、橙グループの新入の白人女子児童は、皆が手紙文を書く課題をしている時にタブレット型端末で別の課題をしていた。同

表7-5　2年生「英語」授業計画

学習目標	教師主導の活動	個別ワーク
ノンフィクション本とフィクション本の違いがわかる	・ノンフィクション本とフィクション本について知っていることを発表させる ・ノンフィクション本とフィクション本の違いを理解させる ・ノンフィクション本を見せて、その特徴を言わせる	［上級］　ノンフィクション本とフィクション本の違いをスパイダーダイアグラムに5個書く ［中級］　ノンフィクション本とフィクション本の違いをスパイダーダイアグラムに3個書く ［下級］　ノンフィクション本とフィクション本の違いをスパイダーダイアグラムに1-2個書く

児は次の宗教の時間に飾り文字を書く課題の時も、補助教員がA4判の卓上ホワイトボードに見本を示すとそれを書き写していた。

③教師のチェック

ワークを終了した子どもから、担任教師が各グループを巡回して個別チェックをした。C児は宛先の住所を左揃えで書くように指摘されたのみで、それ以外は正確に書き写しており、"Good girl"と褒められた。同グループの白人男児も教師に褒められていた。教師のチェック方法は、児童が書いた手紙文を声に出して読みながら、うまく書けているところや間違っているところにチェックを入れるというやり方であった。

④C児の学力

担任教師によれば、C児の学業成績は「極めて優秀」で、英語が第二言語でも英語力が高いため、現在では特別な支援の必要がないという。また、母親からの聞き取りによれば、C児が小2修了時（2011年5月）に受けた全国共通テストの成績は、レベル2で「合格」、レベル3で「最良」であった。ナショナル・カリキュラムで小2（7歳）修了時に期待されている標準到達目標がレベル2であることを考えると（中尾 2002）、C児は当該学年相当以上の学力を持っていると考えられる。

2）次女M児の授業への参加状況

次女M児の「英語」（literacy）の授業では、小2の3クラスを英語能力別

第7章　児童期の二言語力の形成

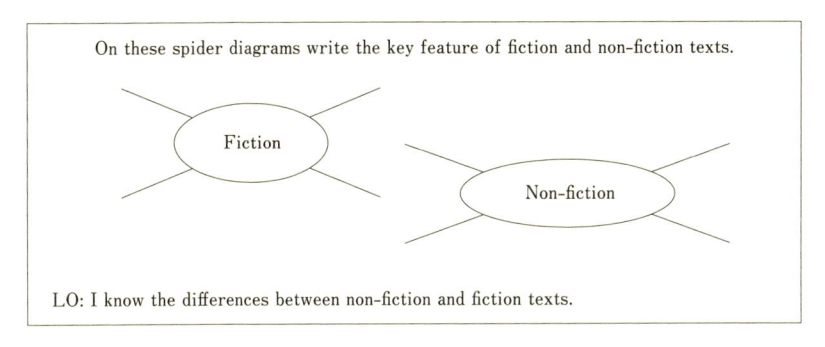

```
On these spider diagrams write the key feature of fiction and non-fiction texts.

              Fiction                    Non-fiction

LO: I know the differences between non-fiction and fiction texts.
```

図7-1　スクリーンに提示された図と指示

に3つに分ける学年内能力別グループ編成がとられていた。この3グループは担当教師も教室も別々で、M児は上級グループに属していた。当日の授業の学習目標とグループ別ワークは表7-5の通りであった。授業は、〈単語の書き取り→全体説明→児童による個別ワーク→教師のチェック〉の順で進められた。

①単語の書き取り

教師は全部で20個の単語（曜日名と月名）を読み上げたが、M児は教師が単語を読み上げるや否や迷わずに単語を書いていた。筆圧も強くしっかりとした字で書いていたが、1つだけ間違えた（FebruaryをFebuaryと書いた）。

②全体説明

続いて教師は、児童全員をスクリーンの前に集めて本時の課題（フィクション本とノンフィクション本の違い）について説明した。教師は実物の大型本を児童に提示しながらフィクションかノンフィクションかを尋ね、児童がどちらかと答えるとその理由を尋ねることを繰り返した。M児は教師の説明や他児の発言をよく聞いており、時々手を挙げることがあったが、指名されて答えることはなかった。教師は最後に、フィクションとノンフィクションとでは本の作りが違う、具体的にはノンフィクション本には目次（index）がある、本の書き出しが異なるなど、口頭でまとめをした。さらに教師はスクリーンに図7-1を示しながら、各自ノートにダイアグラムと学習目標（LO）を写し、フィクション本とノンフィクション本の違いを5個書くよう指示した。

③個別ワーク

M児は席に戻るとすぐにノートに図と学習目標を書き写した。M児は、フィクション本とノンフィクション本の特徴として、次の5つを書いた（実際にはダイアグラムの線上に書いていた）。

Fiction： ・Fiction books always has a blurb. ・Fiction books are made up.	Non-fiction： ・Non-fiction books have real information. ・Only some non-fiction books need blurbs. ・Ib always has a contents page in it.

④　教師のチェック

M児はクラスで一番先に教師にノートを見せに行った。教師はM児のノートを見て"Very Good"と褒め、〈Well-done〉と書かれた丸いシールをM児の胸に貼った。個別ワークが終わった子どもは教室内の本棚から好きな本を取り出して読んでよいことになっており、M児は読書をしながら授業終了を待っていた。

（3）英語力の差が大きい児童集団における指導法

以上にみてきたように、MEG出身の児童が約4割を占めるA小学校（対象児姉妹の通学校）では、所属クラス内あるいは同一学年内で英語力に応じたグループを編成することで、子どもの英語力に応じたワークに取り組ませる支援方法がとられていた。クラス内能力別グループ編成は、2010年度に訪問した公立B小学校小1クラス（対象家族の母親が補助教員として勤務）の「英語」の授業でも採用されていた。

さらにA小学校の「英語」授業の進め方もB小学校小1クラスで観察された。全体説明の後、能力別グループに応じて異なる課題が配布され、担任教師と補助教員が必要に応じて児童に説明し、テーブルを巡回して個別チェックを行なっていた。特に小1クラスでは、音とアルファベットを結びつける練習も

組み入れられていた。具体的には、a) 同じ音（母音）を持つ単語をまとめて練習する方法（例:book, look, took, cook）、b) 単語を書く際はまず教師が単語を発音した後に児童に復唱させ、次に単語をサウンドアウト（sound out）[1] させることにより1音ずつ綴りに置き換えていく方法、が反復されていた。母親は、補助教員として、英語力が低い児童にサウンドアウト法で綴り方を教えていた。A小学校で参観した小2・小3の「英語」の授業は、こうした小1時の学習経験の上に成り立つものであると推察された。

　他方で、授業内における補助教員の役割には違いが見られた。両校ともに各クラスに1名の補助教員が配置されていたが、A小学校（対象児姉妹の通学校）では補助教員は特に支援が必要な児童への個別対応が中心であったのに対して、B小学校（母親の勤務校）では補助教員は担任教師と指導するグループを分担してワークの確認や支援をしていた。より大きな役割が補助教員に与えられていることは、母親にとってはMEG出身児童への英語指導法を実践し当該児童の学習状況を詳細に知る機会となる。小1担当の補助教員としての経験は、母親が娘達の現地校宿題を支援する上で大いに役立っていると思われた。

5　母語補習校の概要と対象児姉妹の授業への参加状況

(1) 母語補習校の教育実践の概要

　対象児姉妹が毎週日曜日に通うS補習校は、イギリス在住のスリランカ人児童生徒に「仏教」と「シンハラ語」を教えるための母語補習校である。仏教寺院（民家を改修）が場所を提供し、父母がボランティアで同校の運営と教育実践に携わっていた。親からの授業料の徴収はなく、親は各自の判断で奉仕活動・お布施・授業時の軽食などを提供していたが、対象家族の父親は毎月一定額のお布施を寺院に寄付していた。S補習校における「仏教」と「シンハラ語」の学習目標は、次の通りであった（仏教クラス担当教師による）。

> 仏教：自分達の文化的背景と良き仏教徒とはいかにあるべきかについて学ぶ。また、道徳的・精神的な自覚を発達させることに加えて、複雑な言語と日々の祈りの背後にある意味を理解する方法についても学ぶ。仏教

第Ⅱ部　多文化教育と学校

> が世界中に普及していることについても学習する。
> **シンハラ語**：自分達の祖先の言語（書きことばと話しことば）を学習する。さらに他文化に敬意を払い、文化の多様性に気づくことも学習する。

　同校には約80人のスリランカ人児童生徒が通っていたが、寺院に参拝に行く時の習慣として全員が手持ちの白い服を来て通学していた。クラス編成は小学校低学年・高学年と中学生の3クラスであったが、子どもの学年や年齢は1つの目安で、担当教師が子どものシンハラ語の力（聴く力と話す力）をみてクラスを決めている。対象家族の母親によれば、S補習校に来ている子ども達は、家庭で両親のシンハラ語に触れているため聴いて理解できるが、表出はあまりできないという。対象児姉妹は小学校低学年クラスに所属し、2人用机に並んで座って同じ授業を受けていた。

(2) 対象児姉妹の授業への参加状況

　ここでは参与観察に基づいて、「仏教」と「シンハラ語」の授業の様子と対象児姉妹の授業への参加状況を記述する。

1)「仏教」の授業

　担当教師はS補習校に通う児童の父親（スリランカ人男性）で、自ら作成したシラバス（Buddism Classes for Children and Young Adults 2011-12）に基づいて、英語で授業をしていた。教師は「仏教の教えはパーリ語で書かれていますが、パーリ語での説明は難しいので、英語でその意味を教えています。仏教徒として大切なことを毎週子ども達に強調しています。それは両親への敬意（respect for parents）、精神の鍛錬（learn to train mind）、瞑想（meditation）、感情の統制（control feeling breeding）、親切心（loving kindness）の5つです」と語った。

　授業の流れは、前半は〈仏教に関する話の読み聞かせ→話の内容に関する質問→重要単語の取り出しと子どもによる板書〉であった。C児も挙手して単語を板書した。後半は、〈パーリ語と英語による詩（図7-2参照）の音読練習→重要単語（例:benerate）の意味の確認〉が行なわれた。最後に次週の授業予定と宿題（仏陀の絵を描くこと）についての説明がなされた。

2）「シンハラ語」の授業

担当教師はS補習校に通う児童の母親（スリランカ人女性）で、スリランカで教師をした経験をもち、渡英後はイギリスの現地小学校で補助教員をしていた。当日の授業は、シンハラ語の母音の1つである「ඔ [o]」の導入とその練習であった。教師はホワイトボードに文字を大きく描いて書き順を教えた後、児童に発音練習をさせた。続いて、当該文字が点線で書かれたプリントが配布されると、

> **Worshiping Chetiya**
> *Homage to stupas*
> 　　Vandā mi chētiyan sabban
> 　　Sabba thā nē supatiththithan
> 　　Sāreerika dhāthu mahā bōdhin
> 　　Buddharūpan sakalan sadā
>
> *I forever venerate stupas*
> *in all the lands,*
> *wherever they may be;*
> *The relics, the Bōdhi tree,*
> *and Buddha statues*

図7-2　仏教の授業で練習した詩

C児もM児も熱心に文字練習に取り組んだ。次に教師はホワイトボードに1〜13までのシンハラ語の数字を書き、1つずつ指しながら模範読みをした。続いて順不同で数字を1つずつ子ども達に読ませ、英語でも一緒に誦読した。さらにホワイトボードにシンハラ語の単語や句を書き、教師が読み方のお手本を示した後、子どもと一緒に読む練習をした。最後にシンハラ語で歌唱（2曲）と詩の暗唱（教師が一文ずつ音読し児童がそれを復唱するやり方）をした。

授業後、親の寄付による軽食が振る舞われ、子ども達や親は歓談しながら食べていた。軽食後、全児童生徒が祭壇の間に集まると、僧侶による読経が始まった。小学生は僧侶に続いてお経を復唱するなど真面目に参加していたが、中学生以上になると私語をする者も見られたが、僧侶は注意することもなく読経を続けた。さらに当日は、4月に行われるお祭り（Sinhala New Year）で披露する踊りの練習も行なわれた。学年別に4つのグループが編成され、2人の教師と保護者の指導で約2時間にわたって踊りの練習が行なわれた。

（3）対象児家族にとっての母語補習校

最後にインタビューに基づいて、対象児親子にとってのS補習校の意味づけを探る。親子は、補習校に通うことについて、次のように語った。

> 両親（2011年度インタビュー）：
> 「母語で読み書きできるようになることは、自分の出自や文化を知る上でとても重要なこと。子どももS補習校に通うのを楽しみにしているし、送り迎えをするので親同士も親しくなる。ただし英語での学習が最優先。英語力を高めるために読書をさせたりテレビを見せたりしている。現地校でもテストがあり、その準備に忙しい。現地校の宿題やテスト対策だけでも大変。その上にシンハラ語の読み書きを教えたら混乱するので、無理強いはしない。」
>
> 母親（2012年度インタビュー）：（　）内は筆者補足
> 「（S補習校に子どもを通わせるのは）仏教の教えはパーリ語で書かれているため、難解で親が教えることができないから。」「（スリランカの祭りの練習については）イギリス居住のスリランカ出身の子ども達は、新年を祝うお祭りを体験できません。スリランカの伝統行事を子ども達に体験させるために、この行事を企画して取り組んでいます。当日は、別のホールを借りて、民族衣装を身に付けて踊りや歌を披露します。」
>
> C児（2012年度インタビュー）：
> 「S補習校は楽しい。シンハラ語を勉強するのは両親とシンハラ語で話をしたいから。」
>
> M児（2012年度インタビュー）：
> 「S補習校は楽しい。大きくなった時にシンハラ語で読み書きできるようになっていたい。」

　対象家族の両親は、S補習校を親の母語（シンハラ語）の読み書きを子どもに本格的に学ばせるための学校というよりも、子どもが仏教や母語を含めて母国に関わる様々な事柄を学び体験できる場所として捉えていることが窺える。また、他の親達と親しく会話をする母親の姿の観察からも、親にとってS補習校は同国人との交流を深める貴重な場にもなっているようであった。

　一方、対象児姉妹は、自分もシンハラ語ができるようになりたいと異口同音に語り、母語習得への動機づけを持っていた。補習校への送迎や宿題などの支援をしつつも両親がシンハラ語の読み書き学習を強制しないこと、授業内容が読み書きの基礎段階で学習の困難さが小さいこともあって、対象児姉妹はそれ

ほど負担を感じずに母語の読み書きを学んでいるように見受けられた。

6 本事例のまとめと日本における多文化教育への示唆

(1) 本事例のまとめ

　文化間移動をする児童にとって最も重要なのは、通学校の授業についていけるだけの読み書き力を習得することであろう。対象児姉妹の場合、現地校の教科学習で全く問題なく、むしろクラスで最上位の成績であることから、当該学年の教科学習で必要となる読み書き力を形成していたと考えられる。二言語力という点から見れば、対象児姉妹の場合、日常会話力では〈高・英語力―低・母語力〉、読み書き力でも〈高・英語力―低・母語力〉の状態にあり、英語優勢のバイリンガルと捉えることができる。カミンズの言語能力概念を使えば、姉妹共に英語力は ALP 段階の読み書き力の形成が可能な状態にあるが、母語は DLS 段階の読み書き力に留まっていると推察される。

　対象児姉妹の二言語での読み書き力における不均衡については、次のような解釈ができるかもしれない。対象家族の場合、1) 両親共に高学歴で、現地校から教育情報を入手して理解できるだけの高い英語力と教育関心を持っていること、2) 特に母親は子どもの学習支援のために現地校補助教員になり現地校で要求される学習内容・方法・水準を把握しているだけでなく、毎週末に定期的に現地校の宿題遂行やテスト準備を支援していること、3) 幼少期から英語での読み聞かせを続け、就学後は英語での読書を奨励していること、が確認できた。これは、先行研究（ビアルケ 2012）で指摘されていた移民家族の子どもの現地語力（読み書き力）の高さに寄与する条件と一致しているだけでなく、本事例における各寄与因の関連を示すものでもある。

　他方で対象家族の場合、親子間の母語使用は一方向的（親→子ども中心）で、母語での読み聞かせはしているものの子どもが自立的に母語で読書をすることはなかった。先行研究の知見（ビアルケ 2012）と照らし合わせると、家庭内での母語を使った活動（会話や読書など）の少なさが対象児姉妹の母語力の低さに関係していると推察される。家庭内での母語使用の少なさは、英語習得と現地校での学業的成功を最優先し、母語は現地校での学業を犠牲にしない範囲で

第Ⅱ部　多文化教育と学校

続ければよいという両親の考えに基づく調整の結果と考えられた。

(2) 日本における多文化教育への示唆

　子どもに二言語でどのような読み書き力を形成しようとするかは、居住予定・教育計画、親の二言語に対する価値づけや取り組みなどによって多様である。また、児童集団において外国人児童が占める比率や学校言語の違いもあり、本章の事例をそのまま日本の状況に適用することに慎重でなければならないが、児童期の言語発達という視点から日本の学校に通う多文化的背景を持つ児童への教育支援（特に日本語力支援）について、以下の示唆を得ることができる。

　○母語での学力の把握と日本語力の継続的なチェックをすること。
　まず外国人児童の学力を母語による学習経験との関係で捉える必要がある（日本語力が乏しくても母語で年齢相当の知的発達をしている場合もある）。次に母語で蓄積した学力に応じて日本語での読み書き力形成の支援策を考える一方で、日本語力（聴く／話す／読む／書く）を継続的にチェックする必要がある。特に漢字力はDLS・ALPの両方にまたがる力であること（カミンズ 2011）を考慮すると、日本語力をDSLとALPの両面にわたって継続的にチェックできるような評価シートが有用であろう。

　○読み書き力の土台としての音声言語能力を育てること。
　特定の語彙を日本語で書くためにはその語彙を日本語で言える（知っている）ことが前提になるとすれば、話しことばで日本語語彙を増やすような支援も必要である。DLSは話しことばと文字の結びつきによって可能になる言語能力であることを認識し、文字の導入に先立って日本語の音声言語能力（特に授業場面で必要になる学習語）を育てることが大事である。

　○個別対応が可能な授業への参加方法を検討すること。
　現在、外国人児童に対する初期指導では、取り出し授業方式が採用されているが、母語児でもALP形成には5-7年かかることを考えると、長期にわたる支援が必要である。通常学級内で個別対応できるような手立て（個別ワークの複数化や補助教員・学習ボランティアの配置など）は、取り出し授業と同時並行で行なう場合も取り出し授業終了後の支援として行なう場合も有効であろう。

　○ALP形成を学校と家庭との共同作業として捉え、家庭の日本語資源の質

量に応じた対策を講じること。
　ALP形成には、学校教育の中でこそ可能な体系的な教育と学校だけでは手が回らない家庭での個別学習（復習）の両方が必要になる。外国人児童の場合、家庭で利用可能な日本語資源の質量に応じて、次のような対策が考えられる。
- 日本語資源が豊富な場合：授業計画・内容・方法に関する情報、家庭学習や読書の奨励など、親が家庭で支援する際に役立つ情報を継続的に提供する、など。
- 日本語資源が乏しい場合：日本語での読み聞かせや読書の機会を提供する（児童への適切な選書、読書カードによる動機づけ、他の媒体（映像）の利用による理解の促進など）、学校内に放課後宿題支援体制を作り家庭での支援に代わる場を提供する、など。

(3) 今後の課題
　子どもの現地語・母語での読み書き力の形成は、文化間移動をする家族や国際結婚家族が直面する大きな課題である。現地語の習得と現地校の学業的達成を最優先するという志向は、海外居住の日本人家族や日系国際家族にも見られるが（Shibata 2004, Okita 2002）、子どもへの母語継承に関する親の実践には大きな幅が見られる（岸本 2008, Takeuchi 2006）。外国人家族は国際家族よりも母語使用の機会が多く子どもの母語力も高い傾向にあると言われるが（ビアルケ 2012）、本章で取り上げた対象家族には該当しないようであった。子どもに母語と母国の文化を継承したいという親の願いは同じでも、実践レベルでの違いはどのようにして生じているのか、今後さらに検討していきたい。

注
1) 単語の構成音をアルファベット音ではなく実際の発音で1音ずつ音声化する方法。B小学校の就学前クラスでも、幼児の名前を初音で呼ぶ時に使われていた。さらにこの方法は、2008年に筆者が調査したドイツX州の幼稚園の「ドイツ語クラス」（バイリンガルの子どもやドイツ語の発達支援が必要な子どもを対象にしたドイツ語補習プログラム）でも採用されていた。

引用・参考文献

OECD（編）(2007),『移民の子どもと学力』(斎藤里美監訳／木下江美・布川あゆみ訳) 明石書店.

Okita, T. (2002), *Invisible Work*, Amsterdam: John Benjamins Publishing.

カミンズ, J. (2011),『言語的マイノリティを支える教育』(中島和子訳). 慶応義塾大学出版会.（英語／複数の論文の翻訳書のため該当する原書なし）

岸本俊子 (2008),「二言語を学ぶ子どもの母親教育」佐藤郡衛・片岡裕子編『アメリカで育つ日本の子どもたち』明石書店, pp. 143-170.

柴山真琴 (2006),『子どもエスノグラフィー入門』新曜社.

中尾正史 (2002),「少数民族言語は生き残れるか──多言語国家イギリスの言語政策と言語教育」河原俊昭（編）『世界の言語政策──多言語社会と日本』くろしお出版, pp. 189-216.

中島和子 (2010),『マルチリンガル教育への招待』ひつじ書房.

ビアルケ（當山）千咲 (2012),「移民背景を持つ家族の資本と子どものバイリテラシー：ドイツ在住の外国人家庭および国際結婚家庭の比較分析にもとづいて」『国際教育評論』9, pp. 49-63.

Daswani, C. J. (1999), "Literacy," In B. Spolsky (ed.) *Concise Encyclopedia of Educational Linguistics*, Oxford: Elsevier, pp. 159-166.

DfE (Department for Education) UK (2012), Schools, Pupils, and Their Characteristics.

Jackson, L. R. (2007), "Reconsidering public discourse on private language planning," *The Japan Journal of Multilingualism and Multiculturalism*, 13 (1), pp. 1-11.

Shibata, S. (2004), "The effects of Japanese heritage language maintenance on scholastic verbal and academic achievement in English," *Foreign Language Annals*, 37 (2), pp. 224-231.

Takeuchi, M. (2006), *Raising Children Bilingually though the 'One Parent-One Language' Approach*, Berlin: Peter Lang.

Willis, P. (1996),『ハマータウンの野郎ども』(熊沢誠・山田潤訳). 筑摩書房. (Willis, P. (1977), *Learning to Labour*, Columbia University Press.)

第8章
多文化教育研究と教師の力量形成
──外国人集住地域における中学校教師の実践──

松尾　知明

1　問題の所在と本章の目的

　グローバリゼーションが進展し、人的な文化間移動が飛躍的に増加するなかで、海外・帰国児童生徒、留学生、外国人児童生徒等をはじめ、文化と文化の狭間で生起するさまざまな教育課題に私たちは直面するようになっている。多文化教育研究は、これらの課題の解決にいかに貢献できるのだろうか。ここでは、「臨床」という概念に着目し、どのような研究のアプローチを構築していけばよいのかについて考察したい。

　「臨床」とは、志水宏吉（2003）によれば、「問題解決に資する」及び「現場に即して」という2つの側面から捉えることができる。前者は、教育研究が現場の問題を解決するという狭義の意味である。また後者は「科学の知」に対するもので、「個々の場合や場所を重視して深層の現実にかかわり、世界や他者がわれわれに示す隠された意味を相互行為のうちに読み取り、捉える働きをする」（中村 1992）という新たな「臨床の知」を創造する広義の意味である。

　これまでの研究パラダイムにおいては、自然科学をモデルに、客観性や測定可能性が重視され、人間の行為に見られる法則性、規則性、あるいは、因果関係の解明がめざされる傾向にあった。しかし、こうした研究モデルは、人間をデータとして受動的に捉えるもので、社会的に埋め込まれた意味や行為主体としての人間の生み出す実践に迫ることは難しいといった課題が残されていた。

そこで近年注目されるようになったのが「臨床の知」の解明をめざす研究アプローチである。

このような背景から、多文化教育研究においても、教育の現場に入り込み、多文化の狭間に生きる人々の現実から問いを発し、そこで直面する問題や課題の解決をめざした実践知を紡ぎだすような研究のあり方が求められているといえるだろう。本章では、以上のような問題意識に立ち、文化的多様性の実践と教師の力量形成について、外国人生徒教育に取り組む中学校教師の実践を手がかりに考察したい。

2　文化的多様性の実践と反省的実践家

(1) 文化的多様性の実践のめざすもの

私たちは、多様な文化が交差する多文化社会に生きており、文化的な差異とともにいかに生きていくのかが大きな課題となっている。そこでは、自分とは異なる多様な文化を認め、共生をめざす文化的多様性の実践が必要となるだろう。後述のA教師が指導する一人の日系ブラジル人中学生の作文に次のようなくだりがある。

> 私にはブラジル人の友達も日本人の友達もいます。そしてお互いに国籍のことなんかまったく意識しないで仲良くしています。けんかもします。私の夢は、うまく言えないけど、人と人とが国籍をこえて自然にかかわってつながっていける環境を作ったり広げたりすることです。それは職業としては学校の先生かもしれないし、通訳かもしれません。

彼女とその友達との関係のように、異なる人と人とが「自然にかかわってつながっていける環境を作ったり広げたりする」ことが夢であるという生徒の言葉は、文化的多様性の実践のめざすものを的確に言い当てているように思われる。多文化共生とは、文化的な背景にかかわらず、だれもがありのままで生きられる社会状況をいうのではないだろうか。一方、このような外国人生徒の思いが表出されるということ自体、日本社会の現実がそのような多文化の状況か

らは程遠いことの裏返しともいえる。

(2) 多文化共生への課題

　多文化の共生に向けた実践をめぐる課題の中心に、日本人自身がエスノセントリズムとどのように向き合っていくのかという問題があるだろう。日本人は内と外を区別し、異なるものへの排他性が強いことがよく指摘されるが、私たちのもつ自文化中心主義的なものの見方、感じ方、考え方が、日本社会において日本人ではない「他者」の生きづらさを生む原因となっていると思われる。
　ここでは、アメリカの白人性研究（whiteness studies）から着想を得た「日本人性（Japaneseness）」という概念をもとに考えたい（松尾 2005, 2007, 2011）[1]。日本人であること（日本人性）は、日本社会において、どのような社会的意味をもつのだろうか。日本人性とは、定義的にいえば、日本人／非日本人の差異のシステムによって形成されるもので、日本人のもつ目に見えない文化実践、自分や他者や社会をみる視点、構造的な特権などから構成されるものといえる。
　日本人であることは第一に、見えない文化実践をもつことを意味する。日本社会では、日本人の制度、規範、慣習、好みに従って日々の生活が営まれているが、これらの文化的な慣行は日本人にとってふつうであたり前のことである。これらの自明とされる不可視な文化実践は、日本社会の常識を形成する一方で、日本人には、日常生活において通常、意識されることはほとんどない。
　第二に、日本人であることは、自分・他者・社会をみる見方をもつことを意味する。このような認識されない文化実践には、実際には日本人の視点が隠されており、自分・他者・社会を見るある特定の見方や基準が内在している。しかしながら、このような顕在化されない日本人のものの見方や考え方は、普遍であり当然なものと見なされるため、私たちは、気づかぬうちに強固な自文化中心主義的なパースペクティブをもつことになるのである。
　第三に、日本人であることは、日本社会において構造的な特権をもつことを意味する。それは、マジョリティとしての日本人がつくり出したというよりは、暗黙の了解とされる社会の基準やルールがそのまま外国人にも適用されることから特権として機能するものである。このようにして、私たち日本人はマジョ

リティのルールのもとで構造的な特権を享受する一方で、外国につながる人々は常識とされる文化的不連続なルールのもとで不利な競争を迫られることになるのである。

　日本社会で外国人として生きるということは、このような目に見えない文化的な実践、日本人のまなざし、構造的な特権にマイノリティとして対峙しなければならないことを意味する。日本人にとって、ふつうのこと、当然なもののなかに、自文化中心主義的な文化実践やパースペクティブが刷り込まれているのである。したがって、文化的多様性の実践を進めていく基本には、このような私たち日本人のもつ日本人性を意識化して脱中心化するとともに、不可視な基準の下でこれまで聞かれなかったマイノリティとしての他者の声に真摯に耳を傾けることから始めなければならないだろう。

(3) 多文化共生と反省的実践家としての教師

　では、文化的多様性の実践をどのように捉え、その実践家としての力量形成をいかに図っていけばよいのだろうか。ここでは、「反省的実践家（reflective practitioner）」という専門家像を手がかりに（ショーン 2001, 2007、秋田 1996）、文化的多様性の実践を担う教師を例に検討してみたい。

　専門家のもつ専門性といえばこれまで、専門分野の知識や技術を合理的に実践に適用する「技術的熟達者」として捉えられることが多かった。実証主義の影響の下、知の体系を生成する基礎科学とそれらを適用する応用科学とが階層的に分断され、実践というものは、科学的な基礎理論や原理を現場で厳密に応用するものと捉えられていた。

　この自明視されてきた科学的合理性に依拠した専門家像に対し、ショーン（Schon, D.）は行為をしながら省察する反省的実践家という新しい専門家像を概念化した（ショーン 2001, 2007）。すなわち、専門家の有する専門性というものは、専門分野の理論や原理を現場で適用するというよりは、答えのない複雑で混沌とした実践という営みの中で、「状況との対話」を通して問題解決する「行為の中の知」にあることを浮き彫りにしたのである。例えば、教師の専門性は、教育実践の活動過程において、それまでの教師経験のなかで身に付けてきた「暗黙知」を準拠枠として用い、状況との対話により省察しながら行為す

る実践的思考にあると捉えるのである。その意味で、専門家の知恵というものは、理論と実践が融合されたものであり、実践の中から生成されるものといえる。

　この新しい専門家像に立てば、文化的多様性の教育実践とは、反省的実践家としての教師が、教育活動のなかで培ってきた実践知をもとに、文化的に多様な子どもたちの学びをデザインすることにある。多文化状況との対話を通して、教師は、目標や内容を考え、指導方法を決め、指導・援助していくが、それぞれの局面や場面で、多くの選択肢の中から適切なものを選びとるという問題解決を進めていく。教師は、これらの意思決定を支え、教育実践を方向づける「枠組み（frame）」を実践過程で意識化して省察し、その枠組みを再構成していくことで、より高いレベルの学びをデザインしていく実践的知識を身につけていくのである。

　このように考えると、文化的多様性の実践を担う教師の力量形成には、多文化共生に向けた教育実践を支える枠組みを焦点に、実践過程において反省的な思考を意図的に繰り返しながら、自らの教育理念や実践的知識をつねに刷新していくことが求められるといえる。そこでは、文化的な存在としての外国人の子どもたちの理解とともに、目に見えない文化的な実践、日本人のまなざし、構造的な特権といった日本人性への気づきが必要になってくるだろう。別の言い方をすれば、多文化状況との対話による教育実践の省察を通して、外国人生徒という他者理解と日本人教師という自己理解を同時に進めて行くことが不可欠であるように思われる。そのためには、外国人生徒のつぶやきや語りに学ぶ一方で、自らの自文化中心主義的なまなざしへの気づきを促す省察を繰り返していくことが重要であろう。こうした日々の実践を通して、文化的多様性の実践を担う教師としての力量が形成されていくものと思われる。

3　外国人集住地域における中学校教師の実践

(1) 中学校における文化的多様性の実践

　次に、文化的多様性の実践の一つの事例として、反省的実践家の専門家像の視点から、外国人集住地域における中学校教師の実践を検討してみたい[2]。

中学校時代は、生徒が多感な思春期を迎えるとともに、教科内容が高度になるのに加え、高校入試という出口の問題に直面する時期である。とくに、小学校までのきめ細かな指導がなくなるなかで、日本語能力に課題のある外国人生徒の多くは授業についていくことができない状態にある。このような課題の多い中学校において、教師は、どのような文化的多様性の実践を進めているのだろうか、また、外国人生徒教育を捉えるいかなる枠組みを形成しているのだろうか。以下では、外国人集住地域におけるすぐれた実践をもつA教師の事例をもとに、反省的実践家として培ってきた専門家の知恵を検討することから、多文化社会における教師の力量形成について考察する[3]。

なお、A教師の勤務するB中学校は、東海地方の外国人集住地域に位置しており、2011年6月1日現在で、在籍児童数664名、学級数21クラス（各学年7クラス）から構成されている。外国人生徒の在籍状況は、ブラジル人38名、ベトナム人7名、フィリピン人5名、ペルー4名、中国人1名となっている。外国人支援体制としては、加配教師が2人、バイリンガルの支援員（ポルトガル語）が1名、補助者が1名、サポーターが3名（スペイン語・ポルトガル語・タガログ語、週1日4時間）等となっている。

A教師は、このB中学校に外国生徒担当の講師として2001年4月に赴任する。彼女は、ペルーにおいて2年半、メキシコにおいて4年間の海外滞在経験があり、スペイン語が堪能である。その間、4～5年の日本語指導の経験をもつが、日本での中学校の教職経験はB中学校が初めてである。

(2) 外国人生徒教育と転機となる出来事

教師の力量形成には、ライフコースのなかで、どのような転機となる出来事がいかなるタイミングや状況のもとで起こったのかが大きな影響を与えていることが知られている（山崎 2002）。まず、A教師の語りをもとに、外国人生徒教育の実践を展開するにあたって転機となったと思われる出来事をみてみたい。

①国内外での子育て経験

A教師の外国人生徒を捉えるまなざしには、自らが海外で子育てをした経験が大きく影響している。このことは、「子どもを現地校に入れていたんですね。……自分の気持ちとこちらのお母さんたちの気持ちがなんかこう重なって

しまうということがあるので。……知らないと不安ですよね、自分が外地で経験しただけに……痛いほどわかりますので、感情移入しちゃうんですよね。」(2011.8.11) という語りによく表れている。A教師はさらに、自分の子どもを帰国児童として、日本の学校に入れるときにも大きな不安を感じたという。このような国内外の子育て経験が、A教師の外国人の子どもや保護者をみる視点を形成しているものと思われる。

②原点としての外国人生徒Cとの出会い

A教師は、B中学校に着任して、引継ぎを受けることなく、外国人生徒の担当として指導を始めることになる。当初は、ふれあい教室に残されていた問題集を使って、取り出しによる日本語指導をしていたという。しかし、「おきざり」(2011.9.5) にされている外国人生徒の状況に気付くにつれ、進路の支援に取り組まなければならないと思うようになる。

そういった時に、苦労してきたCという生徒との出会いがある。2年目の5月6日、A教師は、ふれあい教室でしゃがみこんで泣いている生徒Cを見つける。日本の高校に入るためにB中学校に転校してきた生徒で、ブラジル人学校での成績は1番だったという。理由を聞いてみると、授業中発言したいのに日本語が出てこない、わかっているのに発表できない、そのことが、つらい、つらいと泣いていたという。「このことを考えたらいくらでもがんばれるね」(2011.9.5) と声をかけ、この時、何とかしてこの子を育て上げなければならないと腹を決めたという。今でもそのシーンがあざやかに蘇ってくるというが、この経験が自らの外国人生徒担当の教師としての原点だという。生徒Cはその後、高校、大学、B中学校での教育実習を経て教員になり、後輩のロールモデルとなっている。

以上のように、国内外での子育て経験や外国人生徒Cとの出会いが、A教師の教育実践のあり方に大きな影響を与えていると思われる。

(3) 外国人生徒をめぐるA教師の教育実践

次に、A教師の教育実践を、語りや参与観察から得られた情報をもとに、①外国人生徒、②教職員、③外国人保護者への働きかけに分けて概観してみたい。

①外国人生徒への働きかけ

　A教師は、一人ひとりの生徒の進路を見据えた指導を重視している。生徒Cのようなロールモデルを育て、生徒たちに直接語ってもらう機会をつくり、何が可能でそのためにはどうしていけばよいのかのイメージもたせるような形で支援している。それと同時に、進路についての現実的な判断を促している。学力調査の結果をもとに生徒全体における位置を示し、これまでの外国人生徒の実績と比較して、いずれの高校への進学が可能かを考えさせながら指導を進めている。

　また、A教師は、外国人生徒たちに個別に関わりながら、ニーズの把握を試みている。A教師は、昼休み、取り出しのない時間帯、その他、時間を見つけては、校舎内外を歩き回る。外国人生徒に近寄っては雑談をかわし、何かあれば指示をしたり、相談にのったりする。A教師が通ると、生徒の方から近づいてくる姿もよくみられる。ふれあい教室は外国人生徒の居場所になっており、休み時間や放課後に訪れる生徒も多い。親と過ごす時間が短い生徒も多いため、スキンシップを大切にしながら関わっていく。このような日常的な生徒との交流を通して、今何が起きているのか、今何が必要なのかを探り、外国人生徒たちの個別のニーズを把握して生徒理解に努めている。

　学習支援の計画や実施にあたっては、きめ細かな配慮がみられる。計画の段階では、入学当初に、小学校からの書類やその他の資料等をもとにして、基本情報を載せた個人カルテを作成する。また、最初の約1ヵ月、A教師は入学してきた外国人生徒の在籍するクラスを回り、授業のノートが取れているか、学習活動に参加できているか、教科内容が理解できているか等の把握を試みる。これらの情報をもとに、生徒の学習状況を分析して最も効果的な支援を考え、バイリンガルの支援員や補助者等の協力を得ながら、ひとり一人に合わせた個別の支援計画を構想する。また、進路について本人の希望や保護者の願いを把握しつつ、計画をさらに練り上げていくという。

　学習支援の実施では、外国人生徒の学習や生活の基盤である在籍学級の授業についていくことをめざして、取り出し指導、入り込み指導、補習を実施している。取り出し指導では、既存の教材を活用したり、リライト教材を作成したりして、ニーズに応じた個別の教材を準備する。また、教科担当の協力を得て、

在籍学級の内容に沿う進め方を相談したり、教材を借りたり、ときには補習してもらったりする。生徒の文化的な背景も考慮に入れ、できるだけ出身国の歴史、文化、社会に関連づけながら、興味関心を引くような形で学習支援を行っている。入り込み指導は、取り出しのない時間帯に、教室を回り自由に入り込んで、外国人生徒の学習の状況を観察し、必要に応じて指導をしている。外国人生徒たちからも合図してA教師を呼び、教えてもらう姿がよくみられる。B学校では、このようなA教師による入り込み指導は当たり前になっており、いずれの教科担当の教師も気にしている様子はみられない。補習については、外国人生徒を対象に、ふれあい教室で放課後や長期休暇期間中に実施している。補習への参加は自由であるが、中間テストや期末テストの準備、あるいは、高校入試の準備に向けた補習には参加者が多い。

外国人生徒に対するA教師の特徴的な働きかけには、以上のように、1）進路を見据えた指導、2）個別ニーズの把握、3）きめ細かな学習支援の計画と実施、がみられた。

②教職員への働きかけ

A教師は、外国人生徒の指導というものは、学習や生活の中心である在籍学級の担任があくまで責任を負う必要があると考えており、自分自身は黒子の役割に徹した環境づくりに力を入れているという。たとえば、外国人生徒の知り得た情報は担任にできるだけ伝え、よいことは担任からほめてもらい、悪いことも担任に指導してもらうようにしている。一方、指導にあたっては、文化的な違いにより、しかり方や落としどころが日本人とは違う場合があるので、あらかじめ相談して欲しい旨を日頃から伝えており、担任教師からも頻繁に問い合わせがあるという。情報によっては生徒指導担当につなぎ、問題が大きくならないように配慮している。

また、日本人と外国人が知り合い、ぶつかり合うことも大事だと考えているため、A教師から教職員に機会を捉えて働きかけることもある。たとえば、職業体験が地域での実施に変更されたときには、ブラジル人経営の会社も対象にするように提案したという。地域の職場であるし、外国人生徒の体験先にもなると考えたからである。最初の年は、ブラジル系の職場を開拓し、ブラジル人と日本人の生徒をいっしょに送り込んで、生徒の力関係が逆転することを試

みたという。また、教員の校内研修フィールドワークが本年度企画されたが、A教師はブラジル系企業を回るコースのデザインを担当した。その結果、教師とブラジル人企業家との間でいろいろな接触があり、生い立ちや苦労話を聞いたりしたことで、参加した教師たちのブラジル人生徒へのその後の接し方にも変化がみられたという。

さらに、他の教職員の協力を得ながら、外国人生徒を受け入れる学校文化の醸成に取り組んでいる。A教師は、在籍学級への入り込み指導については協力を得るのに当初は苦労したというが、今ではいつでも自由に入り込めるようになっている。テストのルビ振りも、最初はすべての教科を自分一人でやっていたが、少しずつ協力が得られるようになり、今では各教科担当が何も言わなくてもやってくれるという。前述の職場体験についても、次年度からはブラジル系会社がリストに載るようになり、日本人、ブラジル人を問わず職場体験をする姿がみられるという。また、ホームページで外国人生徒のかんばりを発信することを申し出たが、現在では担当の方から声をかけてくれるようになっている。現在のB中学校では、A教師のもちかける外国人生徒を支援する企画を支持する風土ができあがっており、立ち上げはたいへんだったものの、動き出した後は着実に定着してきた。

このように、教職員への特徴的な働きかけには、1）黒子としての環境づくり、2）日本人と外国人のぶつかり合う場の設定、3）共生に向けた学校文化の醸成、が認められた。

③外国人保護者への働きかけ

A教師は、外国につながる保護者の理解・協力を得るために、学校便り、保護者会、個人面談・家庭訪問等を通して、情報の発信と共有に力を入れている。学校便りでは、バイリンガル支援員の協力を得て、学校の行事等の教育的意義を伝えるようにしている。その結果、ブラジルでは実施されない学校行事への参加が、当初は少なかったものが現在ではほとんどが参加するようになったという。保護者会では、最初にきちんと説明しておくことが肝心ということで、入学前の第1回を重視している。全員参加が原則で、出席できない場合は後日学校に夕方出向いてもらい、子どもが学校を欠席する手続き等の約束事を徹底して伝えているという。その後の保護者会は、学校行事に連動させたり、

進路に関連づけ、子育て、家族関係、日本の教育システムを取り上げたり等、参加を促すように工夫している。個人面談・家庭訪問では、できるだけ明確で具体的な情報を発信するようにしている。たとえば、保護者にも学力調査の結果等を見せ、具体的な選択肢を示しながら、進路について話し合いをしているという。

また、地域の外国人と日本人の相互理解が進むように支援している。地域のいろいろな会合に顔を出すようにしており、日本人の集まりではりっぱな言動をした外国人を紹介したり、外国人の寄り合いでは「地域の人がほめていた」と話したりするなど、お互いのよさが伝わるような話題提供に心がけているという。本年度の夏祭りのときには、外国人生徒の保護者に声かけ、お祭りのパトロールを行っている。そのことが地域のお祭り委員会でも話題になり、相互理解が進んだという。

外国人保護者への特徴のある働きかけには、以上のように、1）情報の発信と共有、2）相互理解の推進、があると思われる。

4　A教師の枠組みと教育実践の意味づけ

(1) 外国人生徒教育をめぐるA教師の枠組み

では、自らの経験や外国人生徒との関わりを通して、A教師は実践を方向づけるどのような枠組みを形成してきたのだろうか。A教師の語りやこれまでの議論から、以下の3点を指摘したい。

第一に、外国人生徒は、日本社会の構成員であり、日本で生きていくための学力をつける必要があるという信念である。リーマンショックを契機に、地域で生きていくことを選択した外国人生徒たちに対し、A教師は、日本社会でその一員として生き抜く力を身につけることが大切だと考えている。そのため、卒業後のキャリアを視野に入れ、高校入試に対応できる学力をつけ、社会に出てからも困らないための知識やスキルを育成するための支援に心がけている。

第二に、文化を理解し尊重することが重要であるという認識である。A教師は、取り出しでは生徒の文化に関連づけた教材を活用しており、また、外国人と日本人がともに学び合う双方向の学習を推進している。自尊心があるから

こそ自分を大切にできるし、また、他者を大切にできるのであり、自分を失わないためにも自分自身の背景を知ることが大切だと考えている。

　第三に、外国人と日本人をつなぐ環境づくりを担う役割が重要だという考えである。A教師は、表に出るのではなく裏方として、在籍学級、学校、地域を含め、外国人生徒が日本社会で生きていく力をつけるための環境づくりを進めている。外国人生徒担当の教師は黒子に徹して、外国人と日本人との相互関係を調整し、関係を深化させていく試みが重要であると捉えている。

　このように、A教師は、外国人生徒教育をめぐって、①生きていくための学力の重視、②文化の理解と尊重、③外国人と日本人とをつなぐ環境づくりという枠組みを編成しているようである。

(2) 文化的適切さと教師の資質能力

　こうした枠組みに基づくA教師の教育実践は、どのように意味づけることができるだろうか。まず、多文化教育における「文化的適切さ (cultual relevance)」の概念を手がかりに、文化的多様性の実践を担う教師に求められる資質能力の視点から考えたい。

　多文化が併存するクラスで教育が効果を上げるには、子どもの文化に配慮した指導が必要であることが明らかにされており、そうした文化的適切さをもつ教育環境づくりにすぐれた教師に関する研究の積み重ねがある（たとえば、Ladson-Billings 2001, 2009, Gay 2000）。グラント（Grant, C. A.）とジレット（Gillette, M.）によれば、これらの研究にみられる教師の特徴を分析すると、①すべての生徒に高い期待をもつ、②学習共同体をつくる、③学級を家庭、地域につなぐ、④教師自身が学ぶ姿勢をもつ、⑤学習ニーズに応じた指導をする、⑥生徒の文化を活用する、⑦自分自身や実践を省察する、の7つに整理することができるという（Grant & Gillette 2006）。

　文化的適切さをもつ教師のこれらの特徴をもとに、A教師の教育実践を対応させてみると、それぞれについて以下のような共通した特質がみられる。①外国人生徒に対し日本社会で生きていく力をつけることを意図して高い期待をもって関わっている。②在籍学級が外国人生徒を含む学習共同体になるように、担任や外国人生徒に関わり、双方向の学び合いが実現するような支援を心がけ

ている。③自らが架け橋となり、外国人生徒、担任、家庭、地域をつなぐ取り組みをしている。④取り出しや補習の指導の際に、外国人生徒のニーズに応えるために、教科担当からの協力も得ながら常に学ぶ姿がみられる。⑤生徒や保護者の願いを聞き、学力調査をもとに現実を知らせつつ、個に応じた指導に取り組んでいる。⑥取り出し指導では、外国人生徒の国の地理、歴史、文化に関連させ、話題にしながら進めている姿がみられる。⑦外国人生徒のニーズを常に把握しながら自らの実践を振り返り、新たな課題に常に取り組んでいる。

　このように、A教師の教育実践は、日本のB中学校という文脈で外国人生徒のニーズに応えるために独自に生み出されてきたものであるが、先行研究で指摘されてきた多文化状況における効果的な教師の実践にみられる文化的適切さの特徴と共通する面が少なくない点は注目に値する。このことは、文化的多様性の実践家としての教師の直面する課題には国を越えて共通する側面が多く、多文化状況との反省的な対話を繰り返して形成された専門家の知恵の核心には、文化的適切さをもつ教育実践があることが示唆される。

(3) エンパワーメントと日本人性

　次に、エンパワーメント（empowerment）の概念をもとに検討したい。言語的マイノリティの生徒の学力問題は、引用されることの多いカミンズ（Cummins, J.）によれば、言語教育ももちろん重要であるが、言語の指導だけでは解決できるものではないという（Cummins 1989）。学校には、マジョリティとマイノリティといった社会の力関係がそのまま投影されるため、生徒をエンパワーするには、教師とマイノリティ生徒、あるいは、学校と外国人コミュニティとの力関係を変えていくことが不可欠であると指摘している。

　このことは、日本人性において言及したように、目に見えない日本人の基準やルールが外国人生徒にも当たり前のこととして適用され、また、日本人のまなざしが当然の期待として注がれることに由来するものが多いと思われる。それは、不可視であるが確かに存在するもので、文化的に不連続な断層によって、生徒の可能性を制限する形で機能するいわば「ガラスの箱」のようなものであると言えよう[4]。

　この点、A教師の実践は、取り出しによる日本語指導にとどまらず、外国

人生徒のニーズに応えて、在籍学級、学校、家庭、地域へと関わりを広げながら展開している。こうしたA教師の取り組みは、文化と文化の間をつなぐコーディネーターとして、在籍学級の教師と外国人生徒、学校と外国人コミュニティの関係を組み替え、日本人性によって構築されたガラスの箱に揺さぶりをかける試みと捉えることもできる。

示唆的であるのは、職場体験でブラジル系企業の職場に生徒を送り込んだ実践に見られるように、A教師が、探究型の学習活動を通して、変わるのを外国人の側に求めるだけではなく、日本人側にも働きかけていることである。A教師の実践には、外国人の生徒や保護者との対話を重ねることにより、日本人性で言及した自文化中心主義的なものの見方や文化実践への気づきが根底にあるように思われる。多文化共生のためには、外国人に日本文化への一方的な同化を強いるのではなく、マジョリティ側の日本人にも日本人性についての気づきを促しながら、外国人と日本人がともに変容する形で、新たな関係に組み替えていくことが重要なのであろう。

5 おわりに

本章では、多文化教育研究における「臨床の知」に焦点をあて、反省的実践家の視点から、文化的多様性の実践を担う教師について検討してきた。事例として取り上げたA教師は、多文化状況との対話を通して、外国人生徒のニーズを捉え、自らの教育実践を省察し見直していく反省的実践家の典型として捉えることができる。その実践は、外国人の生徒や保護者、教職員、地域の人々の声に耳を傾け、現場から課題を洗い出しながら、できることから少しずつ実践を積み上げてきたものであった。それらは、東海地方のB中学校という文脈で育まれた固有の教育実践である一方で、欧米の多文化教育研究で指摘されてきた多文化状況でのすぐれた教育実践にみられる文化的適切さやエンパワーメントの特徴と共通する内容を多く含んでいたことはきわめて興味深い。

「私の夢は、うまく言えないけど、人と人とが国籍をこえて自然にかかわってつながっていける環境を作ったり広げたりすることです。」という外国人生徒の作文は、A教師のイメージと重なるものである。B中学校において外国

人生徒を受容する教師間の協力体制が築かれ、「自然にかかわってつながっていける」学校文化が醸成されてきたのは、外国人生徒の声に真摯に耳を傾け、そこから課題を見つけ、外国人と日本人の間に橋を架ける環境づくりに徹してきたA教師の実践によるところが大きい。そこでは、日本人と外国人を分かつ日本人性に起因した溝をいかに架橋していくのかが問われてきたといえる。このようにみてくると、文化的多様性の実践家には、日本人と外国人の関係を組み替えるコーディネーターとして、日本人性という目に見えないガラスの箱を可視化させ、少しずつ打ち砕いていくといった役割が期待されているのではないだろうか。

さて、本章では一人の中学校教師を中心に、外国人生徒の教育という文化的多様性の実践とそれを方向づけている枠組みについて明らかにするとともに、文化的適切さやエンパワーメントといった多文化教育の概念を手がかりにその意味を検討してきた。A教師の実践から見えてくるのは、臨床の知は実践から生成され、具体的な文脈における状況との対話を通して築き上げられていくということである。したがって、今後の課題としては、反省的実践家としての教師が、多文化状況との対話を行い、文化的多様性の実践知をいかに構築しているのかをめぐる意志決定や問題解決の思考プロセスを解明していく必要があるだろう。さらに、アクションリサーチに取り組み、現場の教師とともに、多文化の問題を解決しながら実践知を生み出していく研究も求められるだろう。日本社会の多文化化が進むなかで、差異と共に生きる教育の理論や実践を発展させていくためにも、多文化教育研究における臨床の知を生成していく営為はこれからますます重要になっていくに違いない。

注
1) アメリカでは1990年代以降、人種をめぐる研究のなかで「白人性（whiteness）」の概念が注目を集めるようになり、白人であることの社会的な構築性を解明する白人性研究が、法学、哲学、文芸批評、社会学、心理学、教育学などの領域で大きな進展をみせている。
2) 外国人児童生徒教育を担う教師については、課題整理や実践事例（田渕 2007、齋藤・佐藤 2009）、指導の手引き（臼井 2009、齋藤 2011、文部科学

省初等中等教育局国際教育課 2011)、教員の資質やその形成過程に着目した研究（臼井 2010、2011）などがある。
3) 研究の方法は定性的調査によるもので、主要なデータは参与観察、インタビュー記録、ならびに、収集した文書である。2011年8月から11月にかけて、10回の学校訪問を行い、参与観察およびインタビュー等を行った。インタビューは訪問の際のインフォーマルなものの他、A教員に対しては4回にわたる2時間程度の半構造的インタビューを行った。文書資料は、B中学校教育課程、パンフレット、新聞記事、生徒の作文等である。
4) 「ガラスの天井（glass ceiling）」という言い方はあるが、ここでは、行為を制限する目に見えない文化実践をより的確に示す表現として「ガラスの箱」を使用したい。

引用文献

秋田喜代美（1996）,「教師教育における『省察』概念の展開」森田尚人他編『教育学年報5』世織書房，pp. 451-467.
臼井智美編（2009）,『イチからはじめる外国人の子どもの教育——指導に困ったときの実践ガイド』教育開発研究所．
臼井智美（2010）,「外国人児童生徒の指導を担当する教員の職能成長過程」『学校経営研究』第35巻，pp. 51-72.
臼井智美（2011）,「外国人児童生徒の指導に必要な教員の力とその形成過程」『大阪教育大学紀要』第59巻第2号，pp. 73-91.
齋藤ひろみ・佐藤郡衛編（2009）,『文化間移動をする子どもたちの学び——教育コミュニティの創造に向けて』ひつじ書房．
齋藤ひろみ編（2011）,『外国人児童生徒のための支援ガイドブック——子どものライフコースによりそって』凡人社．
志水宏吉（2003）,「学校臨床教育学とは何か」苅谷剛彦・志水宏吉『学校臨床社会学』放送大学教育振興会，pp. 11-23.
中村雄二郎（1992）,『臨床の知とは何か』岩波新書．
ドナルド・ショーン（佐藤学、秋田喜代美訳）（2001）,『専門家の知恵——反省的実践家は行為しながら考える』ゆみる出版．
ドナルド・A・ショーン（柳沢昌一、三輪健二監訳）（2007）,『省察的実践とは何か——プロフェッショナルの行為と思考』鳳書房．
田渕五十生（2007）,「日本の教師教育と異文化間教育」異文化間教育学会編『異文化間教育』第25号、アカデミア出版会，pp. 45-57.
松尾知明（2005）,「『ホワイトネス研究』と『日本人性』——異文化間教育研究への新しい視座」異文化間教育学会編『異文化間教育』第22号，アカデミア出版会，pp. 15-26.
松尾知明（2007）,『アメリカ多文化教育の再構築——文化多元主義から多文化主

義へ』明石書店.
松尾知明（2011），『多文化共生のためのテキストブック』明石書店.
文部科学省初等中等教育局国際教育課（2011）『外国人児童生徒受入れの手引き』.
山崎準二（2002），『教師のライフコース研究』創風社.
Ladson-Billings, G. (2009), *The Dreamkeepers: Successful Teachers of African American Children (2nd.ed.)*. Jossey-Bass Publishers.
Ladson-Billings, G. (2001), *Crossing Over To Canaan: The Journey of New Teachers in Diverse Classrooms*. Jossey-Bass Publishers.
Grant, C. & Gillette, M. (2006), *Learning to Teach Everyone's Children: Equity, Empowerment, and Education That Is Multicultural*. Thomson/Wadsworth.
Gay, G. (2000), *Culturally Responsive Teaching: Theory, Research & Practice*. Teacher College Press.
Cummins, J. (1989), Empowering Minority Students: A Framework for Intervention. *Harvard Educational Review* Vol.56, No.1, pp. 652–675.

なお、本章は、以下の論文に加筆修正を加えたものである。
松尾知明（2012），「文化的多様性の実践と教師の力量形成——外国人集住地域における中学校教師の実践」異文化間教育学会編『異文化間教育』第35号，pp. 50–65.

第Ⅲ部

多文化教育と地域

第 9 章

双方向の学びのモデルの構築
――外国人分散地域における外国人児童生徒学習交流会の実践から――

徳井　厚子

1　はじめに

　地域[1]における多文化教育の実践における学びの可能性とはどのようなものだろうか。

　バンクスほか（2006）において訳者の平沢安政は、「学校が世界の窓として機能するためには、学校がコミュニティの市民組織や個人、また社会正義の実現をめざす諸団体と協働の関係を発展させる必要がある。学校での学習経験に刺激を与え、またその内容をより豊かにするために、それらのさまざまな学校外の文化的・人的資源を活用する必要がある。そしてこのような地域組織や個人は、学校における多文化教育を推進する強力なアドボカシー（擁護の主張）を形成するだろう」（バンクスほか 2006：129）と述べ、コミュニティや地域組織の重要性を挙げている。また、コルテス（Cortes, C. 2002）は、context interaction model を示し、社会的なコンテクスト（家族、コミュニティ、機関、社会的経済的地位、コミュニティ、マスメディアなど）が学校での学びのコンテクストに影響を及ぼしていると述べている。

　バンクス他やコルテスの述べるように、多文化教育を考える際、学校内だけではなく、学校外、地域との関わりにも目を向ける必要がある。しかし、バンクス他やコルテスはあくまで学校中心に多文化教育を考え、地域を補完的なものとして捉えているが、地域の学びそのものに多文化教育としての意味がある

という視点も必要ではないかと考える。

　また池田寛（2005）は学校と地域が協働して子どもの発達や教育のことを考え、具体的な活動を展開していく仕組みや運動のことを「教育コミュニティ」と呼んでいる。地域における多文化教育の実践を考える時、外国人児童生徒もまきこんだ「教育コミュニティ」をどのように創造していくかが課題だろう。

　本章では、まず、地域の現状および地域での外国人児童生徒の支援の取り組みの先行研究を概観する。そして、分散地域である長野市内における「外国籍児童生徒学習交流会」の取り組みの実践を事例とし、アンケート、インタビューをもとに、ボランティア大学生、子どもの双方向からの「双方向の学びのモデル」の構築を行い、地域における多文化教育の可能性としての外国人児童生徒の支援の意味について考える。

2　地域における外国人児童生徒の支援実践と課題

　日本における地域の外国人[2]は多様であり、歴史的に多様な受け入れ方がなされてきた。石井恵理子（2011）は中国帰国者、インドシナ難民については定住促進センターを設けるなど、国策として受け入れていたが、外国人配偶者、日系労働者やその家族に対しては草の根のボランティア頼みになっていることを指摘している。

　これまで地域における外国人児童生徒の支援の取り組みについてはいくつかの報告がなされている。地域における「日本語教室」（地域日本語支援活動）について、新庄あいみ他（2005）は、日本語を学ぶだけではなく社会変革、居場所、生活支援、日本人側の学びの側面がある、と位置づけている。また、今津孝次郎（2003）は、「地域日本語教室」が「広場」としての役割も担い、子どものサッカー教室や支援者を対象としたポルトガル教室、防災など様々な実践を行っていると報告している。森本郁代・服部圭子（2011）は、活動の意義として、インタビューをもとに学習者にとって「交流の場」、ボランティアにとって「異なる世代や職業、立場の人との出会いの場としての場」として意味づけている。新庄らや今津、森本らは、地域の日本語教室が単に日本語を学ぶ場であるという位置づけを超え、多様な役割を果たしている（あるいは果たし得

る）ことを示唆しているという点で共通している。こうした指摘は地域における日本語教室（地域日本語支援活動）が日本語支援という場を超えて多文化教育としての役割も果たす可能性があることを示唆していると考えられよう。

　また、地域での外国人児童生徒への支援の活動を、従来のボランティア教室とは異なる立場に立つ活動として位置づけた論考も見られる。清水睦美（2011）は、「ボランティア教室」と自身の関わっている「すたんばいみー」の活動を比較し、前者は活動の主体は日本人であるのに対し、後者は活動の主体を「外国人（の子どもたち）」にしていくこととし、後者を当事者性を重視した活動であると位置づけている。石井恵理子（2011）は現在の外国人支援において当事者性が欠如していることを問題点として挙げているが、清水の報告する「すたんばいみー」の実践は当事者性を尊重した実践であり、石井の指摘する問題点を打開する立場にたつものといえる。地域における多文化教育の実践の可能性を考える場合、「当事者性」を重視していくことは一つの重要な課題であるといえる。

　また、活動そのものを多文化共生の実現可能性という観点からよりマクロな視点で長期的に考察した論考も見られる。金侖貞（2011）は、「ふれあい館」の活動について長期的にふりかえり、実践が長期的に継続した理由として、活動内容の連続性、当事者性に基づいた活動、持続可能な実践を可能にした制度化の3点を挙げている。地域における多文化教育の実践を考える場合、単に一回の実践を成功させるのではなく、持続性、可変性という側面やそれらを可能にする制度化というよりマクロな側面について考察していくことも重要であろう。

　地域における外国人児童生徒の（支援）活動については、これまで様々な実践の報告がなされてきているが、これまで主に集住地域という文脈の中で語られてきたことが多い。日系ブラジル人集住地域間では「外国人集住都市会議」が開かれるなど積極的な連携がなされ、様々な実践の積み重ねがなされ、発信されてきている。その一方で、分散地域における地域での取り組みについては、伊藤亜希子（2009）や土屋千尋・内海由美子（2012）の実践が報告されているが、あまり多くはない。集住地域と異なり参加者を集めにくいという理由も考えられる。分散地域の場合は、外国籍住民や外国人児童生徒が地域、学校で孤

立しがちで顕在化しにくいという集住地域とは異なった問題点を抱えている。また、分散地域では、一見、外国人児童生徒が一か所では少ないため少数に見られがちだが、全国における外国人児童生徒の総数から言えば、分散地域の方が圧倒的に多いのである。例えば、2008年文科省調査では、在籍人数別学校数をみると、「一人」在籍校が最も多く、2,844校で「5人未満」在籍校全体でみると4,831校となっている。全体に占める割合では、「一人」在籍校が45.8%と約半数を占め、「5人未満」在籍校が77.8%と8割近くを占めている。

今後は、分散地域における実践も積み重ねも含め地域における多文化教育の実践の可能性と意義を考えていく必要があるだろう。

3 地域における外国人児童生徒の学習支援での「学び」とは
――「学び」のとらえ方をめぐって

地域における外国人児童生徒の支援の実践からの学びとはどのようなものであろうか。まず、学ぶ力や学習能力がこれまでどのように捉えられてきたかをみてみたい。

梶田正巳（2001）は、学習能力は「学ぶことのできる力」と「（将来を見据えた）学ぶことのできる容量」という二つの側面があることを指摘している。また、学習指導要領の改訂に伴い、従来、感情、情緒的側面として位置づけられてきた興味・関心、意欲、態度、動機づけなどを学習能力に含めて考えようとする立場が生まれてきたことを指摘している。

平成18年12月22日公布・施行の改正教育基本法及びそれに伴う学校教育法の一部改正（平成19年度）では以下が記載されている。

「……生涯にわたり学習する基盤が培われるよう、基礎的な知識及び技能を習得させるとともに、これらを活用して課題を解決するために必要な思考力、判断力、表現力その他の能力をはぐくみ、主体的に学習に取り組む態度を養うことに、特に意を用いなければならない。」（第30条）

松尾知明（2008）は、この条文から、学力の構成要素として①基礎的・基本的な知識・技能、②知識・技能を活用して課題を解決するために必要な思考力・判断力・表現力等、③学習意欲、の3つが明確にされたと述べている。

このように法律上は、学力の構成要素は知識や技能だけではなく、思考力、判断力、表現力、学習意欲といった「生きる力」に結びつく概念も含め捉えられてきている。
　では、地域において外国人児童の学習支援の実践における学びの力をどのようにとらえたらよいであろうか。
　佐藤郡衛（2010）は、外国人の子どもたちが日本語の力が十分でないために「低学力」というレッテルを貼られることが多いことの原因として、「学力」を狭義に一元的にとらえるという問題があることを指摘している。そして、「学力」の多面性に注目し、地域やボランティアが行っている学習支援の意味を捉え直していく必要があると述べ、「学力」を機能と時間の二つの軸から整理した「学力」モデルを提示している[3]。このモデルでは、機能軸は知識や技能の習得それ自体に価値を見出し、その習得と重視する「道具的」側面と意欲・関心、自己学習力といった個々人の情意面を重視する「表出的」側面に分けられる。また、時間軸は「現在」に価値をおくか、「将来」に価値をおくかに分けられるとしている。佐藤は、「言語力」を中心に据えた上でこの２つの軸を交差させた「学力」モデルを提示した上で、外国人の子どもの学習支援は「道具的―現在志向」の象限に集中してなされ、学校の取り組みは「狭義の学力」（学校の知識の習得度）に焦点化されてきたとし、「地域では、他の象限にかかわるような学力、特に「表出的」な側面を重視する必要性がある」と指摘している。また、「狭義の学力」である「学校の知識の習得度」は他の学力の側面（例えば意欲、関心、自己学習力）との関わりがあって向上すると述べている。
　佐藤の「学力」モデルは、地域における外国人児童生徒の学習支援の意味を問い直すため、学力の多面性に注目したことにその意義がある。また、外国人児童生徒を対象とした「学力」モデルを提示する際に「言語力」を中心に据えたこと、機能軸と時間軸で「学力」を整理したこと、学力の側面が単独ではなくそれぞれ関連性があるとしたことも斬新かつ重要な視点といえる。
　ただ、この「学力」モデルは、「外国人児童生徒」の学びの立場のみからつくられたモデルであり、「支援者」「外国人児童生徒」の双方の立場に立ったモデルではないという点で双方向性に欠けているのではないかと考える。このモデルに限らず、これまで支援や現場における「学び」について言及する際、学

ぶ側の外国人児童生徒のみあるいは被支援者の学びのみに注目される場合が多かった。しかし、マジョリティも共に変革するという多文化教育の視点から地域における学びの意味を考える際、支援者側の学びも含め、外国人児童生徒と支援者の双方向性に注目して学びを捉えていく必要があるのではないかと考える。

4 外国人児童生徒学習交流会の実践――ある分散地域での取り組みから

　ここでは、一分散地域である長野市において毎年夏行っている外国人児童生徒学習交流会での実践を報告する。

　長野市教育委員会によると、2012年度の小学校における外国人児童生徒数は102名、日本国籍で日本語指導が必要な児童生徒数は59名である。中学校における外国人児童生徒数は148名、日本国籍で日本語指導が必要な児童生徒数は83名である。国籍は中国が最も多く、韓国、フィリピンの順になっている。これらの生徒は各校に1、2名（数名以内）在籍という分散地域である。このため、児童生徒も数が少なく日常的に孤立しがちであり、顕在化しにくい。

　本章で対象とする実践は、長野市の国際室と教育委員会、および大学生の学生ボランティアが協働で行っている外国人児童生徒のための夏期学習交流会である。学習交流会は大学生による外国人児童生徒への学習支援がメインの目的であるが、ふだんは顔を合わせることの少ない外国人児童生徒同士が出会い、交流することももう一つの重要な目的となっている。特に、長野市のような分散地域では、外国人児童生徒同士が学校の中で日常的に顔を合わせるということはあまりない。このような状況の中、外国人児童生徒同士が学習交流会の場で出会い、交流することは人間関係づくりという意味でも重要な意味がある。

　このプログラムは2005年に開始し、2006年、2007年には春と夏の2回、2008年以降は夏のみに行っている。1回のプログラムは、3日～5日間で1回の参加者は外国人児童生徒が数名から20名程度、大学生は10名～20名程度となっている。参加した外国人児童生徒は小学校1年から中学3年までがほとんどだが、高校生が参加することもある。国籍は中国が最も多く、次いでタイ、韓国、フィリピンとなっている。日本語のまったく話せない児童生徒は毎回1

名ほどであるが、ほとんどの児童生徒は来日1年以上たっており、生活言語は不自由ないが学習言語が困難というレベルであった。

プログラムの企画、実行は、学生、長野市国際室、長野市教育委員会が協働で行っている。この三者のメンバーが企画会議を3回程度行い、プログラムの全体的な内容、広報等について検討を行っている。企画会議では、三者が対等に意見を述べ合い、プログラム企画を練っている。外国人児童生徒の参加受付など全体的なサポートを国際室が、市内の校長会を通じての各学校へのプログラムの宣伝を教育委員会が分担し、学生はプログラムの内容の企画を行った。

プログラムの内容は学習支援が中心である。プログラムの最初には人間関係を構築するという意図でアイスブレーキングを1時間ほど取り入れている。これまで、長縄とび、フラフープくぐり、じゃんけん列車、猛獣狩り、ピニャータなど様々な内容が取り入れられた。言葉が不自由な児童生徒も多いため、非言語での活動も多く用いられた。

学習支援の形態は、大学生と外国人児童生徒がペアになる1対1が基本であるが、グループ形態で行う方法も取り入れている。「夏休み学習帳」など教科学習のサポートをすることが基本であるが、「かるた」「絵カード」など集団でできる活動も取り入れている。コミュニケーションを通して児童生徒同士が集団で関わりながら学んでいく力を身につけるためである。

なお、本章は「研究者や調査者自らが、その場に関与し、その関与を含めた実践活動と場の変容を記述し、さらに課題の解決に向けていくという現場生成型研究」（佐藤・横田・吉谷 2006）の立場に立つものである。

筆者は、当プロジェクトのコーディネーターとして関わりながら研究を行っている。

5 外国人児童生徒学習交流会の実践にみる「学び」

では、この外国人児童生徒学習交流会の実践にはどのような学びがみられるだろうか。アンケートおよび一部インタビューをもとに学生ボランティアと外国人児童生徒の双方から捉えた「双方向の学びのモデル」の構築を試みる。

徳井厚子（2013）では、前節で紹介した実践をもとに、実践の事後インタビ

ューから地域における多文化教育の実践の「場」の意味づけを行っている4)。インタビューの結果をカテゴリー化し、学生の「外国人児童生徒にとっての地域での学びの場」について「学校の学びの補完的役割」「外国人児童生徒にとっての居場所」「身構えない場所」「コミュニケーションの場」「個人レベルでの学びの場」「異年齢交流の場」「主体的な位置取りの場」として捉えていることを明らかにしている。大学生ボランティアは、地域における学びの「場」について、学校内の学びとは別の意味づけを積極的に行っているとしている。

では、学生ボランティア、参加した外国人児童生徒は地域における学びそのものについてどう意味づけているだろうか。ここでは、実践後のアンケート、インタビューをもとに学生ボランティアと外国人児童生徒の双方から捉え双方向の学びのモデルの構築を試みる。

考察で扱うアンケートは、2011年度および2012年度の実践終了後に大学生ボランティアおよび参加した外国人児童生徒に行ったものである。回答総数は40である。また、アンケートの他、2012年度の実践後に行った3名の学生ボランティアへのインタビューも考察の対象とする。

大学生ボランティアへのアンケートでは、実践終了後に「大学生にとっての活動の意義」についてたずね、自由記述式で回答してもらった。外国人児童生徒へのアンケートは2011年度および2012年度の実践終了後に行ったものであり、回答総数は24名である。質問項目は「今回の学習交流会で楽しかった！うれしかった！ことをおしえてください」「もし次回も学習交流会に参加するとしたら今回の内容以外にどんなことをしたいですか？」「今回の学習会の感想を自由に書いてください」で、自由記述式で書いてもらった。インタビューは大学生ボランティアに対して行い、外国人児童生徒のアンケート結果を参照しながら「外国人児童生徒にとっての地域の実践での学びの意味」「大学生にとっての地域の実践での学びの意味」を中心に一人1時間程度自由に語ってもらった。

アンケート、インタビューともに得られたデータからカテゴリーを生成した。アンケートは、自由記述式の回答を内容にもとづきカテゴリー化を行った。インタビューについては、書き起こしたデータを、内容にもとづきカテゴリー化を行った。「課題発見力」「現場体験」は「実践力」のカテゴリーに入れ、「異

年齢交流」は「集団コミュニケーション力」のカテゴリーに入れる等、いくつかの下位カテゴリーを上位カテゴリーに入れた。

分析の結果得られた学びのカテゴリーを整理すると以下のようになった。

外国人児童生徒・大学生双方の学び
関係構築力　コミュニケーション力　集団コミュニケーション力
外国人児童生徒の学び
学習力　自己表現力　意欲
大学生の学び
実践力　社会行動力　批判力

以下では、それぞれをアンケート、インタビューの記述をもとにみていく。

(1) 外国人児童生徒・大学生双方の学び
①関係構築力

外国人児童生徒にとっての関係構築力について大学生Rは地域での学習交流会では学校と異なる仲間と関係構築ができると語っている。

> 学校とは違う仲間に出会える。出会えるきっかけをつくれる。ふだんは会えないけど1年ぶりに会ってまたつながりができる。

外国人児童生徒のアンケートには、「みんなと交流できてたのしかった」「友だちができてよかったです」と関係構築ができたことへのよろこびを書いているものがみられた。アンケートを見た大学生Kは「子どものアンケートに『交流できてうれしかった』とあるが、友達ができてうれしかったと思う」と語っている。

大学生にとっての関係構築については、アンケートからは「(子どもとの) 接し方を学べるいい機会になった」「子どもと接するよい機会になった」などが見られた。

②コミュニケーション力

外国人児童生徒にとってのコミュニケーション力について大学生Kは以下

のように語っている。

　(子どもにとっては)コミュニケーション能力が身につくと思う。学校にもどったときに、日本人の友達とも今までより楽に話せるのではないかと思う。

　Kは、地域での実践の場でコミュニケーション力を身につけただけではなく、別の場(学校)でも身につけたコミュニケーション力が活かせるのではないかと語っている。つまりコミュニケーション力を一時的に身につけるものとしてではなく継続的に身につけるものとして捉えている。また、Kは、参加している子どもたちについて「人としゃべるのが楽しいのだと思う。」と語っている。子どものアンケートには、「かるたやお昼のときとってもたのしかった」という記述が見られた。かるたや昼休みの時間を通してコミュニケーションを楽しんでいたことがうかがえる。

　大学生にとってのコミュニケーション力については、Kは、インタビューの中で「日本人のこどもに対しての時と違って外国籍の子どもと接するとき、言葉を選ぶ力、言い換える力がつくと思う」と具体的に身につく力について語っている。また、アンケートからは「日本語をわかりやすく伝える、教えるためには日本語の使い方をきちんと理解できていないといけないということを考えさせられるのもいい経験だと感じる。」「言葉の壁があっても笑い合う、ジェスチャーだけでもわかり合える、仲良くなることがわかり今後につながると思う」のように、具体的な記述が見られた。また「外国籍児童とは将来の学級でいつかは出会うと思うので、コミュニケーションのしかたの難しさを知ることができたのはとても意義があった」のように、コミュニケーションの難しさについての記述も見られた。

　③**集団コミュニケーション力**
　集団コミュニケーションは3名を最低人数としたコミュニケーションで2名の対人レベルのコミュニケーションと比べ、やりとりが複雑でグループのダイナミクスが見られるなどの特徴を持つ。集団コミュニケーション力については、特に異年齢間のコミュニケーションに言及したものが見られた。
　大学生のアンケートでは、外国人児童生徒にとっての集団コミュニケーショ

ン力について以下のように異年齢同士のつながりについての記述が見られた。

　長野市は一校にひとりか二人くらいしか外国籍児童がいないが、この場所にくると同じようにがんばっている。小学生から高校生までと幅広く、お兄さん、弟のように子どもたち同士のつながりもできる。

　また、大学生Rはインタビューで「異年齢交流はお昼などのときにできる。異年齢の交流の仲介役として大学生がなっている。」と語り、大学生が外国人児童生徒間の異年齢交流の仲介の役割を果たしていることを述べている。
　外国人児童生徒のアンケートでは、「おねえさんが教えてくれてうれしかった」という記述や「いろいろな人とふれあえたり交流できて楽しかった」とさまざまな人たちとの交流についての記述がみられた。年齢差のある人たちと交流できたことをよい体験として意味づけている。
　大学生にとっての集団コミュニケーション力については、アンケートの中で「幅広い年齢の子どもが参加していたので、年齢に応じた対応の仕方を学んだ」という記述が見られた。大学生側にとっても異年齢の対応の仕方についての学びがあったという気づきである。
　いずれの結果からも集団の多様なダイナミクスの中での学びがあったことが示唆されているといえる。

(2) 外国人児童生徒の学び
④学習力
　外国人児童生徒のアンケートでは学習力の向上の記述が多く見られた。

・勉強でまちがったところもたくさんおしえてくれたのでうれしかったです。
・宿題がすいすいすすんでうれしかった。
・以前わからなかった数学の問題を勉強しました。今全部わかりました。
・勉強はわからないところをおしえてくれてうれしかった。

　これらの記述から、わからないところや間違ったところ等教わったことに学

びの意義を感じていることがわかる。

⑤自己表現力

外国人児童生徒にとっての学びとして、「自己を表現する力」についての語りが見られた。大学生Mは、外国人児童生徒学習交流会の場では「子どもたちにとってはふだん言えないこともいえる」と語り、外国人児童生徒がふだん学校等では言えないこと話せる場であると意味づけている。

次のように次第に自分自身を表現するようになった外国人児童生徒についての語りも見られた。以下は大学生Kの語りである。

> 話しているうちに自分から何だっけ？と質問するようになりました。最初は緊張していたけれど、自分から話しかけてくれるようになったら日常生活の話をして笑ってくれるようになりました。自分と同じ韓国人らしい名前をみつけたことがきっかけで、自分から韓国の話をしてくれるようになりました。

⑥意欲

外国人児童生徒のアンケートには、「もっと算数の勉強がしたい」「もっと漢字と英語を勉強したい」「もっとフラフープをくぐるのがしたい」のように「もっと……したい」が多く書かれていた。

このような外国人児童生徒のアンケートの記述について、大学生Rは次のように語っている。

> 「もっと算数の勉強がしたい」という子どもの回答があるが、足りなかったというよりももっとわかりたいというプラスの気持ちで書いていると思う。苦手なことに対しても子どもたちの学習の意欲を高められたのでうれしい。

Rは、外国人児童生徒のアンケートに「もっと」という記述があることについて、不満ではなくプラスの気持ちで書いていると解釈し、学習交流会を通して外国人児童生徒の意欲が高まったと述べている。

第9章　双方向の学びのモデルの構築

(3) 大学生の学び
⑦実践力
大学生にとっての学びで最も多く記述が見られた学びが実践力である。

以下は、アンケートに見られた記述であるが、大学で学んだ知識を実践の場で活かすことができたという記述である。

大学で日本語教育学や異文化教育を学ぶだけでは知識もしっかり自分のものになったとは言えないと思います。学習交流会での実践や企画などの過程で知識を使うことによって身につくと思うので机上で終わってしまう大学生の学びにとって意義があると思います。

また「外国籍児童生徒との接し方や学習支援の在り方を実践的に学べる」「日本の子どもたちに教えることとはまた違った工夫が必要なのでとても勉強になった」のように、具体的な接し方、教え方の工夫の学びについての記述も見られた。

次のアンケートの記述は、外国人児童生徒の実態を見ることができたという記述である。

・外国籍児童のリアルな姿が見られた。
・このような活動をすることで実際に外国籍の子にふれあい実態をつかむことができると思います。
・ふれあうことによって、外国籍の子はこんなところが日本の子どもと同じところなんだとかこんなところが違うんだと考えることがたくさんありました。

以下のように複数回参加した学生からは、適応の過程を学ぶことができたという記述も見られた。

外国籍の子どもの実際を見ることができまた数年にわたって参加することで適応の過程を知ることができる。

第Ⅲ部　多文化教育と地域

また、以下のMの語りに見られるように、実践を通して外国人児童生徒との関わりかたについて以下の気づきも見られた。

子どもの発信したいことを受け入れる、認めることが大切だということに気づいた。

また、「子どもの立場にたって考えることを学んだ」のように当事者性への気づきについての記述がアンケートに見られた。
さらに、「自分が新たな課題を見いだすことができた貴重な体験となった」のように、地域での活動を通して新たな課題を発見することができたという記述が見られた。外国人児童生徒学習交流会の実践自体が、学生にとっては課題発見のための力を養う場にもなっていたといえる。

⑧社会行動力

このプロジェクトは国際室、教育委員会という学外の社会人とともに学生が企画していくものであるが、こうした学外の社会人と一緒に企画し、実行する過程においての気づきがいくつか見られた。

学生ボランティアのリーダーだったRは、「自分の計画の甘さがわかった。いつまでにと期限を決めていくこと、段取り、締め切りの決め方など社会人の方と一緒に仕事をして学んだ」と、社会人と一緒に行動することで身についた力について具体的に述べている。Kは、「企画からは学生同士や社会人の方たちと連携をとる力が身についたと思う。」と、連携する力がついたことについて述べている。Mは、「企画力、行動力が身についた」と述べている。

企画すること自体が学びになるというアンケート結果も見られた。

・企画することも、見通しをもったり事前に準備したり全体を見たりとすごくいい経験になると思う。
・交流会を準備から運営までを企画することが勉強になると思います。
・大学外の国際室や教育委員会の先生たちと一緒に企画することで、こういったことを企画するときの手順や注意することを知ることができた。

⑨批判力

学生にとっては学習交流会の実践が批判的な力を養う場にもなっているという記述も見られた。

・自分が常識だと思っていることを「なぜ？」と見つめ直すことができた。
・自分たちの国で当たり前になっていることを改めて客観的に問い直すいい機会だと思います。

これらの記述に見られるように、「常識を問い直す」「当たり前になっていることを客観的に問い直す」等批判的な力を養うことができると学生が捉えていることがわかる。

6 「双方向の学びのモデル」の構築

ここでは、前節において挙げた「地域における外国人児童生徒学習交流会の実践における学び」をもとに「双方向の学びのモデル」の構築を行う。このモデルの特徴としては、以下が挙げられる。
1) コミュニケーション力を中心に据える。
2) 支援者の学びと外国人児童生徒の学びを切り離し別々に捉えるのではなく、両方を双方向性のあるものとして捉える。
3) 学びの力を個々の独立した力として捉えるのではなく、相互に関連づけるものとして捉える[5]。

学びの双方向モデルを図にすると図9-1のようになる。

まず、中心にコミュニケーション力が位置づけられる。これは支援者、外国人児童生徒双方にとって地域における多文化教育の実践で身につける基本的な力である。そしてコミュニケーション力から関係構築力、集団コミュニケーション力が派生し位置づけられる。この場合、集団コミュニケーション力には、異年齢コミュニケーションが含まれる。これらは支援者、外国人児童生徒双方が身につける力である。

第Ⅲ部　多文化教育と地域

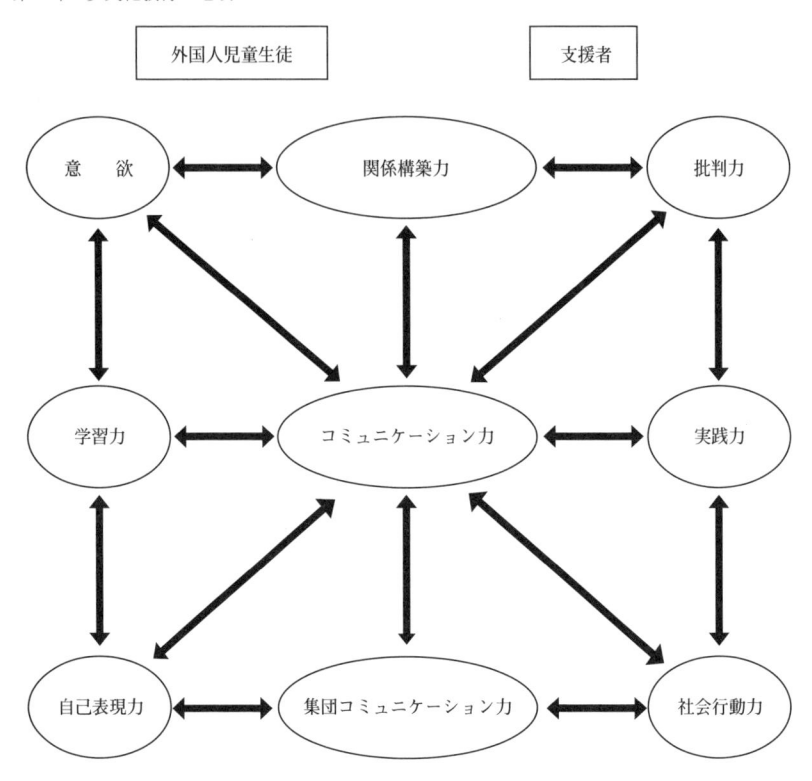

図9-1　双方向の学びのモデル

　外国人児童生徒側には意欲、学習力、自己表現力が位置づけられる。この3つは相互に関連しており、またそれぞれはコミュニケーション力とも関連し相互に影響を及ぼし合っている。例えば、意欲がなければ学習力も高まらず、コミュニケーション力がなければ自己表現力も高まらない。

　支援者側には批判力、実践力、社会行動力が位置づけられる。ここで実践力は幅広くとらえており、現場での体験だけではなく課題発見力や当事者性に気づく力等も含めている。社会行動力は企画力なども含めている。これら3つの力はそれぞれ相互に関連し合っている。例えば実践力は批判力と相互に関連し合い、実践力は社会行動力とも影響し合っている。また、この3つの力はそれぞれコミュニケーション力と関連し合っている。

このモデルでは、支援者、外国人児童生徒双方にとって重要な力であるコミュニケーション力を中心に据え、双方にとって重要なものとして関係構築力、集団コミュニケーション力を派生した形で位置づけた。そして、外国人児童生徒にとって身につける力としての意欲、学習力、自己表現力、および支援者にとって身につける力としての実践力、批判力、社会行動力はそれぞれが関連し合い、中核のコミュニケーション力と関連し合っている。

それぞれの力が関連し合うという意味で、それぞれの力は個々に成り立っているのではなく、それぞれの力の間で関連づけられ、影響し合ってはじめて力として意味をなすと言える。また、外国人児童生徒、支援者の双方にとっての力を同時にモデル化することにより、二者が双方向の関係であり、それぞれに必要な力が相互に関連し合っているということを示している。双方向モデルを提示することにより、地域における多文化教育の実践場では支援者、子ども双方ともに相互に影響を及ぼし合いながら学び合っている場であるということを示すことができるといえる。

7　まとめ

本章では、分散地域における外国人児童生徒学習交流会の実践を例に、外国人児童生徒、支援者双方にとっての学びについて双方向の学びのモデルの構築を行った。

今回提示した双方向の学びのモデルは、一分散地域での一実践をもとに作成したものであり、すべての地域や実践にあてはまるとは限らないといえる。今回示したモデルの要素はどの文脈でも固定的で絶対的というわけではなく、文脈によっては今回示した要素以外の要素を加える可能性もある。また、今回モデルに示したそれぞれの要素は重複しているものもあれば、境界が必ずしも明確ではないものもある等モデルとしての限界があることは否めない。しかし、双方向の学びのモデルは次の意味で、地域における多文化教育の実践の可能性を示唆することができるのではないかと考える。

・地域における多文化教育の実践は、学校内の実践とは異なる力を育む可能

性を持っていること
・外国人児童生徒・支援者の双方が相互に学び合っていることを示すことができること。それによって支援者であるマジョリティも変革するという多文化教育の可能性を示唆できること
・地域における多文化教育の実践ではコミュニケーションが中核となりそれぞれの力に影響を及ぼしていること
・学びの力は孤立して存在しているのではなく、相互に影響を及ぼし合いながら双方の学びに影響を与えていること

　地域における多文化教育の実践における学びは、学校内での学びの補完的な役割ではなく、学びそのものに意義があるのではないかと考える。今後の課題として、多様な学びの可能性を持つ地域における多文化教育の実践のためには、「教育コミュニティ」（池田）をどのように創造していくかが一つの鍵となるだろう。そしてそのためには、清水や金が指摘するような「当事者性に基づいた活動」をどう創りあげていくかも課題となるだろう。

注
1) 「地域」は、コミュニティ、学校外等いくつかの意味で用いられているが、本章では「学校外」という意味で「地域」という意味を用いる。
2) 2012年末の法務省入国管理局の在留外国人数の調査によれば、中長期在留者は165万6,514人、特別永住者は38万1,645人である。
3) 佐藤の「学力」モデルでは、学力を次の4つの側面に整理している。
　① 道具的―現在指向→学校の知識習得度（狭義の学力）と知識獲得の過程で形成される認識の基礎としての学力（思考力、観察力、論理力）
　② 道具的―将来指向→学習能力、学習可能性等
　③ 表出的―現在指向→意欲・関心、自己学習力等
　④ 表出的―将来指向→社会的能力、関係構築の力、市民性等
4) インタビューは2005年度から2009年度の実践後に実施した。計7回行ない、対象は参加した大学生ボランティアである。インタビューは半構造化の方法で1対1で行い、一人1時間〜1時間半かけて行った。内容は「子どもとの関わり方」「学習交流会の感想」を中心に自由に語ってもらった。インタビューはインタビューイーの許可を得た上で録音し、書き起こしを行った。イ

ンタビューの語りを分析した結果、50名中、20名の語りに「外国につながる子どもや大学生にとっての地域での学びの場の意味づけ」についての語りが見られた。
5）　学びの力を独立したものとしてではなく、相互に関連づける捉え方は、佐藤（2010）の「学力」モデルの考え方にもとづいている。

引用・引用文献

池田寛（2005），『人権教育の未来――教育コミュニティの形成と学校改革』解放出版社.
石井恵理子（2011），「共生社会形成をめざす日本語教育の課題」馬渕仁編著『「多文化共生」は可能か』勁草書房，pp. 85-105.
伊藤亜希子（2009），「関わり合いから生まれる多文化的な地域づくり――福岡市K小学校区の取り組みを事例として」『国際教育評論』6号，東京学芸大学国際教育センター，pp. 46-61.
今津孝次郎（2003），「日本語教室から多文化共生のまちづくりへ」『解放教育』3月号，pp. 9-15.
梶田正巳（2001），「学習能力」『現代カリキュラム事典』ぎょうせい，pp. 116-117.
金侖貞（2011），「多文化共生をどのように実現可能なものとするか」馬渕仁編著『「多文化共生」は可能か』勁草書房，pp. 65-84.
佐藤郡衛（2010），『異文化間教育』明石書店.
佐藤郡衛・横田雅弘・吉谷武志（2006），「異文化間教育における実践性――「現場生成型研究」の可能性」『異文化間教育』23号，異文化間教育学会，pp. 20-36.
清水睦美（2011），「権力の非対称性を問題化する教育実践」馬渕仁編著『「多文化共生」は可能か』勁草書房，pp. 43-64.
新庄あいみ・服部圭子・西口光一（2005），「共生日本語空間としての地域日本語教室――言語内共生を促進する新しい日本語活動とコーディネータの役割」大阪大学21世紀COEプログラム「インターフェイスの人文学」研究報告書　言語の接触と混交，pp. 57-86.
土屋千尋・内海由美子（2012），「外国につながる子どもの教育支援をめぐる大人のネットワーク形成――外国人散在地域山形からの発信」『帝京大学文学部教育学科紀要』37号，pp. 23-33.
徳井厚子（2013），「外国につながる子どもにとっての地域での学びの意味」『教育実践研究』13号，信州大学教育学部附属実践センター，pp. 91-98.
バンクスほか（平沢安政訳）（2006），『民主主義と多文化教育』明石書店.
松尾知明（2008），『新時代の学力形成と目標準拠の評価』明治図書.
文部科学省（2010），「日本語指導が必要な外国人児童・生徒の受け入れ状況等に

関する調査」(文部科学省ホームページ).
法務省 (2013),「平成24年末現在における在留外国人数について」(法務省ホームページ).
森本郁代・服部圭子 (2011),「地域日本語支援活動の現場と社会をつなぐもの」上田晃次・山下仁編『新装版「共生」の内実——批判的社会言語学からの問いかけ』三元社, pp. 127-156.
Cortes, Carlos (2002), *The Making and Remaking of a Multiculturalist*. Teachers College Press, NY.

第 10 章

外国人児童生徒と高校・大学への接続
——3つの NPO・学習支援教室の実践と役割から学ぶ——

乾　美紀

1　問題の所在と本章の目的

　2012 年 11 月、在留外国人の比率が高い自治体でつくる「外国人集住都市会議」において、公立中学校の外国人卒業生 1,010 人の高校進学率が 78.9% にとどまっているという調査結果が報告された[1]。この調査は同会議に参加している長野県飯田市、静岡県浜松市、群馬県太田市など全国 29 市の外国人の 2011 年度の卒業生を対象としている。2000 年代の初めに行われた外国人生徒の高校進学に関する調査や研究においては、彼らの高校進学率は 50% 程度と発表されてきた[2]。したがって、78.9% という数字は一見高いように見受けられ、これまでの状況が改善されたとも受け取ることができる。しかしながら、この調査は集住都市で実施されたものであるので、全国的な平均とは異なるであろうし、集住都市には教育支援が集中しやすいため、むしろ分散地域よりも高い数字を示している可能性がある。いずれにせよ、この数字は日本人と外国人生徒の間に格差があることを明白に示している。
　外国人児童生徒が毎年のように増加し、彼らの持つ問題が多様化する中で、この格差について議論することなしに、日本社会の多文化化や外国人児童生徒への支援を語ることができるだろうか。筆者はこれまで外国人生徒の支援について、入試制度を切り口として検討してきた（乾 2008）。しかしながら、本章では進路選択や教育支援の役割に焦点を当てることとし、NPO や学習支援教

室などのボランティア団体が、外国人生徒の進学や日本での生き方まで含めたキャリア形成にどのようにかかわって支援しているかについて、学習支援者を中心としたインタビュー調査により明らかにすることを目的とする。

　日本に住む外国人生徒の背景は多様であり、彼らの中には母国に帰り、母国で進学、就職する場合もあるが、本章では家族や生徒が日本に滞在し続けることを念頭に置いたケースを考えていきたい。確かに一部の日本人生徒がそうするように、中学校卒業後に就職するという道もある。筆者はその可能性を示したいと強く感じるが、現実的な問題として、経済不況が続いている現代の日本では中学卒業後に就職することは困難な状況にある。特に、外国人は地域や人脈にネットワークが少ないうえに親戚のつながりや地縁を利用しての就職は難しい。選択肢として中学を卒業後、建設業、調理などの技術職に弟子入りするという選択肢もあるが、外国人の子どもが日本特有の徒弟制度に馴染むかは疑問である。高校卒業資格は、日本で就職をする、もしくは専門学校に進学するための条件でもある。そのために、本章では外国人生徒が日本の高校または大学に進学することを前提として、その選択肢を考えていきたい。

2　外国人生徒と高校進学

　これまで外国人生徒の進学阻害要因については、多数の研究者が多様な側面からアプローチをしてきた。例えば、日本の教育システムが外国人児童生徒にとって参入しにくいこと（広崎 2001、Sellek 2001、太田 2000）や高校入試に合格するプロセスが難しいこと（Tsuneyoshi 2009）、すなわち教育の提供者側の問題が指摘されてきた。同時に生徒が置かれた状況、つまり教育の需要者側の問題も指摘されており、将来設計をするためのモデルの存在が限定されていること（宮島 2003、田房 2000、乾 2007）、大学入試に合格するための日本語が難しいこと（Hirayama et al. 2005）や家庭の経済的な問題のために進学できないことなども、数々の研究者により指摘されてきており、筆者はそれらの研究を整理してきた（乾 2008）。視点を海外に移すと、移民の学業達成規定要因については、家庭の背景や両親の学校への関与が最も大きな影響を及ぼしていると報告されている（Majoribanks 2002, Glick & Hohmann-Marriott 2007）[3]。この

ように進学の阻害要因は多面的に論じられてきたが、進学阻害要因を克服し、外国人支援者の視点から進学のための選択肢を考えていく研究はまだ多くはない。

児島明（2008）による調査では、ブラジル人の若者が学校から離脱する原因のひとつとして、彼らの学校での経験およびそれに対してなされる学校側の対応——たとえば、進学へと水路づける環境——が不足していることを明らかにした。この見解は、今後、外国人生徒の進路選択をどのように支援していくかについての示唆を含んでいる。筆者は、外国人生徒や保護者に進路の情報が十分に提供されてこなかったという情報欠如や、進路相談が適切になされていなかった、という児島の調査結果に注目し、外国人生徒が日本人生徒と同様に高校に進学できるために、彼らを取り囲む支援者はどのような選択肢を視野に入れればいいか、について考えていきたい。

筆者はこれまで兵庫県神戸市の外国人支援 NPO が主催する学習支援教室に関わり、子どもたちの進路について特に注目してきた。兵庫県の高校入試制度の特徴は、他府県に見られるような「外国人特別入学枠」[4] の制度がないことである。すなわち、外国人生徒は日本人と同様に高校を受検しなければならないのである。他の県を例にとると、神奈川県には特別入学枠制度があり、2012 年度は合計 11 校に 109 人の特別枠が用意され、83 名が合格し、高校進学への道を果たしている[5]。もちろん特別枠に入るためにも試験はあるが、外国人のために 100 人近い枠が確保されているということと、日本人と同様に受検を課される状況では、ハードルの高さが違うし、教育支援の方法にも違いが出てくるのではないだろうか。したがって、特別入学枠の制度がない中で、学習支援や進路指導に取り組む兵庫県のケースは、同じく特別枠がない自治体における教育支援にも示唆を与えると考えられる。

3　研究の方法

(1) 調査方法

本章では、進学可能な選択肢について追究するために、教育支援者から子どもの進路や教育支援の経験を共有してもらう方法を取った。具体的には、兵庫

第Ⅲ部　多文化教育と地域

表 10-1　インタビュー対象とした学習教室の概要

団体名	場所	子どもの対象	インタビュー対象者（職業）
こうべ子どもにこにこ会	兵庫県神戸市東灘区	主に小学校	事務局長　田中香織氏（NPO事務局長）
こくさいひろば芦屋	兵庫県芦屋市	小・中・高	代表者　辻本久夫氏（定時制工業高校嘱託教員）
城東町補習教室	兵庫県姫路市	幼・小・中・高	代表者　金川香雪氏（小学校教員）

県の外国人集住地域にある外国人児童生徒のための学習支援教室（3教室）の代表者に、①これまでの卒業生（もしくは在校生）の高校の進学先の情報提供、②進学先のメリット、③進学を可能にするための方策、についてインタビューを実施した。また実際の生徒の様子を見るために、学習支援や進路指導の現場を観察したり、実際に外国人生徒が在籍する高校の教員や外国人生徒とも話したりする機会を設け、当事者としての見解を明らかにすることを試みた。3つの学習支援教室の事例では、外国人生徒の進路についての全体像を描くのは難しいと想定できるが、進路支援に深く関わってきた当事者へのインタビューは、これまで明らかにできなかった外国人生徒の視点から見た進路選択について示唆を与えてくれることに期待したい。

（2）調査対象とした学習支援団体

インタビューを実施した団体は、以下の3団体であり、実施期間は2012年9月〜12月にかけて行われた。このうち「こうべ子どもにこにこ会」は、筆者が2006年より断続的に学習支援ボランティアをしているため、児童生徒についてもよく知る関係である。筆者は、「こくさいひろば芦屋」および「城東町補習教室」の代表とは、実践や研究の関わりで2000年前後から面識があるが、今回インタビュー調査を行ったのは初めてである。

このうち「こうべ子どもにこにこ会」と「城東町補習教室」は、外国人支援団体を結びつける「兵庫日本語ボランティアネットワーク」に所属しているこ

とや活動の類似性から、代表者同士は面識があり、情報交換をすることがある。また、「こうべ子どもにこにこ会」と「こくさいひろば芦屋」は、市をまたいでいるが車で15分程度の距離であるため、2つの地域で引越しをしたり、2つの団体を掛け持ちしたりする日系南米人もいる。したがって2団体で同じ児童生徒の名前を聞くことが多い。

　まず3つの学習教室の概略について記す。その際、記述的便宜上、各団体の許可を得てそれぞれ「にこにこ会」、「国際広場」、「城東教室」と略して記す。

　第一に、「にこにこ会」は、神戸市東部の工場地域に2002年に設立され、田中氏が事務局長を務めている。この地域には工場で働く日系南米人が多く居住しており、近隣の2つの小学校には、毎年10～20名の外国人が在籍している。学習支援教室は主に小学生の子どもを対象としており、週2回地域の福祉センターにおいて、学生ボランティア、地域ボランティアが学習支援を担当している。学習支援教室の他には、母語教室（スペイン語）やプロの日本語教師を地域の学校に派遣する校内日本語教室も実施している。

　第二に、「国際広場」は、地域に住む外国人により学習支援の希望が高まり、辻本氏を代表、外国人の親を副代表として2006年に設立され、地域の小学校の会議室を借りて、毎週日曜日の朝に活動を行っている。近隣の団地には日系南米人を中心とした外国人が集住しており、小学校には約30人の外国人生徒が在籍している。辻本氏は外国人事情に精通した高校教員であり、これまでの教室参加者の全てが高校に進学していることから、地域の小学生のみならず、市外から口コミで情報を得た生徒が通っていることが特色である。

　第三に、「城東教室」は、1999年に、小学校教師である金川氏により創立された[6]。代表者の金川氏は市内の小学校に勤務し、定住促進センター建設のためインドシナ難民が急増した1990年代から国際教室を担当してきた。城東教室は町の総合センターを借りて、学生ボランティア、地域ボランティアが学習支援を担当しており、教室に通う児童生徒のほとんどがベトナム人である。子どもたちは小学生が多いが、高校受験を控えた中学生も集まり、進路指導を受けながら勉強している。なお本章では、必要に応じて、外国人児童生徒、ボランティア、現場の教員からもインタビューをすることとした。その事例については、登場段階で説明していきたい。

表10-2　各学習支援教室参加者の中学校卒業後の進学先

	にこにこ会	国際広場	城東教室	合計
公立高校（普通科）	3	4	7	14
公立高校（体育科）	0	1		1
公立高校（工業）	1	3	2	6
公立高校（看護科）			1	1
公立高校（総合科）			2	2
公立高校（通信制）			2	2
定時制高校（普通科）	7	4	2	13
定時制高校（工業高校）		1	4	5
定時制高校（工業科）			2	2
公立中等学校（国際）	5	2		7
私立中等学校	0	2	5	7
海外の高校	1			1
合計	17	17	27	61
上記の卒業者のうちの大学進学者	大学2（外国語大学、国立大学人文学部）、短大1（英文科）、専門学校1（自動車大学）	大学2（外国語大学、文学部）	大学6（医療系、看護学科、商学部、経済学部、総合政策学部）短大1（保育科）、看護専門学校1	

注）①上記は卒業直後の進路であり、必ずしも卒業できているわけではない。
　　②人数には、引越しなどの事情により途中で辞めた児童生徒も含む。
　　③上記の中で、1名の公立高校進学者は、にこにこ会と国際広場の両方に通っていた。したがって、1名（外国語大学進学者）は重複している。

4　外国人生徒の様々な進路選択

（1）支援団体別の進学先

まず、各団体に生徒の進路について提供された情報を簡潔に記したい。

表10-2に示したとおり、進路は多様であるが、全体として公立高校（普通科）および定時制高校（普通科）に進学した者が多い。また、芦屋市には公立の中等国際学校があり、日本語や日本文化への理解が不十分な外国人児童を受け入れていることから、そこへの進学者も多い。中には私立や海外の高校に進んだ生徒もいる[7]。

3団体を概観すると、国際広場と城東教室の卒業生の進路が多様であり、工業や看護系に進んだ外国人生徒が見られる。特に国際広場は、進路情報を豊富に持つ高校教員が代表者を務めているために、進路指導の際に普通科以外の選択肢を提供していることが特徴であろう。学習支援の歴史が長い城東教室には、看護系科に進学した生徒や、工業高校、工業科などさらに多くの進学先が見ら

れる。筆者はこれまで、主に小学生を支援対象とするにこにこ会で活動を継続してきた。彼らの中学卒業後の進路先を耳にした時、公立高校に入学できたケースを成功例として捉えていたが、中学生をも指導し、進路に導いている国際広場と城東教室の卒業者の多様な進路を知ったことで、公立高校以外の選択肢に目を向けることの重要性を感じた。以下では、3団体の代表にインタビューを実施した結果から、これまで外国人生徒が選んできた多様な選択肢について検討していきたい。

(2) 中学卒業後の多様な選択肢
1) 全日制公立高等学校普通科

　全日制の公立高校に無事合格すると、経済的なバリアを克服して高校生活をスタートすることは順調に思える。筆者は、拙稿（2008）において、少しでも多くの外国人生徒が高校のスタートラインに立つために、①特別入学枠の数を増やす、②受検資格の制限を緩める、③外国人でも受検しやすい入試科目を設定することを提言したが、あくまでもこれは公立高校に入学するための提案であった。

　しかしながら、同稿においても提案したように、入学するだけではなく入学後の支援体制にも重きが置かなければならない。高校入試に外国人特別入学枠（以下、特別入学枠と記す）があり、外国人生徒の高校進学率が高く、日本語指導、母語による指導など、多種多様なサポートが整備されている大阪府の場合、外国人生徒が高校を卒業できる可能性が高まるが、これは全国的にまれなケースとも考えられる[8]。少数点在校であればサポートを受けることは難しく、たとえ公立の普通科高校に入学できても、日本生まれの日本人と競争して大学進学を果たすことは至難の業である。表10-2にある通り、それぞれの学習支援教室からは大学進学者が出ているが、公立高校への入学を安心と捉えることなく、卒業後のことも考えなければならない。就職か進学かで、高校入試の時よりも厳しい選択を迫られるからである。特に公立高校卒業の場合、資格を生かした就職は難しい。高校入試の後に立ちはだかる次の大きな壁を突破することは、外国人生徒にとって大きな挑戦である。外国人児童生徒集住地域で特別入学枠がある高校には、外国人のための大学への特別枠が用意されている場合がある。

また、地域にかかわらず中国帰国者、日系南米人などの新来外国人、難民子女のための特別入学枠を設けている大学も多々あるため、進学を目指すのであれば、各大学が持つ制度の制限、応募資格など敏感な情報収集が望まれる。

2) 選択肢としての職業高等学校

城東教室の金川氏は、外国人生徒がかろうじて公立高校に入学できる学力と判断された場合は、公立高校普通科ではなく工業科や商業科を勧めるという。その理由は、「工業に進んで、得意なパソコンを使って、いい成績を取れたら、普通科の全日制よりも、いい就職先をあっせんしてくれる」からである。辻本氏も、自らが工業高校の教員であることもあり、資格が取得できて将来の道に繋がりやすい工業高校への進学を勧めている。

定時制高校（普通科）の場合（全日制高等学校も同様であるが）卒業時に特定の資格を取得できるわけではないので、卒業後に「手に職」を持って就職することは極めて困難である。にこにこ会卒業者の中では、（理由は明確ではないが）定時制に進んだ生徒のうち3名が退学しているほか、在学中の1名は休学や退学を繰り返している。

工業・商業・農業などのうち、例えば工業高校では電機系、機械系、情報技術の資格、商業高校では簿記、情報処理などの資格を取得できるので、高校卒業後も就職先が豊富である。国際広場の卒業生で、現在定時制の工業高校に通う1年生のブラジル人生徒に、工業高校を選んだ理由を聞いてみた。

> 中学校で話して。国際広場でも。定時制高校か今通っている学校か聞かれた時、工業にしようって思った。【どうして？】資格とか取れるし。働きたいし。【どんな資格？】危険物取扱とか、来年受けるつもり。

（日系ブラジル人：高1）

筆者はこの回答を受けて、彼が通う工業高校の教員にインタビューしたところ、高校には中国人、ブラジル人、韓国人、フィリピン人、ペルー人が在学しており、日本人生徒とともに学んでいる。教員によると、工業高校は少人数制のため目が届きやすく指導がしやすい。生徒は在学中に資格を取得し、市内の大手製鋼会社の関連会社に就職したり、電気設備、アルミ鋳造などの職を得たりしている。将来の就職先が見えてそれに向けて資格を取るという目標がある

場合、学業を継続しやすい。

　これらのことを検討すると、進路として大学進学を希望しないなら、高等学校の普通科よりも職業高等学校に進学して、資格を強みに就職する方が、将来の生活の安定につながると感じる。定時制高校は、昼間働いてから通学するケースが多いので、精神的・肉体的に継続が難しく、中途退学も少なくはないが、家庭の経済事情が厳しい傾向がある外国人児童生徒にとっては、働きながら学べる貴重な場である。全日制普通高校の他にこのような選択肢があることを、中学校の進路相談の段階で生徒自身が知ることが必要である。前述した日系ブラジル人生徒は家庭環境が複雑で、何度もブラジルと日本を往還しており、不就学の時期もあったが、教員や国際広場のボランティアからの支援を得て、無事に入学できており、まさに日本での進路を見つけようとしている段階にある。高校で何を学ぶかが明らかな生徒は、将来を考えて目的を持っており、モチベーションが高い傾向がある。

　「高校進学希望者数等調査」によると、本章に関する調査を行った兵庫県の場合、仮の希望倍率は、トップクラスの公立高校の総合理数科と等しく、公立高校の看護科が3.4倍と最も高い。続いて全日制高校の技術機械工学科が2.9倍、農業食品科学科が2.8倍となっており、職業技術系の学科の高倍率がうかがえる[9]。これは昨今の不景気および大学者の就職難が影響し、普通科志向から職業技術科志向に移行しているからであろう。

　日本の生徒が漠然と普通科高校から大学受験を通過し、厳しい就職活動に晒される現状を考えると、前述したように、職業技術系の高校に進み、資格や技術を取得して就職する方が日本社会で生きる道筋をつけることにつながると考える。

3）看護師という職業の選択

　筆者が城東教室を訪れ、子どもたちにインタビューをした時、看護師を目指す女子が多かったことから、職業高校以外に選択可能な進学の可能性について考えていきたい。

　城東教室の場合は、金川氏が女子生徒に看護師になることを勧めており、高校を卒業した生徒が看護専門学校や大学の看護科に進学している。これらの女子学生が進学モデルとなって、教室の子どもたちに希望を与えており、小学校のうちから看護師を志している児童もいる。現在、工場で働きながら通信制高

校で高卒資格を取るために教室に通う女子生徒も、看護専門学校への入学を目指している。

金川氏によると、「今は看護師の需要がある。しかも外国人看護師が必要とされている時代だから」、その時代に沿った道づくりをしているのである。確かに、現在の日本は看護師不足で、地域にかかわらず需要が高い。しかも国家資格を持つ専門職であるため給与が高く安定している。他に、保育士や美容師という資格も考えられるが、美容師になるための専門学校は高額であり、保育士も看護師と比較すると需要や給与が低い。経済的な安定も異なる。したがって将来設計を見込んで看護師になることを勧めているのである。

前述したとおり姫路市は1979年からベトナム、ラオスからインドシナ難民を受け入れた歴史を持っており、特に補習教室付近はベトナム人の集住地域である。難民として来日した1世は高齢化が進んでいるので、ベトナム語を話す看護師は不可欠である。代表者の金川氏は、このような社会的なニーズを踏まえ、ベトナム語を話せるという特技を賞賛し、補習教室の子どもたちに看護師になる道を提案しているのである。外国人生徒が看護の道に進むことについて、金川氏は以下のように語っている。

> 卒業して一生使える仕事、日本人と外国人の差が少ない仕事、うまくいけば外国人のメリットを生かして自分をプラスにできる仕事。
>
> （金川氏）

看護師は需要が高く、一生続けることができるうえ、奨学金を取得できる可能性も高い。金川氏によると、他にも検査技師、保育士の資格を得て活躍している教室卒業生がいるので、資格を持つことのメリットを生徒に伝えて目標を持たせ、モチベーションを上げ勉強に駆り立てている。山崎（2005）は、学習支援者が、①将来設計の提示、②文化資本の賞賛、③高校進学モデルの活用によって、外国人生徒が高校進学を果たすという野心を引き出そうとしている進路指導の取り組みを明らかにしたが、本章で取り上げるケースはその取り組みを職業教育に特化している実例である。

4）中高一貫校への進学

中高一貫校は一般的に私立が多いため経済的な問題を抱きやすい外国人生徒

には敬遠されやすい。しかしながら、公立であれ私立であれ、中高一貫校に通うメリットは、外国人生徒にとって困難な高校入試を避けることができることである。特ににこにこ会に通う生徒は、将来の高校入試を見据えて、小学校高学年から中高一貫の公立高校を目指すケースもある。外国人の場合、試験は小論文と面接のみであることも人気に拍車をかけている。人気が高い理由は、いったん中学校に入れば高校入試を経験しなくてもいいからである。しかしながら、このメリットの背景には考慮しておくべきも問題もある。

　にこにこ会、国際広場とも、多くの外国人児童が前述した公立の中等国際学校を受検しており、表10-2に示した通り、にこにこ会からは5名、国際広場からは2名が進学した（ただしこの中で1名は、両方の教室で勉強していたため、実際の合計は6名）。このうち2名はまだ在学中であるが、残る3名が自主退学をしており、卒業できたのは1名のみである。にこにこ会の田中氏や国際広場の辻本氏によると、自主退学の理由は、高校へ進学するための基準が設定されており、それに満たないために辞めてしまうのである。

　中高一貫の公立高校は、高校入試を回避できるという点では選択肢の一つとして有効であるが、進学が確約されているとは限らない。中高一貫に進学できた場合でも、生徒本人の学習へのモチベーション維持と学校からの継続的なサポートは必要となってくるだろう。現在、にこにこ会に通う小学校高学年の生徒の中でも、公立の中高一貫校への人気は高いが、入学してから何を学ぶか、目標を立てて勉強についていくために何をすべきかについて、生徒に受検前から説明することが必要と考えられる。高校入試を経験しなくても、高校進学前の内部試験に通ることが難しいことを、明確に説明しておくべきだろう。

5　外国人児童生徒の進学に向けて――個々に合った情報の提供

　いうまでもなく学力を定着させ、順調に中学校を卒業し、大部分の日本人生徒と同じように高校入試を克服していくことが望ましい。しかしながら外国人生徒に厳しい現実に鑑み、多様な選択肢から自分に合った進路を選ぶための支援について提言をしていきたい。

(1) 進学ガイダンスの実施時期と方法

　高校や大学への入試制度は複雑なうえに制度が変更されることも多いので、日本人にとっても理解が難しい。したがって、外国人生徒や保護者にとって難解であることはいうまでもない。これらの溢れる情報から、生徒にあった進学情報を提供すること、その情報の中から生徒が自分で選択できることが最善の方法である。

　数々の進路情報を提供するために、教育委員会、NPO、公益財団法人などが連携して「外国人生徒向けの進学ガイダンス」を全国各地で行っている。外国人集住自治体の中には、県内に数ヶ所場所を設け、年間数回にわたってガイダンスを行う自治体もある[10]。

　本章で調査を行った兵庫県でも外国人生徒向けのガイダンスが毎年、複数回行われており、母語ごとにグループを分け、通訳を通して多言語で進学情報を説明したり、進学を果たした外国人生徒が自らの経験を話したり、個別相談に乗るなどの試みを実施している。

　確かに入試情報を多言語で提供することは、情報を入手できる第一歩である。しかしながら多くの外国人生徒は、それ以上のことを求めているのではないだろうか。外国人の場合は、抱えている問題や不明な点が、日本語能力、学力、経済的な制限、将来の進路、高校の場所（距離）など実に多様である。そのうえ、外国人生徒の親は入試制度や高校の種類について情報を集めることが困難であるので、学校による進路指導および進学ガイダンスが命綱のような働きをしているのである。

　学習支援者は進学ガイダンスについてどのような見解を持っているだろうか。

> 進学ガイダンスを中学生向けにするのではなく、もっと早い時期から情報を提供してほしい。外国人の場合、必要な年齢になるともう手遅れなので、小学校の高学年からしてほしい。今からやれば、ここまでできることを示して欲しい。（中略）日本に長くいる子と来たばかりの子では欲しい情報が違う。このことも考えたガイダンスが必要だと思う。

（田中氏）

　田中氏が指摘する通り、小学校高学年から地域の高校の種類、勉強できるこ

となどを知っておくことで、選択肢を知ることになる。そこから人生の目標も立てることができるだろう。また来日時期によって知りたい情報が異なることも特筆しておくべきだ。来日年数が短い児童生徒は、学校制度や入試システムの事情が分からない一方で、年数が長い児童生徒は特別入学枠、特別措置等の入試制度、卒業後の進路の可能性などを知りたいなど、知りたい情報のニーズは異なる。金川氏は、小学生の高学年の時から進学ガイダンスに参加するように勧めている。それは、早くから進学について刺激を受けることや、職業意識をつけることが必要と認識しているからである。

以上を踏まえると、小学校高学年を対象とした進学ガイダンスが必要となってくるだろう。行政、NPO、学校教師がネットワークでの働き掛けをして、早い段階から情報提供を行い、道筋を作る手助けをしていく必要がある。そして中学校の担任や進路指導担当教師は、自治体ごとに異なる特別措置や特別枠そして推薦入試に敏感になることが求められる。

(2) 進路は誰が決めるのか──学習支援教室の役割と存在

最終的に中学校卒業後の進路を決めるのは生徒本人と保護者である。しかしながら外国人の場合、情報収集の難しさ、日本語能力の低さから自分自身で決めることは難しい場合がある。金川氏は、高校への進学や将来の道について、以下のように話している。

> 日本人の場合親に相談できますが、外国人の場合親に相談できないんです。(中略)「ないものはここ、いるものはこれ、ない力はここ、この力がなければならない」という道筋をつけなければならないんです。(中略) 蜘蛛の糸みたいにつなげていくことが大切。

(金川氏)

筆者は、その蜘蛛の糸をつなげていく人が、学校の教師でもNPOでも地域の人でも誰でもいいと思う。子どもの背景やニーズを見極め、それを補てんしていく、つまり個々のニーズに応えた道づくりを示すキーパーソンの存在は不可欠である。

第Ⅲ部　多文化教育と地域

> 進路のことは、目線がベトナム人の目線になるかどうか……ですね。家庭のことも保護者の状態も、地域での状況も知っているから、こういうふうに進んだらいいとか、一緒に考えられるんです。

(金川氏)

　外国人生徒の場合、中学校の先生によって決められたらそれに従うしかないと考える場合が多い。筆者の関わりの中でもそのようなケースがあり、例えば、学力の低さから進路先の高校を定時制高校と決め込んでいたフィリピン出身の男子生徒（中3：小6で来日）に、進路を選んだ理由を尋ねてみると、「先生に言われたから……他に選択肢があるとは知らなかった……」という回答があった。しかし筆者が定時制の工業高校の受検を勧めてみると、そうしてみたいと答えるようになり、担任と相談したうえで、進路変更をしたこともある。
　確かに進路の決定には、進路指導に基づき本人、保護者が決めることが自然な流れだが、外国人生徒の場合、保護者の日本語能力の低さやコミュニケーション能力の低さから教員と認識のずれが起こることがある。外国人生徒が学習支援教室やNPOなどの団体で教育支援を受けている場合、その団体はその子の特質、家庭環境などを熟知したうえで支援してきている。したがって、学校が進路指導について決めかねた場合、生徒が支援を受けている団体に通訳や相談を求めるなど積極的に外とつながることを試みて欲しい。
　国際広場がその具体的な例だろう。国際広場ではこれまで中学校を卒業した17名全てが高校に進学している。生徒は学校で進路相談を受けるが、国際広場においても、辻本氏が進路の相談に乗っている[11]。長年、高校教師として勤めていた経験とネットワーク構築により、県内の高校の種類、推薦入試などの入試情報などについて豊富な知識を有していることが、進学に成功している大きな要因だろう。特筆すべきことは、高校に入学しても支援を終わらせず、教科学習だけではなく、日本語能力検定や母語（スペイン語やポルトガル語など）の認定試験を受けるように勧め、その対策も講じていることである。

> 日本語検定受かったら、次は母語検定を受けるんです。
> 【今、母語の勉強させているのはなぜですか】
> 資格を持っていると、AO入試などで大学に入りやすいからね。
> 自己推薦できるし、バイリンガルの能力があるという証明になる。

(辻本氏)

　このように、辻本氏の将来の進路を見据えた学習支援、そして母語をも活かす方策が生徒の成功を導いており、進学について揺るがない姿勢でボランティア及び子どもたちからの信頼を得ている。また、毎年3月に行うスピーチ大会では、子どもたちが日本での苦労将来の夢などを発表し、地域の学校の校長等が審査員となり参加者らに夢を伝えている。このように、時間的な軸と地域との軸を見据えた指導や連携が、進路を決めていく際に貴重な手段となっている。

(3) 経済的な問題のクリア

　経済的な問題は進学のための大きな障壁となる。そのため、奨学金情報、学費免除のための方策など考えて行くのに必要な課題である。辻本氏は常に生徒の家庭の経済状況に配慮し、行政が提供する奨学金情報を生徒に知らせている。外国人の子どものための奨学金情報はまだ少ないかもしれないが、実際に経済的な支援を行う団体もある。例えば、兵庫県では外国にルーツをもつ子どもを対象とした奨学金「定住外国人子ども奨学金事業」の制度が2008年度からスタートし、集まった募金や寄付から毎年3名の生徒に奨学金を提供している。このような奨学金が増えることは、外国人の進学機会の拡大につながる[12]。

　外国人生徒のための経済的な支援情報にも敏感になるべきである。にこにこ会の田中氏は私立の中高一貫校が外国人生徒を受け入れている情報を、学習支援教室に通う子どもたちに提供している。例えば、明徳義塾高校（高知県）は、外国人生徒の入学を奨励しており、日本語が不十分な生徒は日本語指導を受けることができるほか、学習意欲の高い外国人生徒には学費を減免する特待生制度も設けている[13]。すでに留学生や帰国子女を多数受け入れており、外国人生徒に対する日本語教育（JSL：Japanese as a second language）のみならず、教科学習の際に求められる日本語・学習言語の指導（AJSL：Academic Japanese as a second language）などバックアップ体制を整備している。現実的に、他府県の高校に進むのは難しいかもしれないが、学内には寮も備えられているため、このような高校の情報を全国の外国人生徒が入手できるように、行政が主導して蓄積した情報を共有できるシステムが望まれる。まずは経済的な問題をクリアし、入学の入口に立つ機会を提供したい。

　現実的に地域で外国人児童生徒が専門職につくための水路づくりをしているのが、金川氏である。これまで実践されてきた金川氏の取り組みについて紹介したい。

　まず、金川氏は返済の義務がない奨学金や、進学先の奨学金情報を集めることに力を尽くしている。看護師の需要が高まる中、卒業後にその病院で働くことを条件に奨学金を提供する病院がある。例えば、城東教室を卒業したあるベトナム人女子生徒は、地域の公立高校を経て看護系大学に進学し、ある病院から奨学金を受けて学業を継続した。ベトナムからの難民であるうえ母子家庭という厳しい条件で勉強を続け、奨学金に加えて、大学の授業料減免制度や他の奨学金も利用して、つい最近看護師の国家試験に合格した。金川氏は、地域で外国人児童生徒によるスピーチコンテストを開催し、教室の名前を広める、病院とコネクションを作り奨学金を提供してもらうなど多様な方法を検討し、地域のニーズも考慮しながら、関係機関とのつながりも大切にしている。

> 学校つながりで病院の事務の方がいて、その方が病院に外国人の看護師を呼びたいと思っているんです。それだったら、外国人に日本語を1から教えるよりも、この地区の小学校から上がってきそうなベトナム人の子どもがいるからって、生徒を推薦しているんです。

（金川氏）

　確かに外国から看護師を呼び寄せて日本語を教育し、日本で就労可能な看護師に育成するよりは、地域で生まれ育った外国人の子どもを看護師に育成することの方が経済的な負担が少なく、地域にとってもメリットである。地域で教育を受けた外国人生徒が安定した職に就くことは他の外国人の子どものモデルともなるだろう。金川氏が目指す、「卒業して一生使える仕事、日本人と外国人の差が少ない仕事、うまくいけば外国人のメリットを生かして自分をプラス

にできる仕事」がこの地域で実現しようとしている。

　このように外国人生徒の将来を長い目で、しかも地域ネットワークのつながりから外国人生徒を進路に導いていくストラテジーが全国的にも広がることを期待したい。

6　おわりに――同じ入口に立つためのシステム作り

　本章で詳細を述べたように、行政や学校が行き届かないサポートを学習支援教室が補てんしており、外国人生徒の進路選択を導いている。つまり、公教育がカバーできない点を埋めているという点で、NPOや学習教室の役割は意義を持ち、彼らが形成するネットワークは学習支援の核となっているのである。

　本章で取り上げた金川氏や辻本氏は教員という立場であるが、彼らを含め支援者の多くが、地域の熱心なボランティアである。本来ならば行政機関に直接窓口ができ、外国人生徒や保護者の相談に乗り、地域社会で生きていく道筋を作ることに貢献することが理想であるし、生徒の所属学校が進路のための支援をすることが望ましい。しかしながら、本章で取り上げたように、外国人児童生徒の背景や特質を把握しながら支援してきたのは、地域のNPO・学習支援教室のボランティアなど、草の根の立場である。

　本章で取りあげた学習支援教室に限らず、現在でも多くのNPOや学習支援教室が限られた人的資源や補助金を駆使し、財政難を乗り越えながら、教育支援を続けている。そしてその貢献が外国人生徒の水路づくりのための橋渡しにつながっている。外国人多住地域ではすでに多様なネットワークが形成され、多文化共生が実現しているケースもある[14]。

　この多文化の時代に大切なことは、学校が地域とともに子どもを育てること、つまりネットワークをつくることが多文化共生につながるのである。多文化共生を目指すために、本章で取り上げたように外国人生徒の学習支援や進路について周りに共感する人たちが増えていくことで、多文化社会が構築されていくのである。今後、さらに多くの外国人生徒が進学を果たし、日本でキャリア形成ができることを目指すために行政からNPOそして学習支援教室への経済的なサポートや補助金が増えると同時に、本章で取り上げたケースのような地域

での支援の枠組みが全国に広がることを願いたい。

注
1) 毎日新聞記事 『外国人生徒：高校進学78％　日本語能力で格差——「集住」29市町』2012年11月11日
2) 自治体や研究者による外国人生徒の進学調査については拙稿（2008）「高校入試と進学」志水宏吉編著『高校を生きるニューカマー』明石書店を参照。
3) 移民の学業達成規定要因に関する調査（Majoribanks 2002）では、試験の点数を従属変数、きょうだいの数、家族の背景、エスニシティ独立を変数として設定し分析を行った結果、家族の背景が最も大きな規定要因となった。次に、試験の結果、家族の背景、エスニシティ、言語の熟達度の関係を調べたGlick & Hohmann-Marriott（2007）によると、エスニシティごとに成績が異なること、両親の教育への態度や学校への関与が子弟の学業達成の最も大きな規定要因であることが明らかになった。
4) 外国人生徒のための特別枠を設け選抜を行う入試制度のことを指す。「特別入学枠」を利用するための条件は各都道府県によって異なっている。全国の取り組みに関しては、拙稿（乾 2008）、最新の情報については中国帰国者定着促進センターの進路支援情報（http://www.kikokusha-center.or.jp/）を参照。
5) 公益財団法人かながわ国際交流財団『外国につながる子どもの進路に関するアンケート調査の結果（2011年度、2012年度）』
6) 兵庫県姫路市には、インドシナ難民定住促進センターが、1979年～1996年まであったことから、市内近辺に1,000人以上のベトナム人が居住している。
7) 国際広場の2名は、公立高校に合格しなかったが、経済的な条件が整っていたため私立への道を進んだ。にこにこ会の海外への進学者（フィリピン出身）は中学2年生で日本に来たため高校入試が困難であること、親戚がカナダにいるため、得意の英語を使えるカナダへの進学を選んだ。
8) 2005年の高校進学率は84.5％であった。大阪府における外国人生徒の入試制度、高校でのサポートについては、志水宏吉編著（2008）『高校を生きるニューカマー——大阪府立高校にみる教育支援』明石書店、を参照。
9) 朝日新聞記事『進学希望者最高98.2％』2012年9月29日
10) 滋賀県では、国際交流協会を中心に多言語のガイダンスで進路情報を提供したり、多言語でつくられた進路情報をHPからダウンロードができるようにしている（http://www.s-i-a.or.jp/gaikokuseki/mirai/）。また神奈川県では、NPO法人多文化共生教育ネットワークかながわが中心となり、進路ガイダンスや各県のガイダンス主催者を招いた交流会も開いている（http://www15.plala.or.jp/tabunka/index.html）。

11) 辻本氏は大学の非常勤講師も務め、地域の大学で学習教室のボランティアを募集するなどのネットワークも展開している。また、兵庫県在日外国人教育研究協議会の事務局長として、特に進学に関する教育相談をこなしている。相談の事例については、辻本久夫（2012）「外国人の子どもの教育相談から」『ひょうご部落解放』146号、を参照されたい。
12) 定住外国人子ども奨学金事業の詳細は、以下を参照されたい（http://www.social-b.net/kfc/scholarship/index.html）。なお金川氏、田中氏はこの奨学金事業の実行委員でもある。
13) 高校には日本語コースが設けられており、日本語を全く話せない生徒でも指導を受けることができる。特待生制度は6種類あり、成績や面談などによって判断される（2012年12月27日筆者による電話インタビュー）。
14) 学校と地域が連携して外国人児童生徒を支援しているケースとして、山脇啓造・いちょう小学校編（2005）『多文化共生時代の学校づくり——横浜市立いちょう小学校の挑戦』明石書店、が挙げられる。

引用・参考文献

乾　美紀（2007）,「ラオス系難民子弟の義務教育後の進路に関する研究——「文化資本」からのアプローチ」『大阪大学大学院人間科学研究科紀要』33号，pp. 79-96.

乾　美紀（2008）,「高校入試と進学」志水宏吉編著『高校を生きるニューカマー』明石書店.

太田晴雄（2000）,『ニューカマーの子どもと日本の学校』国際書院.

児島　明（2008）,「在日ブラジル人の若者の進路選択過程——学校から離脱／就労への水路付け」『和光大学現代人間学部紀要』第1号，pp. 55-72.

田房由起子（2000）,「『難民』から『市民』へ」宮島喬編著『外国人市民と政治参加』有信堂高文社.

広崎純子（2001）,「都立高校におけるニューカマーの生徒への対応」『早稲田大学大学院教育学研究科紀要 別冊』（9-2）早稲田大学大学院教育学研究科，pp. 35-45.

宮島　喬（2003）,『共に生きられる日本へ——外国人施策とその課題』有斐閣.

山崎香織（2008）,「新来外国人生徒と進路指導——「加熱」と「冷却」の機能に注目して」『異文化間教育』21号，アカデミア出版，pp. 5-18.

Glick, J. E. & Hohmann-Marriott, B. (2007), "Academic Performance of Young Children in Immigrant Families: The Significance of Race, Ethnicity, and National Origins", *International Migration Review*, 41, 2, pp. 371-402.

Hirayama, K., Hirayama, H. & Kuroki, Y. (1995), "Southeast Asian Refugee Resettlements in Japan and the USA," *International Social Work*, 38,

pp. 165-176.
Marjoribanks, K. (2002), *Family and School Capital: Towards a Context Theory of Students' School Outcomes*, Kluwer Academic Publishers.
Sellek, Y. (2001), *Migration Labour in Japan.* Palgrave.
Tsuneyoshi, R., (2010), "The Newcomers and Japanese Society," In Tsuneyoshi, R., Okano, H, Boocock, S, (eds.) *Newcomers and Minorities in Japan: Forward Multiculturalism in Japanese Education*, Routledge.

参考ホームページ
明徳義塾中学校・高等学校　http://www.meitoku-gijuku.ed.jp/（最終アクセス日　2013年6月30日）
中国帰国者定着促進センター　進路支援情報　http://www.kikokusha-center.or.jp/（最終アクセス日　2013年6月30日）
兵庫県高校進学希望者数等調査　http://www.hyogo-c.ed.jp/~board-bo/kisya24/2409/2409282.pdf（最終アクセス日　2013年6月30日）

第11章

デカセギ第二世代の市民性形成への萌芽
――第二世代による実践共同体――

津村　公博

1　背景――変容する南米日系外国人の生活

　1990年の出入国管理及び難民認定法（以下入管法という）の改正施行以降、輸送用機器を中心とした企業の集積地である静岡県西部地域には、多くの南米日系外国人が生活している。彼らは入管法改正当初は単身で来日し、短期間のデカセギで帰国する者が多かったが、やがて家族を呼び寄せて長期に滞在する者も現れ始めた。しかし、2008年の経済不況以降、彼らの多くは職を失い、再雇用が望めない者は帰国した。それにより南米日系外国人の登録者数は減少したが、日本に留まる者の定住傾向がより顕著になった。
　経済不況以降に浜松市が実施した「浜松市における南米系外国人及び日本人の実態調査 2010年度」は、浜松市内在住の南米日系外国人の定住化の傾向を顕著に示している。市内在住の南米日系外国人の在留資格は「永住者」が70％（2006年度調査、27.6％）に増加し、「定住者」は15％（同、30.7％）に減少した。就労に関しては、製造業は72.7％（同、83.3％）へ減少し、他業種にも広がりをみせた。雇用形態に関しては、派遣や請負などの間接雇用は46.5％（76.4％）まで大幅に減少する一方、正規雇用が19.2％（同、8.9％）と大幅に増加した。

2 本章の目的

　入管法改正から20年以上経過し、デカセギ労働者の子ども（第二世代）は青年期に達し、なかには日本で結婚して子ども（第三世代）を育てる者もいる。津村（2008）は、多くの第二世代が送り出し国と受け入れ国のどちらの文化にも距離を置く「周辺化」の状態にあり、今後日本に留まっていても日本社会の構成員として主体的に活動することは難しいであろうと報告している[1]。一方、小内（2009）は「母国と異国のナショナル・アイデンティティを時と場合により使い分ける者や母国と異国とのハイブリッドなアイデンティティを形づくる者が生まれている」と指摘している。

　第二世代の今日的な意識の変容を明らかにするために、筆者は浜松市内で南米日系外国人が多く集住している高丘地区の育った第二世代により設立された新しいコミュニティであるマイノリティ・ユース・ジャパン（Minority Youth Japan、以下MYJという）に注目した[2]。

　本章では、MYJの活動を通して第二世代に「デカセギの子ども」という意識とは異なる市民性という新しい意識が形成された背景や経緯を報告する。さらに、第二世代にこの新しい意識をもたらしたMYJの活動を実践共同体として捉えその果たした役割について述べる。

3 フォーカス・グループ・インタビュー調査の概要

（1）調査方法

　2012年12月に2回にわたり、MYJの活動に参加した第二世代の青年6人を対象に、彼らの物事の見方や自己に対する見方がどのように変わったのか（アイデンティティの変容）の検証を目的として、フォーカス・グループ・インタビューを実施した。フォーカス・グループ・インタビューを選択した理由は、インタビューの中で参加者のある一つの発言が刺激となり、他の参加者からさらなる発言を引き起こすという連鎖的反応（グループ・ダイナミクス）がみられ、一対一のインタビューと比べ自然で幅広いデータが得られるからである。特定

表 11-1　MYJ の活動に参加した第二世代の 6 人の若者

	A	B	C	D	E	F
年齢	23	22	22	21	20	22
性別	男	男	男	男	男	女
国籍	ブラジル	ブラジル	ペルー	ブラジル	ブラジル	ブラジル

のテーマ（MYJ の活動を通して変容する第二世代の意識）で、特定のグループ（MYJ）を対象としてフォーカス・グループ・インタビューを実施したため、モデレーター（筆者）はインタビューの中で設定したテーマを継続し深化させるために、インタビュー・ガイドを使用する構造的な調査法を選択した。

①調査対象者

調査対象者は、MYJ の活動に参加した第二世代の 6 人の若者である。年齢・性別・国籍は表 11-1 のとおりである。

②調査対象者が参加した 2012 年の MYJ の活動

　a．地域参画プロジェクト

地域参画プロジェクトは第二世代が外国人が集住する地域（浜松市中区高丘）の地域活動（公民館まつり、公民館講座）などに準備段階から参加し、地域住民と交流を図ることを目的とした。

　b．エスニック・メディア・プロジェクト

このプロジェクトは第二世代がメディアの情報を批判的に読み解き社会に対する客観的な視野と判断を身につけると同時に地域の課題や情報を発信する力（クリティカル・メディア・リテラシー）を育成することを目的とした。第二世代は浜松市を中心とした静岡県西部地域に在住する外国人の若者（100 人）に対して「地域の多様性」をテーマとしたインタビュー撮影を実施し USTREAM で配信した。第二世代はこのプロジェクトを通して、第三世代やほかのエスニック・グループの子どもとの接点を持った。

(2) 分析の方法

インタビューデータの文字データの分析は以下の手順で行った。

①文書セグメント化

フォーカス・グループ・インタビューに参加した青年6人の発言の文字データを元の文脈の意味を変えずにセグメント化する。

②コーディング化

文書セグメントを表す名称や文句のコードを案出して付与（コード化）する。第二世代に関する文献や資料が少なく知識や情報が少ないため、予め作成したコード表に沿って分類することは難しい。そのため、文字データの中から思いつくままにコードを書き込む（オープン・コーディング）帰納的コーディングを選択した。

③共通コードへ分類

書き出した全てのコードから類似する文脈を持つコードを共通コードとして分類し整理する。

④共通コードを概念化

共通コードの内容を分析し、ひとまとまりの考え方にまとめ（サブカテゴリー化）、さらに包括的な概念を形成（カテゴリー化）する。

⑤再文脈化

各カテゴリーを構成する複数の文書セグメントの一部を直接・間接引用しながら、各カテゴリーの基本的な論点を要約し、ストーリーを組み立てる。

4 第二世代の意識の全体像

第二世代の意識の全体像は、分析の結果、表11-2のようにまとめることができた。共通コードから、第二世代の意識は、「1. 新しい意識」「2. これまでの第二世代の意識」「3. 第三世代観」に分けることができた。

第一に、「1. 新しい意識」については、(1)「市民性形成への萌芽」がみられた。具体的には、①「異質な他者との相互承認」、②「多様性の認識と自覚」、③「社会への発信」、④「新しいコミュニティの創出」、⑤「地域活動への意欲」などについて言及があり、MYJの活動を通して新しい意識が形成された。

第二に、「2. これまでの第二世代の意識」は、(2)「諦念と覚悟」、(3)「社会的孤立」、(4)「家族の中での疎外感」から構成される。(2)「諦念と覚悟」

表11-2 第二世代の意識のカテゴリー

1. 新しい意識　87件（42%）	
(1)「市民性形成への萌芽」 87件（42%）	①「異質な他者との相互承認」25件（12%） ②「多様性の認識と自覚」 22件（10.5%） ③「社会への発信」22件（10.5%） ④「新しいコミュニティの創出」12件（5.7%） ⑤「地域活動への意欲」8件（3.8%）
2. これまでの第二世代の意識　72件（34.8%）	
(2)「諦念と覚悟」 38件（18.2%）	⑥「別れに対する諦念と覚悟」12件（5.7%） ⑦「低学歴に対する諦念と覚悟」 10件（4.8%） ⑧「非正規雇用の就労・不当解雇に対する諦念と覚悟」8件（3.8%） ⑨「地域での差別に対する諦念と覚悟」 8件（3.8%）
(3)「社会的孤立」 18件（8.6%）	⑩「仲間集団への帰属意識」 10件（4.8%） ⑪「エスニック・コミュニティへの不信感」8件（3.8%）
(4)「家族の中での疎外感」 28件（13.4%）	⑫「親との心理的距離」 16件（7.7%） ⑬「家族アイデンティティのゆらぎ」 12件（10.5%）
3. 第三世代観　48件（23.2%）	
(5)「社会化されない第三世代」 48件（23.2%）	⑭「所属意識の欠如」32件（15.3%） ⑮「家族力の低下」16件（7.7%）

は、⑥「別れに対する諦念と覚悟」、⑦「低学歴に対する諦念と覚悟」、⑧「非正規雇用の就労・不当解雇に対する諦念と覚悟」、⑨「地域での差別に対する諦念と覚悟」などで、それぞれにデカセギの子どもとしての家族観、学校観、仕事観、地域観が反映されている。(3)「社会的孤立」は、⑩「仲間集団への帰属意識」、⑪「エスニック・コミュニティへの不信感」などで、地域社会に

第Ⅲ部　多文化教育と地域

も第一世代がつくるエスニック・コミュニティにも地域社会にも属さずに、閉鎖的な自らの仲間集団に属すことにより形成された意識である。(4)「家族の中での疎外感」は⑫「親との心理的距離」、⑬「家族アイデンティティのゆらぎ」などで、デカセギにより母国と日本の二国間での国際移動や日本国内での移動が繰り返されることで、親子関係、他の家族メンバーとの関係性の変容が起きている。

第三に、「3. 第三世代観」については、(5)「社会化されない子どもたち」としてまとめることができる。⑭「所属意識の欠如」⑮「家族力の低下」など、第二世代は、第三世代が第二世代とは異なるアイデンティティを形成し、第二世代より強い排他性を帯びていると認識している。

5　第二世代の意識の諸相

では、第二世代の意識について、(1)「市民性形成への萌芽」(2)「諦念と覚悟」(3)「社会的孤立」(4)「家族の中での疎外感」(5)「社会化されない第三世代」の項目ごとに詳しくみていきたい。それらを構成する15のサブカテゴリーを複数の文書セグメントをもとにして再文脈化し、それぞれの論点をまとめる。

(1) 市民性形成への萌芽

「1. 新しい意識」として、(1)「市民性形成への萌芽」が認められる。このカテゴリーについては、①「異質な他者との相互承認」②「多様性の認識と自覚」③「新しいコミュニティの創出」④「新しいコミュニティの創出」⑤「地域活動への意欲」などがある。

①異質な他者との相互承認

エスニック・メディア・プロジェクトの活動参加を通して第二世代は、第三世代の存在と第三世代が抱える家族や学校の問題を知った。また、同じように差別を経験してきた他のエスニック・グループに対して支援する意識、リーダー・マイノリティ[3]としての意識が生じたと思われる。地域参画プログラムでは、公民館活動などの地域活動に準備段階から参加した。第二世代は、以前

は地域活動への参加の仕方が分からず、地域社会への関心も薄かった。しかし、地域活動の意思決定や運営の過程に加わることで、社会の形成者としての自覚や責任が生まれた。地域社会の人々価値観や考え方の違いを認識し、相互に認め合いながら社会的関係性を築くことの大切さを知るきっかけになった。文書セグメント例としては、以下のものがあった。

<u>文書セグメント例</u>

<u>「地域の多様性」をテーマとした映像教材作成（外国人へのインタビュー）</u>から
　「第三世代の問題は深刻だと思う。これからは相談に乗っていきたい」「ぼくらも小中学校でおなじような差別を経験してきた。ぼくらなりにどうすれば（どう対処すれば）いいかわかる」「ぼくらよりもつらい経験をしている外国人も多い。支援できると思う」「親とうまくいかないフィリピンの子どもたちの力になりたい」「これまでぼくらが経験したことをフィリピンの子どもに教えたい」
<u>地域参画プログラム</u>から
　「外国人は支援されるばかりでなく支援できることもわかって欲しいと思う」「ぼくらは親と違い日本語も話せるし、読み書きもできる。支援できることは多いと思う」「国を超えて、同じ市民として一つになることが大切だと思う」「地域の活動に参加できて良かった。これからの自信になった」「ぼくらが住んでいるところだから責任を持つべきだと思う」

②多様性の認識と自覚

　外国人へのインタビューを通して、第二世代は自らの多様性の再確認ができた。また、地域住民から多様性に対して肯定的な評価を受けたことが、地域の活動の参加への動機づけとなった。以前は目立たないようにしていた他者との違いを積極的に活かす活動がエスニック・コミュニティと地域社会の双方の貢献につながるとの考えに至った。

<u>文書セグメント例</u>

<u>「地域の多様性」をテーマとした映像教材作成（外国人へのインタビュー）</u>から
　「先生と一緒に質問の内容を作成できたことがよかった。ぼくらの考えを聞いてくれてよかった」「ブラジル人として調査に参加して、自分の多様性を改めて自覚できた」「デカセギのぼくらだからこそ外国人の問題が理解できる。先生ひ

第Ⅲ部　多文化教育と地域

とりでは（インタビューは）無理だね」
<u>地域参画プログラムから</u>
　「地域から（多様性を）求められていることがわかった」「外国人がまちづくりに協力していく。違う色が出るし浜松のためにもなる」「それぞれの違いが良いものを生むと思う」「今まで、違いを隠してきた」

③社会への発信

　静岡県西部地域において第一世代が運営するエスニック・メディアは多く存在している。エスニック・メディアの多くは「送り手」「受け手」とも南米日系人であり、南米日系人が日本で生活する上での有益な情報を共有することが、エスニック・メディアの主な目的である。白水（1996）は、エスニック・メディアの機能を集団内的機能、集団間的機能、社会安定機能の３つに分類している[4]。第二世代は自ら進めるエスニック・メディアの役割は「両方の国の考えを理解させる」ことと発言し、日本社会とエスニック・コミュニティとの相互交流の役割（集団間的機能）を指摘した。「若い外国人に必要な情報」を発信する集団内機能としての役割や「地震や災害に備えるための情報をきちんと伝えたい」と防災に関する情報の発信にも触れ、エスニック・メディアの社会安定機能など３つの機能に触れている。

文書セグメント例

エスニック・メディア・プロジェクトから
　「ポルトガル語の新聞や雑誌もあるが、ブラジル人のためにだけある。両方の国の考えを理解させるメディアが必要だと思う」「外国人のメディアの存在は意味があると思う。同じ外国人のコミュニティに属しているという意識を持つことになると思う」「（ブラジル人は）地震や津波を、すごく怖がっている。地震や災害に備えるための情報をきちんと伝えたい」「ぼくらのような若い外国人に必要な情報もポルトガル語で伝えていきたい」「ぼくらの文化を伝えたい」「日本語、ポルトガル語、英語で発信したい。日本人やブラジル人、他の外国人とも考えを共有したい」「ぼくらの方で壁を作ってきたことも多い。その壁を取り払うためにぼくらの考えを伝えていきたい」

④「新しいコミュニティの創出」

　第二世代は少年期にさまざまなサークル（自らの仲間集団をサークルと呼ぶ）を形成していた。サークル内の仲間同士は地域社会からの閉鎖性が高く、サークル内では解決できない問題が多くあることを認識している。

　しかし、社会参画プロジェクトへの参加を通して仲間集団の外側にある地域とつながることができるコミュニティの形成の可能性を見出している。

文書セグメント例

> 「ぼくらは、多くの問題を持っているが、今のままでは解決できない。外と協力するコミュニティを作りいろいろ学び合えるようにしたい」「前にはいろいろなサークルを作っていたが、目的は自分たちのためだった。これからももっと広い意味で外とつながるぼくらのコミュニティを作りたい」「単なるサークルでは社会は変えられない。（日本の社会に加えて）いろいろな若い外国人と協力できるコミュニティが必要」

⑤地域活動への意欲

　MYJに加入している第二世代は浜松市内で多くの製造業が集積している高丘地区で成長した。国内外の移動を繰り返して成人した第二世代は、親とは異なり、成人後は学齢期の多くの時期を過ごした場所を離れない傾向がある。そのため、地域の活動を通して地域活動に意義を見出し、身近な地域に対する愛着が強まったと思われる。以前は、第二世代は誕生会など私用で利用する場所として公民館を捉えていたが、地域住民が交流し学び合う地域の学習拠点として公民館の存在を認識するようになった。

文書セグメント例

> 「地域の活動に参加したかったがやり方がわからなかった」「ぼくらが育った高丘で活動することに意味があると思う」「高丘が好きだから地区の祭りや活動を盛り上げたい」「自治会にも加入して地域を変える努力をしたい」「高丘の公民館祭りに参加して、地域の人たちと交流できたし勉強になった」「公民館をもっと外国人が使えるようにしたい」「外国人は申請の仕方や使い方が良くわからない。公民館へのイメージは悪かった。外国人は利用しにくい。だけど、こちらもきちんと利用の方法を理解しないこともある。お互い理解することが大事だと思う」

以上のように、第二世代の中には、これまで支援を受けてきた地域社会に貢献したいという意識が涵養されていて、青年期に達すると地域社会の一員としての自覚と責任が芽生える者がいる。きっかけさえあれば、地域の人々を交流し地域活動に従事する市民性の萌芽はすでに培われているのである。

(2) 諦念と覚悟

「2．これまでの第二世代の意識」について、(2)「諦念と覚悟」の側面には、⑥「別れ（家族・友人・恋人）に対する概念と覚悟」⑦「低学歴に対する諦念と覚悟」⑧「非正規雇用の就労・不当解雇に対する諦念と覚悟」⑨「地域での差別に対する諦念と覚悟」などがみられた。

⑥別れ（家族・友人・恋人）に対する諦念と覚悟

第二世代は国内外で繰り返される移動により、家族、友人、恋人との別れをデカセギの運命として受け入れている。学齢期に繰り返される「家族との国を隔てた別居」は、青年期を迎えても修復できないほど家族間の精神的紐帯を弱め、後述する第二世代の家族観にも影響を与えている。

日本国内での移動先でも「(友だちとの) 別れの覚悟」が前提にあるために、積極的に友人関係を築けないと発言する者もいた。来日後も続く居住流動性の強いデカセギの生活は、移動先での友人や団体などと関係を作ることなど社会関係ネットワークの構築にも影響を与えていることがわかる。

<u>文書セグメント例</u>

>「子どもの時は、親が引っ越しを決めたり、帰国することを決めるので、そのたびに別れは必ずある。ぼくらで止めることはできなかった。どこに行くにしろ親に従うしかなかった」「(ブラジルの) 家族と別れて日本に来て、日本でも多くの別れを経験した。別れはいつでもあるので、最初から別れは必ずあると考える」「親が今、帰国を考えている。親が帰国するとなるとぼくも帰らないといけない」「(別れがあることが) 僕らの運命。それを受け止めるだけ」「親と別れて住むことは必ずある。デカセギだから」「家族や大事な人との別れが繰り返されると強くなるよ。でも慣れる」「ぼくも慣れた。考えないようにする。引っ越し先でともだちは作らない。どうせまた引っ越すからね」「好きな人は作らない。別

れが来るから。それがデカセギ（の運命）」

⑦低学歴に対する諦念と覚悟

第二世代は日本の公立学校で「一時的に学習集団に属する者として」扱われ、学業の成果は期待されない環境の中で、自らを「社会の構成員として期待されない存在」であると自覚しているからである。彼らは、一時的な通過者であるとみなされ学力の定着がないまま学年が進む。期待されていないとの認識が学習意欲の喪失につながり、やがて基礎教育を受ける機会も喪失することになる。児童期における認知・自我・社会性の発達に関わる重要な関係の範囲は学校である。「学校では誰もぼくらのことは気にしない」と発言する第二世代から、学校への期待はない。学校での受動的で従属的な生活は第二世代に「諦念と覚悟」の心性を形成する大きな理由の一つであることがわかる。

<u>文書セグメント例</u>

「学校では、誰もぼくらのことは気にしない。おとなしくいればいいという感じ。いずれは、ぼくらはいなくなると思っているから」「クラスで外国人が理解できなくても、先生も日本人の友だちも全く無視していた」「外国人だから漢字は覚えなくてしかたないよと先生から言われた。そういう扱い」「そう。早く帰れとみんな口に出さないが思っている。それがすごくわかる」「外国人は、先生（筆者）がよく言うお客様扱いだよ。いてもいなくてもよい状態」「すぐに帰国することが期待されている」「学校では一度もあてられなかった。認められていないと思った。勉強する気もちもなくなり、学校にいかなくなった」

⑧非正規雇用の就労・不当解雇に対する諦念と覚悟

第二世代の多くは日本で教育を受けても、卒業後の派遣型の非正規就労の形態を当然なこととして受け入れている。デカセギで来日した親とは異なり、自らは日本で生まれて教育を受けても親と同じデカセギであると覚悟をしている。そのため、たとえ日本人と同一職場での同一労働でもデカセギとして待遇の違いを甘んじて受け入れている。労働基準法をはじめとした労働関係法案は外国人にも適用される。しかし、あまりにも多くの不当な待遇の話を友人から聞かされ自分自身も同様の経験を重ねることで、不当な待遇に対して労働者として

守られるべき正当な権利を行使することを諦め、従順に受け入れている。

文書セグメント例

> 「デカセギだから中学を終われば、働くしかない」「デカセギの子どもも、デカセギ」「日本人よりいくら一生懸命働いても仕事がない時はまず外国人がくびになる」「日本人より仕事をする。日本人は安全な仕事しかしない」「工場で仕事中にともだちがケガをしたが、病院に行くのを拒否された。我慢した」「正社員は最初から諦めている。デカセギだから」「友だちが、給料未払いでくびになった。訴えたいが無理だから諦めた」「日本人よりも働いても、給料はむこうのほうがよい。外国人だからしかたない」「就職の募集で担当者と電話で話をしていて名前を言った途端に断られる。カタカナの名前から直ぐに外国人だとわかるから。就職に差別があるが外国人だからしかたない」

⑨地域での差別に対する諦念と覚悟

第二世代は公共施設利用や集合住宅の入居に関して、外国人に対する予断と偏見に基づいたさまざまな差別を感じながらも、差別を受け入れて生活している。筆者が2006年より実施している「南米日系人の青少年の生活と意識調査」においても第二世代の6割が警察からの職務質問の経験があると回答している。学校という閉鎖された教育環境で感じた偏見や差別以上に、成人して地域で受ける差別に対して、より自分が排除されていると感じている。

文書セグメント例

> 「部屋が借りられない。入居の審査で日本人が保証人でないと通らない。ここに住むなと言われている気がする」「公民館の部屋を借りるのは難しい。借りる部屋の物を盗まないか疑われる。前に（外国人に）盗まれたと言われる」「学校を卒業してから、地域での差別の方が学校の差別よりひどい」「警察はコンビニの駐車場でも、外国人の車だと職務質問をする。車の中の検査までされる。もう慣れた。おとなしくして言うことを聞いて耐えるだけ」「ブラジル人同士のけんかや争いだと絶対何もしない」「日本人から苦情ではいつも一方的に悪者にされる。言い返さないで我慢する」「ブラジル人の被害届は受け取らない」

以上のように、家庭、学校、社会環境において彼らのデカセギの子どもとし

第 11 章　デカセギ第二世代の市民性形成への萌芽

ての存在意識が学齢期から青年期にかけて培われてきた。第二世代の中には、デカセギの子どもとして親と同じでデカセギの生活から逃れられないのだという「諦念と覚悟」が深く刻みこまれている者が多い。

(3) 社会的孤立

「2．これまでの第二世代の意識」について、(3)「社会的孤立」の側面には、⑩「仲間集団の形成」⑪「エスニック・コミュニティへの不信感」がある。

⑩仲間集団の形成

学校、職場、地域で居場所を見つけることができない第二世代は「家族のような仲間集団」を形成し、集団内で「強い紐帯」を維持している。学校、職場、地域など集団外でのさまざまな問題に対して、不十分であったにしろ「集団内での解決」を試みてきた。また、第二世代が少年期に作っていた仲間集団は、彼らが大人になる通過儀礼の役割を果たしていたと言える。学校や地域の中で居場所を見つけることができない第二世代は、独自の集団を形成し、「仲間集団内のきまり」を通して仲間集団の文化を内面化することで自らを社会的な存在として位置づけようとした。

<u>文書セグメント例</u>

> 「いろいろなサークルを作って、仲間の同士の結束があった」「ぼくがいたPresença13 は川で BBQ したり、フットサルをして遊んだりしたが、友だちとの結束が一番大事だった。ギャングが目的の SLG（Shizuoka Latino Gang）とは違った。しかし、仲間がトラブルになれば共同して（友だちを）守ることもあった」「ぼくらで何でも問題や悩みがあれば解決してきた」「サークルは、ぼくらの居場所だった。学校には居場所がなかったから」「サークルは、家族みたいな存在」

⑪エスニック・コミュニティへの不信

第二世代は、第一世代のエスニック・コミュニティを敬遠している。エスニック・コミュニティはその構成員が何か問題に遭遇した際に、相互に助け合うことを目的として存在している。また、エスニック・コミュニティは自らのア

第Ⅲ部　多文化教育と地域

イデンティを確認する場であると同時に生活基盤を安定させる資源でもある。しかし、第二世代は第一世代が属するエスニック・コミュニティに価値を見出さない。2008年の経済不況は、派遣型の雇用形態という産業構造的な要因により、多くの外国人労働者から職を奪ったわけだが、エスニック・コミュニティは構造的な要因に対して何もできなかったことが、エスニック・コミュニティの存在意義への疑念につながっている。第一世代が形成するコミュニティと隔たりを持つ理由のもう1つが、エスニック・コミュニティは所属する構成員への支援について無力であるばかりか、むしろコミュニティの存続のために構成員を利用していると感じているからだ。第二世代は日本社会から孤立していると感じながら成長したが、同時に、第一世代のコミュニティにも距離を置いた状態にあり、いわば二重に孤立した状態に陥っていると言える。

文書セグメント例

> 「ぼくも行かない。（教会は）お金儲けばかり考えている」「教会は何もできない。反対に給料の何パーセントか持っていく」「あそこに（ブラジル料理店）は絶対に行かない。あの人たちとは（デカセギ親世代）、考えが違うのであまり話さない。いつも偉そうに説教される。なぜ、あそこの人たちに親と同じように怒られないといけないのかわからない」「ぼくたちの気持ちや生き方は、（第一世代には）理解されないと思う」「ああいう人たちは、日本に来てどれだけ苦労したのか話す。それがぼくらのためのような言い方をするが、それは間違っている。ぼくらは無理やり連れて来られただけ」

以上のように、第二世代は自分が他者との違いを常に確認しながら、自らを社会的コンテクストの中にどのように位置づけるか苦悩してきた。第一世代は、第二世代に対して第一世代と同じように行動することを求めてきたが、第二世代が成長して青年期に達すると、第一世代が属するエスニック・コミュニティの属性としてのエスニシティをそのまま受け入れることが難しく感じるようになる。

（4）家族の中での疎外感

「2．これまでの第二世代の意識」について、（4）「家族の中での疎外感」に

は、⑫「親との心理的距離」、⑬「家族アイデンティティのゆらぎ」がある。

⑫親との心理的距離

　第二世代は、親との「別居型」や、同居していても「親との時間的共有の欠如」など少年期に親と過ごす時間が少ない。これが、親子の溝を生み親子の情緒的結びつきを脆くすることになるが、青年期に達してもその溝は埋まらず、親子関係の再形成を困難にしていると思われる。やがて日本で教育を受けた第二世代が働き出すと、親の収入に追いつき容易に超えていくことになる。2008年以降の経済不況により失業し長期にわたり不就労に陥る父親に対して、第二世代が比較的早く復職し、父親は親としての自信を失っていく。母親は、母国の拡大家族においては母や妻という役割を通して自己実現を図ってきたが、不況が長引くと家族を支援するために経済的動機が芽生え、比較的雇用がある軽労働の就労機会を確保することになる。家族内役割の変化は「家族機能の低下」を招き、「夫婦間・親子の信頼関係の弱体」につながっている。

文書セグメント例

　「いつでも親が仕事で家にいなかった」「弟がブラジルにいるので、母親がブラジルにいてなかなか会えなかった」「子どもの頃に親がいて欲しい時にてくれなかったことは大きい。母親は謝るが、今でも親への不信感はある」「親がデカセギでいくら必要だったのか。どのくらいお金を貯めたら帰るつもりだったのか、全くの無計画」「派遣で働いていて、父親としての自信を失っていると思う」「仕事がない状態が長く続いて、親に働く気持ちがなくなったと思う」「子どもは親が自分勝手な生活ばかりするから、呆れて親を助けなくなったと思う」「親が勝手に子どもの名前で携帯電話を契約して支払わないで帰国した」「親が子どもからお金を借りている家族は多い」「子どもの方が仕事ができる。だから親は何も言えない」「親から何度も殴られていた。親から殴られる人は多い」「母親は一緒にいなかったことを今でもよく謝る」「離婚が多くて子どもが犠牲になっている」「ぼくらだけでは、日本にいられない。4世だから」

⑬「家族アイデンティティのゆらぎ」

　デカセギ日系家族は家族中心の文化がもともとあり、国への帰国や国内での

移動などの重要な決定に第二世代の子どもは従ってきた。しかし、児童期から青年期にさしかかると親が押し付ける家族観や家族規範、親子や兄弟間などの家族内人間関係にせめぎ合いが常に起き、その結果、家族間の問題を解決できないまま家族を離れる者もいる。子どもが成長するにつれて家族アイデンティティを保持することが困難になる。

文書セグメント例

> 「一番上の兄が犠牲になり進学をあきらめて、弟が学校に行けるように働き出す。しかし働き出すとお金に余裕ができて今度は家を捨てる」「もう、家族の面倒を見るのが疲れた。自由にしたい」「兄とは連絡しない。家を捨てて日本のどこかに住んでいる。もう兄ではない」「うちも兄が家を出て、ばらばらになった」「仕事がなくなりブラジルに帰った兄とは何年も会っていない。これからも会わないと思う」

　以上のように、デカセギ家族は、母国と異なり家族としての役割や責任などが変わり家族の中で多くの課題を抱えている。本来、子どもは家族としての考えや役割を主張し、家族内の葛藤を乗り越えることで家族の一員として承認される。そのことにより、家族のアイデンティティが形成されるが、しかし、残念ながらデカセギ家族はその手続きを怠ることが多い。第二世代は親と学齢期に共有する時間が短く、学齢期を終えると就労して直ぐに家族から離れて生活する傾向があることも、家族内葛藤を体験しない一因である。

(5) 社会化されない第三世代

　最後に、「3. 第三世代観」は、(5)「社会化されない第三世代」としてカテゴリー化することができる。具体的には、⑭「所属意識の欠如」⑮「家族力の低下」がある。

⑭「所属意識の欠如」

　第二世代の青年たちは、第三世代の子どもは仲間集団を形成できず、同年代のブラジル人とも関係性を築くことができないと考えている。第二世代は第三世代を（家で）引きこもる者か、仲間集団はなく単に犯罪を目的とした小集団

第 11 章　デカセギ第二世代の市民性形成への萌芽

を構成する者であると断じた。無論、彼らの第三世代観が事実であると言えないが、少なくとも第二世代は第三世代に共通のアイデンティティを見つけることができないでいる。社会化とは個人が所属する社会や集団のメンバーになっていく過程であるが、第二世代は少なくとも家族、仲間集団、学校集団、職場集団の中に身を置いて、それぞれの集団の価値、行動様式の要求に応じてきた。第三世代は家族から仲間集団や学校集団に移行できず、集団内のルールや社会性を身につけていく機会を逸しているのかも知れない。

<u>文書セグメント例</u>

> 「ぼくらはいろいろなサークルを作っていた。そこが居場所だった第三世代は（サークル）を作らない。2、3人で一緒にいるだけで何もしない」「ぼくらは、良いことと悪いことの違いが分かっていた。彼らは、犯罪に対して壁が低いと思う」「かっぱらいや万引きのために声をかけてチームを作るが、（警察に）捕まればそれでチームも終わる」「学校の友だちではなく、公園などで会い悪いことを考える」「学校に行かないで家にいる。ブラジル人の友だちもいない」「ブラジル人としてプライドがないのかも知れない。日本人でもないしブラジル人でもない」「14歳で子ども産んで今は、（子どもは）小学校4年生。勉強は遅れている」

⑮家族力の低下

　第三世代は自分が家族の一員であるとの意識の斉一性と連続性さえ維持できていないように思われる。第三世代の「親子間の破たん」は、第二世代より深刻化しているかも知れない。第二世代は親子関係の破たんの理由として「（第二世代）親の社会的逸脱行動および精神的逸脱行動を指摘し、破たん状況の具体化の例として「親からの虐待」「薬物依存」などをあげた。母国の拡大家族から単一家族へと家族構成が変わり、デカセギ家族が家族内役割よりも仕事を優先させた結果、家族の役割構造も変化した。第二世代は親が家族内役割と就労との板挟みになり、葛藤し悩む姿を見てきた。そのため、第二世代は自分のことよりも家族を中心に考える、家族中心主義の文化がまだ残っていて、家族が同じアイデンティティを保ち、それが家族の分散をつなぎとめる役割を果たしている。一方、第二世代による第三世代観は厳しい。第二世代は、第三世代を家族アイデンティティを共有していないばかりか2つの文化から距離を置く

周辺化の傾向が強いとみなしている。家族、仲間集団、学級集団への所属意識が低く、社会化する機会や場が少ないと感じている。

文書セグメント例

>「子どもが、自分の親がドラッグを使用していると言っていた」「親が精神的におかしくなって、子どもにも暴力を振るう」「第二世代の親の中には、親として全く自覚のない人も多い」「ぼくらの頃は、親はいつも家にいなかった。今は、親が仕事がなくて家にいる。しかし、親子の関係はぼくらの時よりも悪くなっている」「今の子どもたちは、家族みんなで助け合うことがない」「ぼくらの時よりも兄弟も助け合わないで、勝手なことばかりしている」「子どもが親の言うことを聞かなくなった。ぼくらは親とケンカもしたが、やはり親を尊敬していた。今の子どもにはそれが見られない」

以上のように、第二世代は、青年期に達するとかつて所属していた仲間集団による排他性は徐々に融解していく。第二世代は、彼らが児童期から青年期にかけて多くの時間を共有し共に行動していた仲間集団内の役割や責任は社会化に必要であったと考えているが、第三世代に対しては友人関係への志向性や仲間集団の形成動機が希薄であることを指摘している。また、第三世代の社会力の低下は、子どもへの虐待を含めた家族の社会的・精神的逸脱行為がその根底にあると推測できる。

6　考察

第二世代がフォーカス・グループ・インタビューの中で最も多く使った言葉を抽出しそれらを概念化すると、「諦念と覚悟」（42%）と「市民性形成の萌芽」（34.8%）であった。ここでは、第二世代のこれまでの意識である「諦念と覚悟」に加えて、新しい意識としての「市民性形成の萌芽」が形成された背景を述べたい。

デカセギ家族の一員として来日した第二世代は入国当初から学校や地域おいて生活適応支援や日本語や教科学習の支援対象であった。地域社会は第二世代を常に「支援されるべき者」として扱い、彼らを将来の地域の担い手として見

なしてこなかった。一方、第二世代も地域社会からいつまでも一人前の市民として承認されていないという意識が形成されたまま成長し、やがて自らも地域社会に自らの存在の承認を求めなくなった。第二世代は青年期に達して働き出しても地域社会と第一世代のエスニック・コミュニティの双方に距離を置き、周辺化の状態に陥っていると考える。

しかし、これはかれらの意図するものではない。フォーカス・グループ・インタビューでは、自らを地域社会から「理解されない」「求められない」と発言し、彼ら自身も地域社会との間に「壁をつくり」、自らの異質性を「隠していた」と発言する一方で、「そもそも前から地域の活動に参加したかった」と発言している。彼らは子どもの頃より様々な適応支援を受けながら成長してきたが、青年期になり支援する活動への踏み出すきっかけや場を求めていたと言える。

MYJに参加した第二世代は地域住民と自らの異質性を十分に認識していた。第二世代は地域住民との緊張した関係の中で異質性をむしろ巧みに使い分けながら活動に参加することで、自らのエスニシティに対してプラスのセルフイメージに転化することができた。このことが、第二世代自身の自己への意識変容を促し、地域住民との関係にも変化をもたらしたと言える。地域社会に対する見方を変えることができたことで、地域住民との新たな社会的関係を築くことができ、それが萌芽的にせよ能動的な市民性につながったと考えられる。

7 おわりに

ここで、第二世代が市民意識を形成するに至ったMYJの実践共同体としての役割と今後の課題について述べたい。MYJは2009年～2011年の3年間、教育現場から早期に離脱した第二世代を対象として基礎学力の育成を目的とした「学び直し教室（浜松市設置）」の運営に関わった。この「学び直し教室」の参加者や講師から授業の取り組みや授業評価に関する調査を実施した結果、第二世代を対象とした学習には、①教室での知識偏重型の学びではなく実践的な学び、②参加者が互いに学びあえる学習共同体、③広範囲で多様な参加が可能な学び、の3点が重要であることがわかった。この「学び直し教室」の評価を

第Ⅲ部　多文化教育と地域

踏まえ、MYJ は 2012 年から活動の拠点を教室に固定せず、地域を学習活動の場として地域参画プロジェクトとエスニック・メディア・プロジェクトを設置した。これらのプロジェクトでは、MYJ は参加した第二世代の従事する活動に関わる熟練度や参加頻度に合わせた多様な活動を提供した。さらに MYJ のメンバーも熟練者として活動に従事しながら、第二世代が地域住民と関係性を築けるよう、橋渡し的な支援を行った。

　以下に述べる 2 つの点で、MYJ が提出したプロジェクトは、社会的活動を通して知識と技能が習得できる実践の場、実践的共同体としての役割を担ったと言える。一つは、MYJ のメンバーが周辺的参加から徐々に十全的参加に移行する参加形態（正統的周辺参加［LPP: Legitimate peripheral participation］）を用意したことである。もう一つは、第二世代の参加者に意識変容をもたらした共同体としての性質である。実践共同体においては、知識は静的な知識領域ではなく、実践共同体内における関係性の中で常に動的に再構成される。MYJ の参加者は、熟練者との協働活動で知識や技術を習得し、やがて彼ら自身が熟練者として新しい参加者を受け入れ、学びの再生産が可能になった。

　最後に、第二世代の市民性が萌芽から社会的に承認される可能性について述べる。MYJ のような新しい共同体がかつての仲間集団のように集団内の文化を保持する役割に留まった場合、集団内で慰め合う程度にしか機能せず、そのネットワークはほとんど外部からは閉じてしまうことになる。今後自己の存在を意識しながら日本社会と対峙し自らの社会的存在価値を高めていけば、日本社会に対して政治的な回路を持つ新たな共同体を形成できる可能性はある。地域社会は第二世代による新しい共同体の形成過程の内実を見極めながら、一方、地域社会の様々な分野で彼らの多様性を活かせるような場や機会を創出することが求められる。浜松市は、「浜松市多文化共生都市ビジョン 2013 年」を掲げ、新たな都市政策の活力の源として第二世代の多様性に期待している。そのためには、社会の中で見えにくい存在であるデカセギの子どもが、地域社会への再接続につながる具体的な枠組みが求められるのである。

注

1) 2006年11月より2012年12月現在まで、浜松市を中心に551人の第二世代への聞き取り調査を実施し、教育現場から早期に離れ不安定な雇用形態にあり、地域からも孤立している現状を報告している。
2) MYJ は、2006年より義務教育未終了者など低学歴に留まる第二世代を対象として学び直し教室などを運営していたが、経済不況以降の2009年以降に活動を活発化し2012年には地域の活動に参加しながら、地域課題をテーマに映像コンテンツを制作しインターネットで配信する活動などに着手した。http://minorityyouthjapan.jp/
3) アジア系移民は、米国で白人社会や価値観を進んで受け入れ高い教育と高度な専門職を得るなど白人文社会への同化傾向が強いことが評価され、モデル・マイノリティと呼ばれたが、第二世代は他のエスニック・コミュニティと相互に承認しながら日本人社会とも緊張感を保ちつつ統合を模索する姿勢から、筆者は第二世代をリーダー・マイノリティと呼んだ。
4) エスニック・メディアの役割として、当該社会への適応促進機関としての役割（集間内機能）、社会とエスニック・グループをつなぐ役割（集団間機能）、平時、災害時に正確な防災・災害情報を与えて、無用な混乱や対立に陥ることを未然に防ぐ機能（社会安定機能）の3つを指摘している。
5) 授業評価調査から受講者は授業から学ぶ楽しみを感じることができず学習を継続する動機づけを高めることができなかった。むしろ授業前後にMYJのコーディネータと共に勉強することが楽しかったと評価された。また、第二世代の多くは派遣労働を中心とする非正規雇用で就労しており、派遣される製造業の生産調整により、週単位で就労日数や就労時間が変わり、教室への出席率が安定しなかった。

参考文献

岸田由美（2010）、「多様性と共に生きる社会人と人の育成」『異文化間教育32号』異文化間教育学会、pp. 37-50.

小内透編（2009）、「在日ブラジル人の生活と共生の現実」『在日ブラジル人の労働と生活』お茶の水書房、pp. 3-22.

白水繁彦（1996）、『エスニック・メディア――多文化社会日本をめざして』明石書店.

津村公博・澤田敬人（2008）、「社会の底辺に滞留する南米日系人の青少年たち」『アジア遊学（特集日本に暮らす外国人――地方都市の日系人・アジア人）』勉誠出版、pp. 54-64.

高木光太郎（2003）、「学習者としての地域ネットワーキング」『異文化間教育18号』pp. 60-67.

浜松市企画部国際課（2008）、『浜松市外国人市民共生審議会条例』http://www1.

g-reiki.net/hamamatsu/reiki_honbun/o700RG00001511.html
浜松市企画部国際課（2013），『浜松市多文化共生都市ビジョン』http://www.city.hamamatsu.shizuoka.jp/admin/policy/kokusai/icc_vision.html
浜松市企画部国際課（2011）『浜松市における南米系外国人及び日本人の実態調査 2010年度』.
松尾知明（2010）「外国人児童生徒教育と多文化教育——定住外国人の子どもの教育等に関する政策懇談会及び文部科学省の政策のポイントの分析から」異文化間教育学会第31回大会研究資料.
森本豊富（2004），「越境者と異文化間教育」『異文化間教育19号』異文化間教育学会，pp. 4–16.
Lave & Wenger（1991），*Situated Learning: Legitimate Peripheral Partcipatipn*. Cambridge Uiversity Press.（佐伯胖訳（1993），「状況に埋め込まれた学習——正統的周辺参加」産業図書.）
Morgan, D. L.（1997），"FOCUS GROUPS ASQUALITATVE RESEARCH" Thousand Oaks, Calif.: Sage Publications.

終章

多文化共生社会の実現に向けて
――日本社会の脱構築と再構築のプロセス――

松尾　知明

1　多文化共生という課題

　多文化の共生とは、どのような社会状況をいうのだろうか。ここでは、文化的な差異にかかわらず、だれもがありのままで生きられる社会と捉えたい。多文化が併存する状況のなかで、文化的に異なる構成員の間で公正や平等の理念が実現された社会ということになるだろう。
　一方で、日本という多文化社会の現状は、外国人集住地域においては取り組みが進みつつあるものの、多文化の共生とは程遠い状況にあるといえるだろう。マジョリティとしての日本人のもつ同化主義の課題についてはこれまで意識的に問われてきておらず、異なることが許容され、尊重される社会になっているとはいえない。
　では、いかにして多文化共生社会をめざしていけばよいのだろうか。その中心的な課題として、私たちのもつ自文化中心主義のパースペクティブをどう克服していくか、別の言い方をすれば、日本人性（日本人であること）にどう向き合っていくかという問題があると思われる。
　そこで最後に、各章での議論と関連させながら、日本人性（Japaneseness）の概念を手がかりに、日本人性（日本人であること）にとらわれている不平等社会から差異に開かれたユニバーサルな多文化共生社会へのプロセスを提示することで、本書のまとめとしたい。

2 日本人性と教育の言説

日本人性は、外国人をめぐってどのような言説を形成しているのだろうか。私たちのパースペクティブを方向づけている公的な言説と教育現場のローカルな言説について検討したい。

(1) 日本人性とは

日本人であること（日本人性）は、日本社会において、どのような社会的意味をもつのかは、多文化共生を考えるカギとなる問いである。日本人性とは、第1章や第8章で検討した通り、日本人／非日本人の差異のシステムによって形成されるもので、日本人のもつ目に見えない文化実践、自分や他者や社会をみる視点、構造的な特権などから構成されるものといえる。

日本社会で外国人として生きるということは、このような目に見えない文化的な基準、日本人のまなざし、構造的な特権にマイノリティとして対峙しなければならないことを意味する。日本人にとって、ふつうのこと、当然なもののなかに、自文化中心主義的な文化実践やパースペクティブが刷り込まれているのである。こうした日本人性は、日本人とは異なる集団との関係の網の目のなかに位置づけられながら、歴史的、社会的、政治的に形成されてきたものといえる。

(2) 教育のなかの言説
①公的な言説

日本人性の社会的意味は、国内外の他者との間で、いかなる社会関係を構築してきたのかに関わっている。その意味で、法律といった日本政府による見解は、公的な言説として、日本人性の形成に大きな影響を与えるものである。

テッサ・モーリス＝スズキによれば、日本人／外国人、国民／非国民の区分が形成され、外国人は保護されないものとされるようになったのは、1899年の国籍法成立による。当時の状況の下で創設された血統主義の国籍の考え方は、1899年体制として今日にも引き継がれているという[1]。

終章　多文化共生社会の実現に向けて

　外国人の子どもの教育については、日韓条約に対応して出された在日朝鮮人教育に関する通達によりその基本的な立場が示され、現在に至っている[2]。そこでは、義務教育は日本国民を対象にすると規定した憲法（第26条）や教育基本法（第1条）を踏まえ、2つの原則が示された。1つは、永住を許可された者が小学校や中学校への就学を希望する場合にはその入学を認めること、他の1つは、教育にあたっては日本人と同様に扱い、教育課程の編成・実施については特別の取り扱いをすべきでないこと、である。

　すなわち、在日朝鮮人児童生徒にとって、教育は義務でなく、希望した場合に許可されるいわば「恩恵」とみなされている。また、学校において、かれらも日本人と同様に扱うこととし、特別な配慮はしないことが示されているのである。これらの原則はその後、外国人児童生徒一般にも適用されるようになる。

　このように、公的な言説においては、1899年体制のもと、日本人と非日本人との間に明確な境界線が引かれ、義務教育は外国人については希望する場合の恩恵とされ、また、教育にあたっては特別な扱いをすべきでないものとされてきたのである。

②教育現場におけるローカルな言説

　公的な言説は、教育の現場において、独自に解釈され修正されながら、ローカルな言説が生成されていく。たとえば、地域によっては、公的な言説を越えて外国人教育方針が策定されたり、学校や教師によっては、外国人児童生徒の視点を重視する教育が進められたりする事例も増加している。そうしたローカルな文脈では、外国人の子どもたちに対して多様で包摂的な言説も生み出されるようになっている。

　その一方で、外国人児童生徒が在籍する教育の現場では一般に、日本人性を反映して、驚くほど類似した言説が聞かれることもまた事実である。教師たちの間では、公的な言説を反映して、「外国人の子どもには就学義務はない」「外国人も日本人と同様に扱っているから、差別はない」などといった言葉をよく耳にする。

　あるいは、外国人の子どもたちと接するなかから、「外国人は時間にルーズである」「外国人はきまりを守らない」「外国人は乱暴である」など、ステレオタイプ的な言説も形成されている。他方で、適応に成功した子どもたちの姿か

ら、「外国人でもやればできる」「特別扱いをしないで大丈夫」などの言葉も聞かれるようになっている。

　こうした外国人の子どもをめぐる言説は、日本人の教育関係者のまなざしを形成し、教育の政策や実践を方向づけていくことになる。

3　不平等な日本社会の構築

　では、外国人に対する日本人の「まなざし」は、どのような日本社会を形成しているのだろうか。ここでは、日本人性の概念をもとに、日本人のもつ「見る・見ない（見ようとしない）」のポリティックスの検討を通して不平等な日本社会の現状を明らかにしたい。

(1)「見る・見ない」のポリティックス
　日本人性に由来する自文化中心主義的なパースペクティブは、①差異を本質化するまなざし、及び、②差異を個人化するまなざし、といった2つのまなざしを形成しているように思われる。

①差異を本質化するまなざし

　一つは、すべてをルーツに還元し、差異を本質化するまなざしである。事物には本質的な実体があると捉える本質主義に立ち、日本人と外国人が二項対立的に定位され、日本人とは異なる一枚岩的な実体をもつ存在として外国人を見るレンズが形成されている。

　日系ブラジル人を例に考えてみよう。日本での滞在期間、ブラジルの出身地域、生育歴、帰国予定の有無、保護者の階層、友人・家族関係、日本語あるいはポルトガル語の能力等の違いにより、一口に日系ブラジル人といってもその集団内の個人的な差異はきわめて大きい。しかしながら、文化を一枚岩として本質化する見方は、そうした子どもについての多様な解釈の可能性を失わせる形で機能してしまうことになる。

　たとえば、休み時間に一人で遊んでいる日系ブラジル人の子どもがいたとしよう。この一人で遊ぶという行為は、どのように解釈されるのだろうか。文化的な違いから仲間に入れてもらえないのか、遊びに加わるやり方がわからない

のか、遊び方がわからないのか、言葉の問題で声をかけられないのか、引っ込み思案な性格なのか、一人で遊ぶことを楽しんでいるのか、一人で遊ぶことで精神的な安定を得ようとしているのか、教師や仲間にかかわってもらいたい訴えなのか、発達上の問題を抱えているのかなど、多種多様な解釈が可能である。子どもの行為の背景にある目に見えない心理的な動きを読み取ることはそれほど容易なことではない。

にもかかわらず、外国人をみる私たちのまなざしにより、一人で遊んでいる行為は異なる文化に帰するものと解釈されてしまう傾向にある。すなわち、文化本質主義的なまなざしによって、すべてが文化の問題に還元されてしまい、多様な解釈の可能性は閉ざされ、集団内にあるさまざまな声が沈黙させられることになるのである。

差異を本質化するまなざしは、外国人をルーツにさかのぼって純粋で同質的なものと定義し、日本人と二項対立的な関係にあるステレオタイプ的な外国人像を形成してしまう。その結果、外国人が日本人ではないという本質的な存在として表象されることにより、日本人と外国人の間に越えることのできない境界がつくり出されることになるのである。

この点について、第5章では多文化教育のカリキュラム・デザインにおいて、多文化主義のもつ文化本質主義の「危険」性に触れ、文化間の差異を強調するのではなく、文化のハイブリッド性に配慮することが必要であることが指摘されている。第2章ではこのような文化本質主義の問題点を指摘した上で、それでも文化を本質主義的な形で意図的に活用する戦略的本質主義の意義についてもインタビューのデータをもとに検討されている。

②差異を個人化するまなざし

もう一つは、すべてを個人の問題に帰するものと考え、差異を個人化するまなざしである。社会はメリトクラシー（能力主義）が機能しているとして、文化的な差異は本質化されるものの、その差異が意味ある違いとは捉えられないため、差異を見ない（見ようとしない）ことになる。そのため、私たちの行為の規範となっている日本文化のルールは認識にのぼらないまま、すべての子どもに同様の取り扱いがなされることになる。

たとえば、日本の教育の特徴として、集団全体に一斉指導が行われる、集団

への同調的な行動が要求される、個人としての意思決定の機会が少ない、細かいところまであらかじめ決められている、学則が厳しい、制服があるなどよく指摘されるところである3)。しかし、こうした日本のやり方はごくあたり前のこととされ、文化的な障壁として問題視されることは少ない。外国人の子どもにもみんなと等しい教育機会が付与されているという理由で、文化の違いのもたらす課題も個人的な差異に還元されるのである。

　差異を個人化するまなざしは、これらの事例にみられるように、すべての人に同様の機会が開かれていると考えるため、文化的な差異の存在は問題にされることなく、外国人のニーズは隠匿されてしまうのである。このことは、差異を見ないことで、ニーズに対応する経済的な負担を免れるもので、マジョリティにとって利益になる見方でもある。こうして、外国人の抱える問題はすべて本人の努力の問題として捉えられることになり、また、実際に成功している少数の外国人の存在によってそのことが確認されるのである。

　このような文化的な不連続性に起因するニーズが配慮されず、支援がないままに置き去りにされる現状については、第1章では「落ちこぼし」と「文化的な剥奪」の形で機能する学校教育の問題、第6章では教科学習言語と学力不振の問題、第10章ではキャリア形成を阻まれる高校・大学への接続の問題として論じられている。

(2) マジョリティの都合による「見る・見ない」のポリティックス

　ここで重要なのは、これら2つのまなざしが、マジョリティである日本人の都合によって選択されるということである。

　すなわち、①差異を本質化して文化的な違いを見るのか、②差異を個人化して文化的な違いを見ないかの選択は、マジョリティのものの見方や考え方に基づいて決定されることになる。その一方で、マイノリティの視点は常識に合わない例外と見なされ、その声が取り上げられることはほとんどない。

　ただ、これらの行為の選択は、マジョリティが権力を行使しているというよりは、日本人性をもつためにそれらが自然に選ばれると考える方が妥当であろう。日本人の解釈やルールを押しつけようと意図しているわけではないが、意識されない日本人性に由来する自文化中心主義のパースペクティブによって、

マジョリティにアクセントを置いた形で意思決定が自然に行われてしまうのである。

　ここで日本人性を背景とした「見る・見ない」のポリティックスがもたらす問題を整理しておくとまず、①差異を本質化するまなざしは、外国人のなかの多様性を見えなくしてしまうという問題がある。「外国人は……である」とする常識が多様な声を沈黙させ、集団のなかの多様性をおおい隠してしまうのである。外国人の多様化が進んでいる今日、ルーツに遡る本質的な見方は、そこにあるはずの多様な物語をかき消してしまうことになるのである。

　他方で、②差異を個人化するまなざしは、差異が意味あるマーカーとして認識されないため、必要とされる特別なニーズもまた無視されるという問題を生起させている。その結果、文化的な違いを「見ない（見ようとしない）」ことで文化の差異は個人化され、社会的に成功するために不可欠な支援の機会が奪われてしまうことになる。差異を個人化するまなざしは、文化的な配慮への欠如を生み、外国人の子どもが日本社会に参加していく構造的な同化を阻むような形で機能してしまうのである。

　このようなマジョリティの都合による「見る・見ない（見ようとしない）」のポリティックスが、在日外国人の生きづらさを生んでいる主要な要因の一つであるように思われる。「踏まれたものの痛みは、踏まれた者にしかわからない」という言葉があるが、マジョリティのルールの下でマイノリティの視点や見解は少数意見として切り捨てられていくのである。

4　「ガラスの箱」と日本社会の脱構築

　では、多文化共生に向けて、私たちはどのように変わっていけばよいだろうか。そのためには第一に、本質主義から構築主義への意識変革を図り、日本人性にとらわれた不平等な日本社会の「脱構築」を進めていく必要があると思われる。

（1）本質主義から構築主義へのパースペクティブの転換
　日本人性の克服のためには、ものごとには本質的な実体があると捉える本質

第Ⅲ部　多文化教育と地域

```
┌─────────────────┐         ┌─────────────────┐
│ 日本人性にとらわれた │         │  ユニバーサルな   │
│    不平等社会    │   ⟹    │  多文化共生社会   │
│                 │         │                 │
│ <ルーツ>        │         │ <ルート>        │
│ 本質主義(実体、本質、「ある」)│   │ 構築主義(プロセス、関係、「なる」)│
│                 │         │                 │
│ ・差異を本質化するまなざし │  │ ・人間としてのまなざし │
│ ・差異を個人化するまなざし │  │ ・文化的・個人的な │
│                 │         │   差異に応じるまなざし │
│ →社会的・文化的不平等 │    │ ・共生へのまなざし │
│                 │         │   →社会的・文化的平等 │
└─────────────────┘         └─────────────────┘
        │                           │
     ┌──┴──┐    ┌──────┐    ┌──┴──┐
     │ 構築 │───▶│ 脱構築 │───▶│再構築│
     └─────┘    └──────┘    └─────┘
```

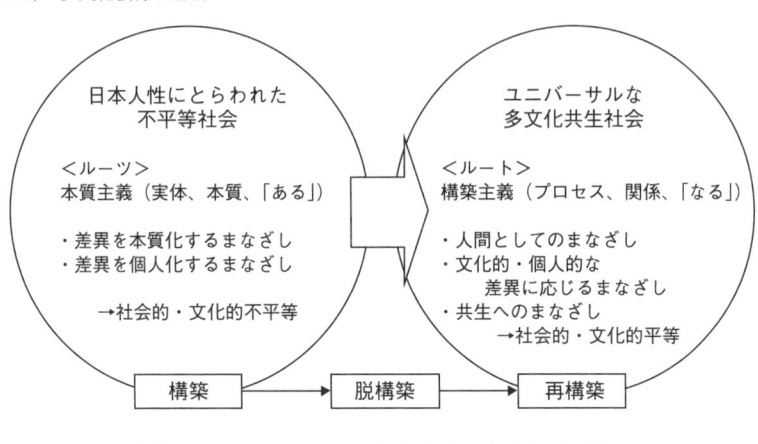

図終-1　ユニバーサルな多文化共生社会をめざして

　主義の見方から、それらの意味は関係のなかでつくられるとする構築主義の見方への移行が必要になってくる。これから求められるパースペクティブは、外国人をルーツ（root）に遡るよりはむしろ、それまでにたどってきたルート（route）の視点から捉え直し、歴史的社会的に形成されてきた多様なあり様を捉える構築主義の見方が重要になってくるだろう。どこから来たかというルーツよりは、どのような経験をしてきたのかを問うルートの視点から、関係性のなかで位置取りをしながら変容を遂げてきた多様でありのままの姿を捉えようとすることが重要なのである[4]。

　ただ、構築主義的な見方に転換するといってもそれほど簡単なことではない。たとえば、外国人に対して、「日本語がおじょうずですね」と話しかける例を考えてみよう。この言葉は、日常の会話のなかでだれもが自然に話題にしそうな常識的な発話である。しかしながらよく考えてみると、そこには、「日本語をじょうずに話す日本人」に対する「日本語をうまく話せない外国人」といった二項対立的な見方が隠されていることに気づかされるだろう。さらに言えば、「永住者としての日本人」に対する「短期滞在者としての外国人」といった意識が見え隠れしているともいえる。このように、本質的な実体が存在するという近代科学を支えてきた本質主義的な見方は、私たちの思考に深く刻み込まれており、それから自由になることはきわめて困難であるといえる。

終章　多文化共生社会の実現に向けて

しかし、現実をみると、外国人といっても日本生まれや何世代にもわたって在住している人々も多数存在している。これらの事実に直面すると、外国人を十把一絡げにして多様なあり様を否定し、集団内のさまざまな声を沈黙させてしまう本質主義の見方の問題は決して小さいものではない。問題の深刻さを踏まえ、構築主義的な見方をめざすにはまず、日頃当然だと思っている私たちのものの見方や考え方のなかに、日本人性にもとづく本質主義的な言説が染み込んでいるという事実を自覚しなければならない。その上で、マイノリティの声に耳を傾け共感的な理解を心がけるとともに、自文化中心主義的な自分自身のパースペクティブを批判的に内省することから始めなければならないのだろう。

(2) 日本人性にとらわれた不平等社会の脱構築

日本人性を克服するためには、本質主義から構築主義へパースペクティブを転換させた上で、不平等な日本社会を「脱構築」する試みが求められる。

①文化的不連続な文化実践と「ガラスの箱」

日本人中心の多文化社会において、日本人性のもたらす文化的に不連続な実践は、外国人の子どもの可能性を制限する形で機能することになる。このような日本人性の生み出す不可視な文化実践を第8章で言及した「ガラスの箱」という言葉で表現したい。

「ガラスの箱」は、透明で何もないかのように見えるが現実には確かに存在していて、外国人の行為に影響を与えているものである。それは、日本人の常識としての言説や言説実践、日本人のまなざし、あるいは、日本人に特権として有利に機能する不可視な障壁などによって構成され、行為主体として外国人の生き方を制限したり、枠づけたりするものといえる。別の言い方をすれば、「ガラスの箱」は、主流の日本社会への文化的な同化が強いられるにもかかわらず、社会的な成功のはしごを上る構造的な同化は阻まれている外国人の状況を映し出すものでもある。

一方で、外国人のあり様を拘束する「ガラスの箱」は、日本人にとっては見ることができず、意識にのぼることはない。そのため、日本人性によって方向づけられる文化実践は儀式のように繰り返され、非対称な社会関係や不平等な社会構造は気づかれぬままに再生産され温存されることになるのである。

日本社会を脱構築するという試みは、たとえば「見る・見ない」のポリティックスとして現れるような「ガラスの箱」の構造を可視化していくプロセスといえるだろう。したがって、不平等な日本社会の現実をいかに「見える化」していくかが課題となってくる。

②不平等社会の現実と「見える化（可視化）」

「見える化（可視化）」のための具体的な手だてとして、本書では、1）マイノリティの声（voice）を聞く、2）実践に学ぶ、3）比較する、などを試みている。

1）マイノリティの声を聞く

日本社会の脱構築という試みは、マイノリティの物語に真摯に耳を傾けることから始めなければならないだろう。ありのままの外国人の声に直接アクセスすることで、外国人として生きることの意味や現実を明らかにし、日本人とは二項対立的につくり上げられた非対称な社会関係を露呈させるのである。

外国人の視点から語られる物語を聞き、社会の実情を「見える化」する試みは、本書においては、第11章におけるデカセギ二世へのフォーカスインタビューや第9章における外国人児童生徒へのアンケートなどにみられる。外国人の視点から物語られる話を聞くことで、かれらが経験している「ガラスの箱」の経験を露にしていくことが必要なのである。

2）実践に学ぶ

文化的に不連続な文化実践を「見える化」していくためにはまた、外国人と関わっている人々の教育実践に学ぶことが考えられる。これは、第8章で検討したように、多文化状況との対話により教育実践を省察し、外国人の子どもの理解、あるいは、日本人性をもつ自分自身への気づきなどを積み重ねてきた「臨床の知」に注目するものである。

この点については、本書では、第8章の外国人集住地域における中学校教師の実践、第9章の外国人児童生徒交流会の実践、第10章のNPO・学習支援教室の実践などがあてはまる。外国人の子どもと直接関わる実践やそこで生成された実践知の解明を通して、かれらの現実を浮かび上がらせることが求められるのである。

3）比較する

　日本社会の脱構築はまた、他国の状況との比較によって進めることができるだろう。日本の文化実践を諸外国のそれと比較して相対化を試みることで、日本の独自性や抱える課題が見えてくると思われる。

　本書においては、第2章の多文化主義及び多文化教育政策をめぐるインタビュー（アメリカ）、第3章の学力保障と多様性をめぐる多文化教育政策（イギリス）、第4章のグローバル・多文化社会における市民性教育の展開（オーストラリア）、第5章の多文化教育のカリキュラム・デザイン（アメリカ、イギリス）、第6章のCALLAモデルによる授業づくり（アメリカ）、第7章の児童期の二言語形成（イギリス）などがそれにあたる。諸外国の取り組みの視点から日本社会を比較し相対化することで、その特徴や課題をあぶり出していかなければならない。

5　多文化共生社会への再構築
──バリアフリーからユニバーサルデザインへ

　日本人性を克服するためには第二に、脱構築された日本社会の現実を新たな視点から「再構築」していくことが必要であるだろう。ここでは、多文化共生に向けて日本社会を再構築していくための理念及び視点について検討するとともに、バリアフリーからユニバーサルデザインへの形で、日本社会を再構築するプロセスを提示したい。

(1) 多文化共生の理念と再構築の視点
　では、日本社会を再構築していくためには、どのような理念や視点が求められるだろうか。
①多文化共生の理念
　多文化共生をめざすには、その基本原理として、多文化主義のあり方をどのように構想していくのかという課題がある。多文化主義とは、文化的な多様性を尊重することを通して、社会的な共生をめざす理念である。このような理念の重要性については一般論としては社会的な合意を得ることはそれほど難しく

ないかもしれない。しかし、第2章で検討しているように、多文化主義を実施に移す政策となるとさまざまな問題が立ち上がってくる。なぜなら、マイノリティの権利を認めていくことは、マジョリティの特権が失われることと表裏一体の関係にあるからである。そのため、多文化主義政策を実質的に進めていくには、第2章で指摘されているように、マジョリティとマイノリティとの両方が当事者意識を共有できるようなストラテジーをいかに設定していくのかが問題になってくるだろう。

　イギリスの事例を扱った第3章では、「社会的包摂」と「コミュニティの結束」の概念に注目している。多文化主義が単なるスローガンに終わらないために、社会的包摂の理念のもと、マイノリティの間で主流社会への「最低限の権利へのアクセス」を保障し、社会に「居場所」をつくるような施策が進められてきたという。さらに、社会の分裂を回避し、棲み分けではない、「共通のビジョン」をもった相互に関わりをもつ「コミュニティの結束」がめざされていることが示された。

　オーストラリアの事例を扱った第4章では、多文化社会における市民性の育成が一つの焦点となっていることが指摘されている。市民性教育は1990年代以降、イギリスをはじめとして世界的な潮流となって展開しているが、市民性の概念は、すべての子どもを対象にでき、グローバル人材の育成という今日的な課題との連関をつくりやすくし、また、多文化市民の育成という目標を設定できるなど、日本において多文化教育を戦略的に導入する上で有効であることが指摘されている。

　これらの知見に学びつつ、日本の文脈に対応した多文化共生の理念や基本原理を追究していくことが課題となるだろう。

②**多文化共生のまなざし**

　ここでは、日本社会を方向づける理念として第1章で検討した多文化共生のための「まなざし」を再度提示しておきたい。それは、日本人対外国人の二項対立の構造をずらし、日本社会を再構築していく際の新たな視点を提供してくれるものである。

　さて、一人の人間は、人類の一員であり、文化諸集団の成員であり、一個人でもある。そのような人間の属性を考えると、公正で平等な多文化社会をめざ

すには、「人間としてのまなざし」「文化や個人の差異に対応するまなざし」が必要であるように思われる。さらに、めざす社会像との関連で「共生へのまなざし」をこれらに加えたい。

> ①人間としてのまなざし
> ②文化的・個人的な差異に対応するまなざし
> ③共生へのまなざし

　多文化共生をめざすには第一に、「人間としてのまなざし」をもち、人権を守ることが必要であろう。このことはすべての子どもに対して、社会的には、学力を保障してキャリアの形成を支援し、文化的には、自文化や母語を学習する機会を提供することが求められる。第二に、「文化的・個人的な差異に対応するまなざし」をもち、文化や個人差に応じた適切な支援を進める必要があるだろう。文化的な差異の点からは、異なる文化や言語に考慮して文化的に適切な教育をする必要が、個人の差異の点からは、認知スタイル、興味・関心、生活経験などの個人差に応じた指導をする必要が求められる。第三に、協働して生きるという「共生のまなざし」が必要であろう。異なる文化を理解し、自分とは異なる人々と効果的なコミュニケーションをとり、また、多文化社会を共に築いていく意欲や行動力がすべての構成員に期待されるのである。一人の人間として、文化的・個人的に個性をもつ個人として、多文化の共生に向けて協働する市民としての３つの視点から、不平等な日本社会の再構築がデザインされなければならないのである。

(2) 再構築へのプロセス――バリアフリーからユニバーサルデザインへ

　多文化の共生する教育のユニバーサルデザインを実現するためには、多文化共生のまなざしの視点に立ち、①バリアフリーの段階から ②ユニバーサルデザインの段階へといった展開が考えられる。

①バリアフリーの段階

　日本社会の再構築のプロセスにはまず、外国人の子どものつまずきの実態把握と支援の手だてを追究していくことでバリアフリー化を図っていく段階があ

る。1) マイノリティの声を聞き、2) 実践に学び、3) 比較することで明らかにされた「ガラスの箱」という文化的差異に起因する障壁を取り除くためのバリアフリー化が進められなければならない。

学校においてはこれまで、特別なニーズに応えるために、初期日本語指導、適応指導、入学・就職支援などの取り組みが少しずつ進展してきた。しかし、第1章でみたように、学力問題や異文化の剥奪などの大きな課題がいまだに残されている。

本書においてはバリアフリー化を進めるために、第6章では、授業づくりについて、現在実施されているJSL（Japanese as Second Language）教育の問題点への対処として、1) 長期的な支援、2) 教科中心の加速的アプローチ、3) 外国人と日本人の学び合いを可能にするCALLAモデルを導入する意義が検討された。第8章では、外国人生徒教育を担うA教師の実践のなかで、1) 進路を見据えた指導、2) 個別ニーズの把握、3) きめ細かな学習支援の計画と実施、などの効果的な指導事例が紹介された。また、第7章では、児童期の二言語力形成について、イギリスでの調査をもとに、1) 母語での学力把握の日本語の継続的なチェック、2) 音声言語能力の育成、3) 個別対応が可能な授業への参加方法の検討、4) 家庭の日本語資源に応じた対策など、第二言語のみならず母語を視野に入れた配慮をめぐる提言がなされた。

地域の取り組みについて第9章では、大学と行政が協働して実施した外国人分散地域における外国人児童生徒学習交流会において、子どもたちに、1) 関係構築力、2) コミュニケーション力、3) 集団コミュニケーション力、4) 学習能力、5) 自己表現力、6) 意欲などを育てる上で効果があったことが示された。また、第10章では、NPO・学習支援教室による外国人の子どもへのキャリア形成の支援として、1) 小学校高学年からの進学ガイダンスの実施、2) 個々のニーズに応える学習支援教室の支援、3) 経済的な支援情報の提供などが提言された。

多文化社会のバリアフリー化については、以上のように、学校や地域において、外国人の子どもの特別なニーズに応え、学力、二言語、あるいは、キャリアの形成のための支援の方法や手立てについての提案がみられた。また、地域での取り組みとして紹介された学習交流会や学習支援教室などは、かれらの居

場所づくりといった意味でも意義をもつ試みであったと考えられる。

　②ユニバーサルデザインの段階

　日本社会の再構築にはさらに、すべての子どもを対象とする多文化が共生する学級、学校、社会づくりというユニバーサルデザインの段階への展開が期待される。この点については、第1章では、外国人児童生徒教育から多文化教育へのコペルニクス的転回という形で論じられた。

　ここでユニバーサルデザインとは、文化、言語、年齢、障がいなどの差異を問わず、だれもが利用可能であるように工夫するデザインのあり方をいう。このようなデザインは、文化的差異をもつ者にとっては「ないと困る」ものであり、その他の者にとっては「あると役に立つ」支援となる。多文化共生というものが、外国人のニーズに応えるだけではなく、すべての人にとっても意義のある実践を提供するという点で戦略的に重要であるといえるだろう。本書では、ユニバーサルデザインに向けた提案として、3つのケースが挙げられていた。

　第一に、外国人の子どもに必要なニーズへの対応をすべての子どもの利益になる形で展開するケースがあった。第6章のCALLAモデルは、第二言語習得者である外国人の子どもの特別なニーズに応えるために、教科内容、教科学習言語、学習方略を合わせて指導するアプローチであった。そこでは、わかりやすい日本語を使う、絵、図、物を活用する、明快な授業の展開にする、ていねいに板書する、学習言語や学習方略を意図的に指導するなどの支援があった。しかし、これらの学習支援は外国人の子どもにはなくてならないものである一方、つまずきがちな子どもを含めすべての子どもにとっても利益となるアプローチでもある。第6章では、こうしたCALLAモデルを、すべての子どもを対象にした多文化クラスにおけるユニバーサルな授業づくりとして展開することが、通常の授業デザイン自体を革新するといった新たな可能性を拓くものであることが指摘されていた。

　第二に、外国人と日本人が相互に交流することで、双方向の学びが成立するといったケースがあった。第8章では、職場体験でブラジル系企業の職場に日本人生徒とブラジル人生徒をいっしょに送り込んだ実践において、A教師は、変わるのを外国人の側に求めるだけではなく、日本人側にも働きかける探究型の学習活動を意図的にデザインしていた。第9章の外国人児童生徒交流会では、

外国人の子どもへの学習支援が同時に、支援者である大学生の学びの機会ともなっており、双方向の学びが成立していることが明らかにされ、そのモデル化が試みられていた。これらの学びは、外国人と日本人が触れ合い、相互に影響を与える形で、支援する者と支援される者といった非対称的な関係から、互いに学び合う対等な関係への新たな関係性への組み替えを可能にする試みであったといえる。

　第三に、外国人か日本人かにかかわらず、すべての子どもに多文化社会を生き抜く「多文化コンピテンシー（multicultural competency）」を育成するといったケースがあった。第5章においては、多文化教育が「多文化社会において異文化の受容と承認を通してマイノリティに対する差別意識を軽減し、社会的正義や公正の実現にむけて行動できる市民としての資質（multicultural citizenship）を一人ひとりの児童生徒に育成する教育」と捉えられ、すべての児童生徒を対象とした多文化教育のカリキュラム・デザインのための視点と枠組みが提示された。第4章では、「グローバル・多文化市民性」を育成することが提案されており、市民性教育で身につけさせるスキルとして、「探究力と批判的思考力」、「他者と共に物事を成し遂げる共同のスキル」、「分析力」、「コミュニケーションスキル」が挙げられていた。これらは、グローバル化の進む多文化社会において多文化の共生を担うアクティブな市民に不可欠な「多文化コンピテンシー」を育てる提案であったといえる。

　多文化社会のユニバーサルデザイン化については、このように、1）マイノリティのニーズをすべての子どもの利益に転換し、2）マイノリティとマジョリティの力関係を組み換え、3）すべての子どもに多文化コンピテンシーの育成を促すなどの提案が見られた。

　以上のように、日本社会を再構築していくにはまず、多文化の共生に向けて、外国人の子どものニーズや課題を探ることから出発し、日本社会のバリアフリー化が進められなければならないだろう。さらに、それらを多文化共生のまなざしのもとに再構成することで、新たな社会関係や支援のあり方を模索していくユニバーサルデザインの段階へと展開させることが必要であるだろう。

　本書で提案したような多文化教育の実践は、社会づくりに参画する責任ある

多文化市民の育成をめざすものである。第11章では、デカセギ第二世代の間で市民性の意識が生まれ、自らの新しいコミュニティを形成しようとする動きへの萌芽が認められるという興味深い事例が報告された。日本人性にとらわれた不平等な日本社会を再構築するプロセスを進め、多文化教育を導入し推進していくことを通して、こうした多文化共生のための社会的な行動を後押しし、また、日本人と外国人との協働を助長していくことで、文化的な個性が尊重され伸長されるユニバーサルな多文化共生社会をデザインしていく道が開かれていくのではないだろうか。

6　むすびにかえて——ユニバーサルな多文化教育をデザインする

　終章では、多文化共生をめざして日本人性の視点から、自文化中心主義的な見方を克服するための構築→脱構築→再構築のプロセスについて考えてきた。
　日本人性をもとに「構築」された不平等な日本社会においては、マジョリティの「見る・見ない（見ようとしない）」のポリティックスが機能していると思われる。そこでは、集団に共通な文化や歴史にルーツをさかのぼる「差異を本質化するまなざし」、及び、文化的な違いを見ない（見ようとしない）という「差異を個人化するまなざし」の2つが、マジョリティの都合によって使い分けられている。
　そのような現状を変革して、ユニバーサルな多文化共生社会を実現するためには第一に、本質主義から構築主義への見方の転換を進めるとともに、日本人性にとらわれた不平等な日本社会の「脱構築」が必要となる。常識に合わないとこれまで沈黙させられてきたマイノリティの声を聞き、多文化の実践に学び、また、諸外国との比較を試みることで、ありのままの生き方を制限してきた「ガラスの箱」としての文化的に不連続な文化実践や不平等な社会構造を「見える化（可視化）」することが必要である。
　第二に、マイノリティの視点から、日本人性にとらわれた不平等な日本社会の「再構築」が必要となる。バリアフリーからユニバーサルデザインへと展開させ、多文化共生というものは、外国人だけではなくすべての人に関わる課題であることを示すことで、ユニバーサルな多文化共生社会への再構築をめざし

ていくことが戦略的にも重要であろう。多文化共生のまなざしに立って文化実践を再構成していくことで、異なる者と共に生きる公正で平等な多文化社会のあり方が追究されなければならないのである。

　国の枠を超えた人の移動が普通になる時代を迎えた今日、マジョリティとしての日本人の意識変革を通して、外国人の人々とともに手を携えながら、だれもがありのままで生きられる多文化共生社会の実現がめざされているといえる。移民時代のモデル構築のためにも、本書において追究してきたように、外国人の子どもの生の声を聞き、実践に学び、また、諸外国との比較を行うことなどを通して、かれらの生き方を制限している「ガラスの箱」を脱構築し、さらにユニバーサルな多文化共生社会へと再構築していくプロジェクトに向けて、日本において多文化教育をデザインしていくことが今求められているのである。

注
1) テッサ・モーリス＝スズキ (2002), pp. 144-147 を参照。
2) 太田晴雄 (2005), pp. 58-59 に詳しい。
3) ここで挙げている日本の教育の特徴もよく考えてみると、欧米の個人主義的な教育と二項対立的に形成されてきたものともいえるかもしれない。私たちの囚われている本質主義を自覚し、構築主義的な見方を心がけることで、日本の教育の現実にさらに近づく努力が一方で必要であるだろう。ここでは、文化集団間にはあるレベルの文化的な差異が存在しているが、差異を個人化するまなざしが、そうした文化的な障壁を意味ある違いとして見ないように機能することで、外国人の子どもに必要な支援が剥奪されるという日本人性の問題を説明するために、これらの例を使用している。
4) 「ルーツ (root)」と「ルート (route)」はアイデンティティを考える2つのあり方で、ルーツはアイデンティティを共通の歴史と祖先をもつ普遍的で本質的な実体として「あるもの」とみるのに対し、ルートはアイデンティティを歴史的な変遷を経てここに至った道筋に着目して「なるもの」とみるものである。本章では、前者を本質主義、後者を構築主義との親和性が強いものとして考えたい。ただ、ルーツの重要性を否定するものではなく、より包摂的で多様性の許される社会をつくるという意味で、ルートに着目した構築主義的な見方の必要性を訴えるものである。

引用・参考文献

太田晴雄（2005），「日本的モノカルチュラリズムと学習困難」宮島喬・太田晴雄編『外国人の子どもと日本の教育——不就学問題と多文化共生の課題』東京大学出版会，pp. 57-75.

テッサ・モーリス＝スズキ（2002），『批判的創造力のために——グローバル化時代の日本』平凡社.

松尾知明（2007），『アメリカ多文化教育の再構築——文化多元主義から多文化主義へ』明石書店.

松尾知明（2011），『多文化共生のためのテキストブック』明石書店.

松尾知明（2013），『多文化教育がわかる事典——ありのままに生きられる社会をめざして』明石書店.

なお、本章は、以下の論文をもとに大幅な修正を加えて記述したものである。

松尾知明（2010），「問い直される日本人性——白人性研究を手がかりに」渡戸一郎・井沢泰樹編『多民族化社会・日本——〈多文化共生〉の社会的リアリティを問い直す』明石書店，pp. 191-209.

松尾知明（2013），「ニューカマーの子どもたちの今を考える——日本人性の視点から」異文化間教育学会編『異文化間教育』第 37 号，pp. 63-77.

人名索引

ア行

アップル（Apple, M. W.）　95, 96
池田寛　170
石井恵理子　170
井上達夫　102
今津孝次郎　170
ウェンガー（Wenger, E.）　230
オマリー（O'Marry, J. M.）　113

カ行

梶田正巳　172
カミンズ（Cummins, J.）　110, 128, 161
金侖貞　171
グラント（Grant. C. A.）　160
ゲイ（Gay, G.）　90, 94, 97
小内透　210
コリアー（Collier, V. P.）　110
コルデイロ（Cordeiro, P. A.）　98
コルテス（Cortes, C.）　169

サ行

佐伯胖　230
佐藤郡衛　173
清水睦美　171
シャモー（Chamot, A.）　113
ショーン（Schon, D.）　152
白水繁彦　216
ジレット（Gillette, M.）　160
新庄あいみ　170
スリーター（Sleeter, C. E.）　29, 30, 90, 91, 93

タ行

ターナー（Turner. T.）　103
戴エイカ　103
テッサ・モーリス＝スズキ　232, 248
徳井厚子　175

ナ行

中村水名子　89
中山京子　89
ニエト（Nieto, E. S.）　29, 30

ハ行

バッツ（Butts, R. F.）　92, 93
服部圭子　170
バンクス（Banks, J. A.）　9, 29, 30, 91–93, 169
藤原孝章　89

マ行

松尾知明　89, 102, 172
マッキントシュ（McIntoshu, P.）　14
モーガン（Morgan, D. L.）　230
森茂岳雄　89, 97
森本郁代　170

ヤ行

山岸みどり　94, 96, 97
米山リサ　88

ラ行

レイヴ（Lave, J.）　230

事項索引

ア行

愛国主義　93
愛国心　93
アイヌ民族　96, 100
アクションリサーチ　163
アメラジアン　101
アメリカ　25
暗黙知　152
ESL 教育　109
イギリス居住のスリランカ人家族　129, 130
移住・移民　91
一過性（の取り組み）　26, 35
異文化間交流技能　97
異文化間コミュニケーション　91, 95, 102
異文化間対処力　95
異文化間リテラシー　94
異文化接触コミュニケーション　95
移民研究機関　29, 30, 32, 34, 36
移民児童の二言語力　129
移民政策　29, 34, 39
意欲　180
インドシナ難民　193
英語（の授業）　136, 138
英語教育　36
英国教育・雇用省　93
英語圏　27, 31
英語優勢のバイリンガル　145
英語力　36, 129, 132, 141
equity　38
equality　38
NPO　200, 202, 205
エンパワーメント　161-163
オーストラリア　28, 40

恐れ　32
オックスファム開発教育プログラム　95
音声言語能力　146

カ行

海外帰国子女教育　28
外国人児童生徒教育　17, 87-89, 245
外国人集住都市会議　189
外国人特別入学枠（特別入学枠）　195, 196, 201
外国人労働者問題　89
学業達成規定要因　197
学習指導要領　99, 100
学習能力　172
学習方略　109-112, 114, 116-119, 120, 122-125
学習力　179
学習支援教室　191, 192
学力保障　44, 47, 52, 53, 57, 58, 59
「学力」モデル　173
隠れたカリキュラム　61, 90
カコフォニー（不協和音）　iv, 102, 103
加速的アプローチ　123, 125, 244
家族の中での疎外感　212, 213
学校教育法　172
学校と家庭との共同作業　146
悲しみや痛み　29, 31
ガラスの天井　161, 162
カリキュラム評価　94, 98
関係構築力　177
寛容　102
キー・ステージ（KS）　133
キーパーソン　201
キャリア形成　205
教育支援　190, 191
脅威や疲れ　33

教科学習言語　　5, 110, 112, 114, 115, 117–120, 122, 124, 129
教科学習言語能力（ALP）　128
共生　102
共生コミュニケーション能力　27
教養課程　26
国レベル　25, 28, 29
グループ・ダイナミクス　210
グローバリゼーション（グローバル化）　93, 95, 102
グローバル教育　40, 93, 95
グローバル・多文化市民性　iii, iv, 70–74, 81–83, 246
経済的効率性　28
血統主義　232
権威　93
言語教育　37, 39
言語習得　37
権力　91, 102
貢献　102
高校進学希望者数等調査　197
高校進学率　189, 195
公正　i, 89, 95, 231
構築　13, 234, 247
構築主義　237, 238, 239, 247
高度人材　34
こうべ子どもにこにこ会　192–194, 199
合理的な意思決定　97
国益　28
国際教育　40
こくさいひろば芦屋　192–194, 199, 202
国際理解教育　88, 89
個別対応　146
個別ワーク　137, 139
コペルニクス的転回　10–13, 17, 19, 22, 245
コミュニケーション　91
コミュニケーション力　177
　　　集団——　178
コミュニティの結束　iii, iv, 50–53, 57–59, 61, 63, 242

コミュニティ文化　91
Context Interaction Model　169

サ行

サービス・ラーニング　97
再構築　15, 17, 21, 22, 241, 243, 246–248
在日外国人　96
差異の多様性　33
在留外国人　189
サウンドアウト　141
差別　91, 93
参加　93, 102
参加・体験型の学習方法　97
JSL　36, 203
　　——カリキュラム　87, 107
　　——教育　123–125, 244
ジェンダー　52, 53, 96
自己表現力　180
持続可能な開発　93, 95, 102
自尊感情　56, 58, 61
実践共同体　227
実践力　181
自文化中心主義　ii, 11, 12, 14, 21, 236, 247
市民性　61, 81, 93
　　——教育　48, 66–70, 74–77, 79–83
　　——形成への萌芽　212, 213, 225
自民族中心主義　91
社会化／文化化　91
社会化されない第三世代　212, 213
社会行動力　182
社会的抗議　91
社会的孤立　212, 213
社会的正義　89, 93
社会的抵抗　91
社会的排除　47–52, 59, 60
社会的負担　32, 33
社会的包摂　iii, iv, 48–52, 57–60, 242
社会的リソース　27
自由　93
宗教　96

集住都市　　*189*
集団コミュニケーション力　　*178*
周辺化　　*210*
授業料減免制度　　*189, 191*
出入国管理及び難民認定法（入管法）　　*209*
障がい　　*96*
障がい者差別　　*101, 102*
奨学金　　*203*
状況との対話　　*152*
象徴的カリキュラム　　*90*
城東町補習教室　　*192-194, 196, 197, 204*
職業高校　　*196, 197*
所有権　　*93*
資料活用　　*101, 102*
進学ガイダンス　　*202*
進学阻害要因　　*190, 191*
人権　　*93*
人口減少社会　　*i*
人種差別　　*91*
人種主義　　*93*
人種／民族　　*96*
シンハラ語（の授業）　　*131, 132, 141, 142*
真理　　*93*
進路指導　　*194*
進路情報　　*197*
進路選択　　*189, 191*
水路づくり　　*204, 205*
ストラテジー　　*25, 29, 32*
3Fアプローチ　　*29, 35*
政策決定過程　　*26, 28*
政策的課題　　*25*
性差別　　*101, 102*
政治教育　　*70, 75, 76*
性的指向(性)（sexual orientation）　　*34, 96*
正統的周辺参加　　*227*
制度的改革　　*25, 28*
世界主義　　*93*
積極的差別是正措置　　*38*
全国共通テスト　　*133, 138*

先住民問題　　*27*
選択肢　　*190, 191, 195*
選択的移民（政策）　　*29, 34, 39*
全米多文化教育学会　　*30*
戦略的本質主義　　*27, 38, 235*
相互依存　　*93, 95, 96, 102*
総合的な学習の時間　　*99*
双方向の学びのモデル　　*iii, iv, 184*

タ行

対人的スキル　　*95*
タイラーの原理　　*93, 95*
多言語　　*29, 36, 37*
多元的視点　　*93*
脱構築　　*14, 17, 21, 22, 239-241, 247, 248*
多文化カリキュラム　　*89-91, 93, 98, 102*
　　概念的――　　*91*
多文化教育　　*i, v, 3, 6-13, 87, 89, 93, 95, 97, 98, 100, 102, 103, 123, 160, 245*
多文化教育センター　　*92*
多文化教師教育　　*97*
多文化共生　　*88, 90, 102, 150, 231*
　　――社会　　*25, 39, 231*
多文化コンピテンシー　　*18, 246*
多文化市民　　*7, 9, 16, 20, 242*
多文化主義　　*6, 18, 19, 103, 241, 242*
　　穏やかな――　　*33*
多文化リテラシー　　*94*
多様性　　*93, 95, 96*
　　――の拡散　　*33*
中途退学　　*205*
調査参加者　　*31, 36*
治療的アプローチ　　*123, 125*
ディアスポラ　　*102*
帝国主義　　*93*
定住外国人子ども奨学金事業　　*198, 203, 204*
諦念と覚悟　　*212, 213, 225*
ディベート　　*97*
デカセギ労働者の子ども（第二世代）　　*210*

適応指導　*87*
伝統　*101*
同化主義　*3, 6, 231*
当事者　*25, 31*
同和問題　*100*
特別措置　*191, 193, 195, 205*
特権性　*102*

ナ行

ナショナル・カリキュラム　*132*
二言語学習者の英語力評価尺度　*134*
二言語での読み書き力における不均衡　*145*
日本語・学習言語の指導　*193, 203, 205*
日本語教育　*87, 203*
日本語能力検定　*203*
日本語の継続的なチェック　*146*
日本人性　*iii, iv, 3, 10–13, 15, 21, 22, 88, 102, 151, 152, 161, 164, 231–234, 236, 237, 247*
ネットワーク　*189, 200, 201, 205*
能力別グループ編成　*134, 138, 140*

ハ行

ハイブリッドなアイデンティティ　*210*
バイリンガル教育　*111, 126*
白人エリート　*33*
白人性（ホワイトネス）　*11, 102, 151*
バリアフリー　*241, 242, 244, 246, 247*
半構造化インタビュー　*29*
反省的実践家　*iii, iv, 150, 152–154, 162*
批判的思考　*95*
批判力　*183*
兵庫県ボランティアネットワーク　*193*
フィールドワーク　*130*
フォーカス・グループ・インタビュー　*210*
仏教（の授業）　*141, 142*
プライバシー　*93*
プロジェクト活動　*97*
文化　*91, 92, 97, 99–101*

文化遺産　*101*
文化混淆　*101*
文化資本　*200, 201*
文化多元主義　*97*
文化的多元主義　*47*
文化的適切さ　*160, 162, 163*
文化的に責任のある指導　*97*
文化的に適切な指導　*14, 97*
文化同化　*91*
文化変容　*91*
文化本質主義　*29, 38, 103, 235*
文化摩擦　*101*
分散地域　*171, 189*
紛争解決　*93, 95*
ベトナム難民　*191, 192*
偏見　*91, 93*
弁別的言語能力（DLS）　*128*
ポイント制　*34*
法の適正手続き　*93*
母語　*52–54, 57–58, 129, 131, 132, 144–147, 200*
　——での学力把握　*146*
母語補習校　*129, 130, 141, 143*
補助教員　*53, 130, 138, 141*
ボランティア　*204*
本質主義　*237–239, 247*

マ行

マイノリティ　*i, 6, 25, 27, 47, 88, 89, 102, 152, 231*
　——・エスニック・グループ　*133*
　——の対抗的な語り　*96*
　　民族的——　*44–47, 49*
マイノリティ・ユース・ジャパン（MYJ）　*210, 226*
マクロレベル　*26*
マジョリティ　*ii, 8, 25–29, 31, 32, 88, 102, 103, 151, 231*
見える化　*240, 247*
民衆的市民性　*iii*
民主主義　*93, 98, 101, 102*

民族意識の段階　　91
民族集団　　91, 101, 103
民族的少数集団　　91
民族的多様性　　91
「みんな」言説　　31
メタ認知方略　　111, 112
メリトクラシー（能力主義）　　5, 235

ヤ行

ユニバーサルデザイン　　iii, iv, 6, 7, 9, 13, 21, 22, 241, 243, 245-247

ラ行

ライフコース　　154
ラティーノ　　30, 32, 33, 36
利益　　31
リベラル多文化主義　　28
臨床の知　　iv, 149, 150, 162, 163, 240
歴史的偏向　　91
連帯　　102
ロールプレイ　　97

執筆者紹介

松尾知明（まつお　ともあき）　※編者　はじめに、第 1 章、第 6 章、第 8 章、終章
　1962 年生まれ／ウィスコンシン大学マディソン校教育学研究科博士課程修了　Ph.D（教育学）（ウィスコンシン大学マディソン校、1999 年）
　現在：国立教育政策研究所・初等中等教育研究部・総括研究官
　専門：多文化教育、カリキュラム
　主著：『多文化教育がわかる事典』（明石書店、2013 年）、『多文化共生のためのテキストブック』（明石書店、2011 年）、『アメリカ多文化教育の再構築——文化多元主義から多文化主義へ』（明石書店、2007 年）

馬渕　仁（まぶち　ひとし）　第 2 章
　1955 年生まれ／モナシュ大学大学院博士課程修了　Ph.D.（教育学）（モナシュ大学、2002 年）
　現在：大阪女学院大学 21 世紀国際共生研究科教授
　専門：多文化教育、教育社会学
　主著：『「多文化共生」は可能か——教育における挑戦』（編著、勁草書房、2011 年）、『クリティーク多文化、異文化——文化の捉え方を超克する』（東信堂、2010 年）

野崎志帆（のざき　しほ）　第 3 章
　1972 年生まれ／大阪大学大学院人間科学研究科博士後期課程修了　博士（人間科学）（大阪大学、2003 年）
　現在：甲南女子大学・文学部・多文化コミュニケーション学科准教授
　専門：人権教育、多文化教育、国際理解教育
　主著：「イギリス市民性教育の導入の経緯とその理論的土壌の検討」『研究紀要　第 17 号』（世界人権問題研究センター、2012 年）、「第 9 章 『国際理解』教育から市民性教育へ——人権教育の果たす役割」平沢安政編著『人権教育と市民力——「生きる力」をデザインする』（共著、解放出版社、2011 年）

見世千賀子（みせ　ちかこ）　第 4 章
　1967 年生まれ／筑波大学大学院教育学研究科教育基礎学専攻博士課程単位取得退学
　現在：東京学芸大学国際教育センター准教授
　専門：多文化教育、市民性教育
　主著：「多文化社会における市民性の教育に関する一考察——オーストラリア・ビクトリア州を事例として」『国際教育評論』No. 7（東京学芸大学国際教育センター、2010 年）、「オーストラリア——ナショナル・アイデンティティの再構築」嶺井明子編著『世界のシティズンシップ教育——グローバル時代の国民／市民形成』（東信堂、2007 年）

執筆者紹介

森茂岳雄（もりも　たけお）　第5章
1951年生まれ／筑波大学大学院教育学研究科博士課程単位取得満期退学
現在：中央大学文学部教授
専門：多文化教育、国際理解教育、カリキュラム研究
主著：『真珠湾を語る――歴史・記憶・教育』（共編著、東京大学出版会、2011年）、『学校と博物館でつくる国際理解教育――新しい学びをデザインする』（共編著、明石書店、2009年）、『日系移民学習の理論と実践――グローバル教育と多文化教育をつなぐ』（共編著、明石書店、2008年）

柴山真琴（しばやま　まこと）　第7章
1958年生まれ／東京大学大学院教育学研究科博士課程修了　博士（教育学）（東京大学、1998年）
現在：大妻女子大学家政学部ライフデザイン学科教授
専門：発達心理学、文化心理学、質的研究法
主著：『子どもエスノグラフィー入門』（新曜社、2006年）、『行為と発話形成のエスノグラフィー』（東京大学出版会、2001年）

徳井厚子（とくい　あつこ）　第9章
1961年生まれ／大阪外国語大学大学院修士課程修了
現在：信州大学教育学部准教授
専門：日本語教育、異文化コミュニケーション
主著：『日本語教師の「衣」再考――多文化共生への課題』（くろしお出版、2007年）、『対人関係構築のためのコミュニケーション入門』（ひつじ書房、2006年）、『多文化共生のコミュニケーション――日本語教師のために』（共著、アルク、2002年）

乾　美紀（いぬい　みき）　第10章
1969年生まれ／神戸大学大学院国際協力研究科博士課程修了　博士（学術）（神戸大学、2001年）
現在：兵庫県立大学環境人間学部准教授
専門：マイノリティと教育、多文化共生教育
主著：『ラオス少数民族の教育問題』（明石書店、2004年）、*Minority Education and Development in Comtemporary Laos*（Union Press, 2009）、『子どもにやさしい学校――インクルーシブ教育をめざして』（共編著、ミネルヴァ書房、2009）

津村公博（つむら　きみひろ）　第11章
1961年生まれ／オクラホマ・シティ大学大学院教育学部修士課程修了
現在：浜松学院大学現代コミュニケーション学部教授
専門：英語教育学
主著：「社会の底辺に滞留する南米日系人の青少年たち」『アジア遊学117号』（勉誠出版、2008年）

多文化教育をデザインする　移民時代のモデル構築

2013年7月25日　第1版第1刷発行

編著者　松尾　知明

発行者　井村　寿人

発行所　株式会社　勁草書房
112-0005　東京都文京区水道2-1-1　振替 00150-2-175253
（編集）電話 03-3815-5277／FAX 03-3814-6968
（営業）電話 03-3814-6861／FAX 03-3814-6854
理想社・牧製本

©MATSUO Tomoaki　2013

ISBN978-4-326-25090-5　　Printed in Japan

JCOPY 〈㈳出版者著作権管理機構　委託出版物〉
本書の無断複写は著作権法上での例外を除き禁じられています。
複写される場合は、そのつど事前に、㈳出版者著作権管理機構
（電話 03-3513-6969, FAX 03-3513-6979, e-mail: info@jcopy.or.jp)
の許諾を得てください。

＊落丁本・乱丁本はお取替いたします。

http://www.keisoshobo.co.jp

馬渕 仁編著	「多文化共生」は可能か 教育における挑戦	A5判	2940円
児島 明	ニューカマーの子どもと学校文化 日系ブラジル人生徒の教育エスノグラフィー	A5判	4410円
清水睦美	ニューカマーの子どもたち 学校と家族の間の日常世界	A5判	4725円
金井香里	ニューカマーの子どものいる教室 教師の認知と思考	A5判	4200円
杉原由美	日本語学習のエスノメソドロジー 言語的共生化の過程分析	A5判	3150円
賽漢卓娜	国際移動時代の国際結婚 日本の農村に嫁いだ中国人女性	A5判	4200円
宮寺晃夫	教育の分配論 公正な能力開発とは何か	A5判	2940円
清田夏代	現代イギリスの教育行政改革	A5判	3885円
A・オスラーほか 清田夏代ほか訳	シティズンシップと教育 変容する世界と市民性	A5判	3780円
酒井 朗編著	進学支援の教育臨床社会学 商業高校におけるアクションリサーチ	A5判	3045円
佐久間孝正	外国人の子どもの不就学 異文化に開かれた教育とは	四六判	2520円
佐久間孝正	移民大国イギリスの実験 学校と地域にみる多文化の現実	四六判	3150円
佐久間孝正	外国人の子どもの教育問題 政府内懇談会における提言	四六判	2310円
森田伸子	子どもと哲学を 問いから希望へ	四六判	2415円
園山大祐編著	学校選択のパラドックス フランス学区制と教育の公正	A5判	3045円

＊表示価格は2013年7月現在。消費税は含まれております。